英漢語言親緣見證

A Testimony of the Language Affinity
Between Chinese & English

談濟民 著
（渡邊濟民）

by

Tan, Jimin
(Watanabe, Saimin)

文史哲出版社印行

The Liberal Arts Press

國家圖書館出版品預行編目資料

英漢語言親緣見證 = A testimony of the language
affinity between Chinese & English / 談濟民（
渡邊濟民）著. -- 初版. - - 臺北市：文史哲,
民 95
頁： 公分.
含索引
ISBN 957-549-663-9 (平裝)

　1.語源學
801.5　　　　　　　　　　　　　95005990

英漢語言親緣見證

著　者：談　濟　民（渡　邊　濟　民）
出版者：文　史　哲　出　版　社
http://www.lapen.com.tw
登記證字號：行政院新聞局版臺業字五三三七號
發行人：彭　　　正　　　雄
發行所：文　史　哲　出　版　社
印刷者：文　史　哲　出　版　社
臺北市羅斯福路一段七十二巷四號
郵政劃撥帳號：一六一八〇一七五
電話 886-2-23511028・傳真 886-2-23965656
實價新臺幣四二〇元
中華民國九十五年（2006）五月初版

ISBN 957-549-663-9

作者介紹

談濟民(又名渡邊濟民、Jimmy Tan) 1957 年生於上海。畢業於上海市平四小學、上海市貴陽中學、復旦大學外語系、華東師範大學研究生院、東京大學研究生院國語國文科課題研究。

談氏自幼酷愛中國語言文字,於小學高年級時(正值文革萬馬齊喑時期)獨自開發了具有特色的漢語二字母法文字方案(後在復旦大學學報發表)。

1970 年初發現日本"皇冠車"的"冠"字和其英文名"Crown"的發音酷似,以後斷續地收集並琢磨英漢辭彙的對應關係。

1976 年在大陸的知識青年上山下鄉運動中被分配去農場就業。在艱苦的務農環境中,於 1978 年大陸改革開放後的首次高等院校入學考試中考入名門復旦大學外文系日語專業。1982 年復旦大學畢業。爲了深入研究漢日語言的比較以及漢字改革,又於同年考入華東師範大學研究生院,從事漢語史和現代漢語語法的研究。1984 年在上海外語學院(現名上海外國語大學)任教一年後,1985 年赴日本東京大學帶課題研究兩年。後在日本從事漢語教學和商務工作十餘年。

《英漢語言親緣見證》一書彙集了作者多年來的研究成果 (1970－2005),足見其磨礪之功。

漢 英 兩 語，

大 樹 兩 株。

破 開 底 土，

相 連 根 部。

————漢英近源探索有感

寫於上海中原小區民華二號樓 1005 室
辛巳年元月二十二日

內 容 提 要

對漢字和英語辭彙我們分別查考三千多年前的"漢字上古音"和"印歐語古詞根"（或印歐各地的古語），這樣我們便會發現，上推得越古，一些漢英辭彙之間的發音和詞義就越近似。如現代漢語的"物(wu)"和現代英語的 material 兩詞的語音可謂相去甚遠，但"物"的上古音*miuet 同 material 的印歐語古詞根*met 之間則十分地接近。再如，"熊"和 bear 兩詞的語音很不一樣，但古漢語"熊羆"的"羆(上古音*piuar)"同印歐語古詞根*bher 則在發音和語義上都相當地近似。我們將"物—material"和"羆—bear"這種在上古時期近似得如同孿生兄弟的辭彙稱爲"漢英對應詞"。本書初步考證了 800多條"漢英對應詞"（尚有數百條因篇幅所限有待續冊時發表）。讀者如果逐條地琢磨漢英對應詞的對應關係便能在英語辭彙的記憶上增強感性的興趣和理性的理解。進而言之，能在心理上縮短漢英兩語之間的距離，認清兩語之間在語源上的共同性，清晰地認識到漢英兩語之間原來是"你中有我，我中有你"。同時對目前尚玄玄乎乎的"人類原始母語"這一課題在認識上也能大大地邁進一步。

內容提要英譯

Content summary We separately investigate more than 3000 year front to the Chinese character and the English glossary " on the Chinese character 古音 " and " the Indoeuropean language ancient stem " (or Indoeuropean each place archaism), like this we then can discover, above pushes ancient, between some Chinese England glossary pronunciation and the word meaning is more approximate. If the modern Chinese " the thing (wu)" and the modern English material two words pronunciations it may be said is very different, but " thing " above 古音 *miuet with between material Indoeuropean language ancient stem *met then extremely approaches. Moreover, " the bear " and the bear two words pronunciations very same, but ancient Chinese " bear 羆 " " 羆 (above 古音 *piuar)" quite is all approximate with Indoeuropean language ancient stem *bher in the pronunciation and the semantics. We " thing.material " and " 羆.bear " this kind will be approximate in the antiquity time is similar to twin brothers's glossary is called " the Chinese England correspondence word ". This book initially textually researched nearly 700 " the Chinese England correspondence word ". The reader if ponders over the Chinese England correspondence word corresponding relations by the strip place then can strengthen the perceptual in in the English glossary memory interest and the rational understanding. Then word it, can reduce between the Chinese England two languages in the psychology the distances, clearly recognizes between two languages in language source common traits, clearly realizes originally is " in you has me to the Chinese England two languages between, in me has you ". Simultaneously still was profound to the at present " the humanity primitive mother tongue " this topic in the understanding also can greatly step goes a step further. (Content summary England translates)

英漢語言親緣見證

目　次

導 言

§1. 漢語和英語之間的令人驚歎的語源近似

如果有人告訴你，"物"字在秦始皇時代念*miuet（上海話至今仍念 mat），而那時拉丁語的同義詞彙 "material" 的詞幹部分是 "mat"，你一定會驚訝漢語同拉丁語之間的語音及語義之酷似吧！

如果有人告訴你，"鬼"字在秦始皇時代念*kiuer，而在包括英語直至印度語在內的印歐語系中與"鬼"字相同意義的古詞根是*gheis（即現代英語 ghoast 的遠古構擬形式），你也會驚訝遠古的漢語和遠古的印歐語系的辭彙之間的面目之相似吧！

如果有人告訴你，"神"字在秦始皇時代念*dien，而英語的 divine（神的）的印歐語古詞根爲*deiw（意義爲"閃光、神"），你更會驚歎漢語*dien 和印歐語古詞根*deiw 在語音形式上的基本一致吧！

同時你或許還會想：印歐語古詞根*deiw 表示"閃光"和"神"兩種意義，那麼漢語中"閃"和"神"是否也相似呢？查找秦始皇時代的"閃"字的讀音是*tiam，和"神"字的*dien 也是相當地近似！原來無論是歐洲還是亞洲，古代宗教的"神"在古人的心目中的形象就是天空中的"閃光"，是光明之源。可見關於神和閃光，不僅亞洲和歐洲在概念上一致，而且發音上也如出一轍！

（上述標音前的*星號表示語言學界的古音構擬音值）

———

如果僅僅只有幾個這樣的驚訝，或許你會認爲這是純出於偶然而已。如果有幾十個這樣的驚訝，你可能還是認爲"純出於偶然而已"。但如果告訴你，對英語辭彙查考了其來源甚至其最終極的印歐語古詞根並和漢語上古時代（先秦時代）的語音、意義相對照後，這樣的驚訝不止幾百個而是數以千計時，你也許會和本書作者一樣，在腦際中勾勒出一幅圖畫：原來印歐語系和漢語就如同兩棵並立的大樹，地面上並無牽連，而在根部卻是相互盤根錯節在一起！展示出它們在人類"原始語言"這個根上的淵源關係。

關於人類的原始語言，在《聖經》的《創始紀》中有這樣一段"巴別塔"的記述：

"那時，天下人的口音、言語都是一樣。他們往東邊遷移的時候，在示拿地遇見一片平原……,他們說：'來吧！我們要建造一座城和一座塔，塔頂通天……'。耶和華降臨，要看看世人所建造的城和塔。耶和華說：'看哪，他們成為一樣的人民，都是一樣的言語，如今做起這事來了……'，於是耶和華使他們從那裏分散在全地上，他們就停工不造那城了。因為耶和華在那裏變亂天下人的言語，使眾人分散在全地上，所以那城叫巴別（就是變亂的意思）。"

有關語言的"巴別塔"故事是《聖經》中十分著名的一段記述。但在《舊約》成書的時代，人類學尚未興起，關於整個人類起源於同一群人（或類人猿）的史實，《聖經》是用形象化了的方式將傳說記述了下來。當今人類學的研究已有了飛躍的進步，從人類遺傳基因的線粒體研究中已知，人類只有幾位共同的母親，人類的共同祖先源于非洲基本上已成了共識。既然有共同的祖先，那麼起初就會"都是一樣的言語"，後來在漫長而又漫長的歲月中不斷演化，共同特徵消失殆盡而成為面目全非的不同語系。但是，即使如此，共同根源的事物間總會留下蛛絲馬迹，足以證明其為同根。就英語和漢語而言，充分運用漢語音韻學以及印歐語古詞根學的學術成果，撩開形形色色的語音變化的面紗後，不少漢英古詞源在語音和意義上都展現出相當的近似性！在一個又一個驚歎之餘，我們都會產生一個共識：漢語和印歐語系這兩大語言板塊之間的鴻溝並不那麼遼闊深邃，他們的根部顯示出許多盤根錯節的同根迹象。在那遙遠而又遙遠的時代，漢語言和印歐語言並未被喜馬拉雅山脈所隔開……

§2. 揭示漢英語源近似的"音轉"規則

　　人類認識了事物便產生了"概念"。用語言來表達這種概念時，語音便成了表達概念的外殼。概念一般很少變化，或者說變化是極其緩慢的，但語言特別是語言外殼的變化卻是很快的，有時會變得面目全非。就漢語自身而言，由《詩經》時代的上古語音，經過唐宋時代的中古語音，發展到今天的普通話，語音上發生了巨大的變化。例如：

苛	現代音	ke	——	上古音	*ɦar
凝	現代音	ning	——	上古音	*ŋioŋ
談	現代音	tan	——	上古音	*dam
鑰	現代音	yao	——	上古音	*giak
海	現代音	hai	——	上古音	*meg
金	現代音	jin	——	上古音	*kiem

可見上述例字所表示的概念至今未有變化，但用於表述的語音已面目全非。不過，儘管語音的變化有時甚至面目全非，但仍然是有規律的。比如"金"字的上古音聲母"k-"變成了今天的"j-",同樣地在"京（上古音*kiaŋ,普通話 jing）"、"結（上古音*ket,普通話 jie）"等字中也發生著相同的變化。又如："苛"字上古音的"ɦ-"聲母變成了今天的"k-"聲母，同樣地在"潰（上古音*ɦued，普通話 kui）"等字中也發生了相同的變化。因此語音變化一般不會是個別的現象，而是帶有規律性的、普遍性的變化。

下面我們再對上述六個例字歸納一下它們的聲母輔音的變化情況：

苛	上古聲母	ɦ-	——	普通話聲母 k-，即 "ɦ →k"
凝	上古聲母	ŋ-	——	普通話聲母 n-，即 "ŋ →n"
談	上古聲母	d-	——	普通話聲母 t-，即 "d →t"
鑰	上古聲母	g-	——	普通話零聲母，即 "g 脫落"
海	上古聲母	m-	——	普通話聲母 h-，即 "m →h"
金	上古聲母	k-	——	普通話聲母 j-，即 "k →j"

　　本書將上述的語音變化規則"ɦ → k"、"ŋ →n"、"d →t"、"g 脫落"、"m →h"、"k →j"等稱爲漢語上古音和普通話之間的語音轉寫的"音轉規則"。

　　不過本書的目的不在於探討漢語自身的語音史，因此對漢語內部的語音變化規律不作詳細的探討，同時也不涉及過於專業的漢語音韻學及其複雜的專有名詞。本書的目的在於利用已有的漢語語言學界的音韻學成果，將其同印歐語系的古詞源進行對比研究，揭示出兩者在史前所存在的音義兩方面的相似性。讓每一位學習英語或研究漢語的中國人，並讓每一位學習漢語或研究英語的印歐人士瞭解一個新觀點：在世界語言的生成和發展中漢語和英語之間存在著雖然很遙遠但仍留有痕迹的淵源關係。爲了揭示這種淵源關係的"痕迹"，本書在漢英對比時建立了一些類似於上述漢語的語音轉寫的"音轉規則"作爲手段，通過這些手段在漢語和印歐語系之間尋找出在這兩種語言之間同義的並且語音形式近似的、相互間具有"語音最大公約數"（用｛　｝號來表示）的遠古辭彙，並以此揭示其間的淵源關係。以下所舉的例子便是說明漢語"睦"和英語"peace"兩詞之間不僅現在意義相同、語音近似，而且在詞源上音義也相當的一致：

睦 mu ⟶〔上古音〕*mbiuk〔mb-b 音轉〕〔簡化〕—————⟶｛buk｝
peace ⟶〔IE〕*pak〔p-b 音轉〕————————————⟶｛bak｝

　　　注：　（1）⟶ 號意義爲"上推到"。
　　　　　　（2）〔IE〕指"印歐語古詞根"（Indo-European Roots 的縮寫）。
　　　　　　（3）*pak 是歐美學者所構擬的 peace 一詞的印歐語古詞根，*星號意義爲"構擬音"。

　　其中〔p-b 音轉〕、〔簡化〕等就是語音轉寫的"音轉規則"（詳細各規則請參見後述），而最後的｛　｝號中的就是可供漢英兩詞對比的"語音最大公約數"（漢語和英語辭彙各自用"音轉規則"轉寫，因此兩者的語音最大公約數之間並不要求完全相同，可以有一定程度的不相同）。

那麼所建立的這些"音轉規則"在語言學上的依據是什麼呢？

我們在對比漢英古詞源的語音相似性時主要著眼於各自音節中的輔音音素所構成的音節框架（即音節的語音形式。理由詳見導言§4.5）。因此在這裏對輔音音素的認識就顯得十分重要。眾所周知，我們說話時舌頭在動，由舌尖、舌面、舌根和牙齒、牙齦以及口腔上部的硬齶、軟齶等之間的不同部位的組合，加之喉嚨裏出來的氣流的或爆破或摩擦，便發出不同的輔音音素。也就是說每一個輔音的發音都包含了發音部位和發音方法。例如："t"音是舌尖和齒齦之間的爆破音（或稱塞音）；"n"音是舌尖和齒齦之間相碰並且氣流通過鼻子而發出的鼻音；"ŋ"音是舌根和軟齶之間相碰同時氣流通過鼻子而發出的鼻音，等等。下面我們將普通語言學的"輔音表"抄錄如下，以便讀者對本書的"音轉規則"能作深入的理解。

輔 音 表

發音方法		雙唇	唇齒	齒間	舌尖前	舌尖後	舌葉	舌面前	舌面中	舌面後(舌根)	小舌	喉音
塞音	清	p			t					k		
	濁	b			d					g		
鼻音	濁	m			n					ŋ		
擦音	清	Φ	f	θ	s	ʂ	∫	ɕ	ç	x	χ	h
	濁		v	ð	z	ʐ	ʒ					
塞擦音	清				ts	tʂ	t∫	tɕ				
	濁						ʥ					
顫音	濁				r						R	
閃音	濁				ɾ							
邊音	濁				l							
半元音	濁	w,ɥ				ɻ				j(ɥ)	(w)	

表中每一個輔音都顯示了發音部位（豎軸）和發音方法（橫軸），如：

    t：   舌尖齒齦音-清塞音

n：　　　舌尖齒齦音-鼻濁音

ŋ：　　　舌根音-鼻濁音

　　　　　等等。

　　我們再回到本節開頭所舉的六種漢語聲母輔音的"音轉規則"並用輔音的發音部位和發音方法來觀察便可以發現，它們可以分成兩大類：

　　以下都是發音部位相同或發音方法相同的音素之間的音轉或純粹的脫落：

　　"h →k" 是舌根音之間的音轉

　　"ŋ →n" 是鼻音之間的音轉

　　"d →t" 是舌尖齒齦音之間的音轉

　　"g 脫落"

　　以下兩種是由聲母和後面的韻母的母音攪合在一起而發生的，沒有發音部位或發音方法的聯繫的音轉規則。

　　"m →h"

　　"k →j"

　　爲了慎重起見，本書在揭示漢英之間的淵源關係時所建立的一系列"音轉規則"基本上類同於漢語音轉規則的第一種，即在發音部位或發音方法上有共同點的輔音音素之間的轉寫，比較多用的有〔g-ŋ音轉〕〔d-n 音轉〕〔m-b 音轉〕〔f-p 音轉〕等（詳見導言§4.3）。理由是：發音部位或發音方法上有共同點的輔音音素之間的轉寫是語言發展過程中比較多見、同時又是顯而易見並易於理解的轉寫；而沒有發音部位或發音方法的聯繫的語音轉寫則是必須放在一種語言的整個體系中通過體系來加以證實的轉寫規則。如果漢語和印歐語系之間存在著同源關係是事實，那麼在它們的分化過程中就一定同時存在著發音部位或發音方法上有共同點的輔音音素之間的轉寫和沒有發音部位或發音方法的聯繫的輔音音素之間的轉寫這兩種情況。但是將漢語同印歐語系進行對比時不得不考慮到：由於人類共同的原始語言的分化已經是十分遙遠的事，漢語和印歐語之間的語音對應關係已經不可能具備像漢語內部的上古音和中古音或中古音和今音之間那種呈現出有系統、有規則的對應關係。在目前漢語和印歐語系的淵源關係的研究尚未深入之時，建立發音部位或發音方法上有共同點的輔音音素之間的轉寫規則並以此先揭示出一部分漢語和印歐語系的對應詞，想必是較爲妥當的方法。

§3. 漢英對應詞的群體現象

在對漢語和英語的辭彙進行詞源對照後，本書對判明相互間在詞源上的語音和語義基本一致或完全一致的漢英辭彙將其稱之爲"漢英對應詞"。如上節所舉例子"睦－peace"就是一對通過詞源對照後查實了的漢英對應詞。

通過詞源對照和查證，現已發現在某一種意義類別下的漢字字群和英語詞群都共同具有相近的語音形式，證明了"漢英對應詞"並不是某些個別漢英辭彙之間的偶發的個別現象，而是共同的漢-印歐原始祖語分化後遺留下來的原屬系統的對應關係的痕迹。現舉數例如下：

關於"站立"意義的漢英辭彙。

把含有"站立著"意素的字稱爲"站系列字"的話，站系列字中有相當部分的辭彙其漢英對應詞的語源形式英漢皆系"（s）t/d+母音+（輔音）"的語音形式,如有：

"站（上古*t-）=stand"、"典=standard"、"茬（上古*dz-）=stalk"、"陡=steep"、"奠-定=（e）stablish"、"樹（上古*d-）=tree（[IE]*dr-）"、"停-止（上古*t-）=stop"、"凳（上古*t-）=stool"、"正-直（上古*t-,*d-）=straight"、"貯（上古*t-）=store"等等。

關於"包著"意義的漢英辭彙。

把含有"包著"意素的字稱爲"包系列字"的話，包系列字中有相當部分的辭彙其漢英對應詞的語源形式英漢皆系"b/p+母音"的語音形式，如有：

　　"包=bag"、"泡=bubble"、"豐（上古*p-）=full（[IE]*p-）"、"苞=bud"、"抱=brace"、"泡=puff/sponge"、"皰=bleb"、"胚=（em）bryo"、"保=bail"、"脬（pao）=bladder"、"孢=spore"等等。

關於"交叉"意義的漢英辭彙。

　　把含有"交叉"意素的字稱爲"交系列字"的話，交系列字中有相當部分的辭彙其漢英對應詞的語源形式英漢皆系"k/g/h+母音+輔音"的語音形式，如有：

　　"交-互-勾（上古*k-）=cross"、"共=com-"、"和=[IE]*kwe"、"更-改=change（[IE]*k-）"、"渦（上古*k-）=whirl（[IE]*k-）"等等。

　　藤堂明保先生曾提出按語音和意義的分類將漢字分成許多"家族"。從上面略舉的三例來看，漢英之間也能找出"同樣義類、同樣語音形式"的對應詞家族，或稱"對應詞群體"。限於篇幅，對應詞群體問題將另文闡述，本書不作深入探討。只想在這裏說明的是"漢英對應詞"並不是某些個別漢英辭彙之間的偶發的個別現象，而是共同的原始語言分化後遺留下來的原屬系統性對應關係的痕迹。

§4. 幾點說明

§4.1 關於上古音

　　本書使用的漢語上古音來源於日本著名漢學家藤堂明保先生編纂的由日本學習研究社出版的《學研漢和大字典》（昭和56年版）。在這裏需要說明的是：

1）在不影響漢英詞源對比的情況下，將起稿時電腦難以輸入的一些藤堂先生構擬的漢語上古音標音符號作了變動加工。如：將倒寫的"ə"音歸類於"e"音；將半開口的"ɔ"音歸類於"o"音；將帶雙點

的 "o" 音也並入了 "o" 音；將喉擦濁音 "ɦ" 歸類于喉擦清音 "h" 音等。並將韻母母音上的短長音符號等作了省略。

2）有些漢字在《學研漢和大字典》中並沒有直接注明上古音，可能是考慮到這些漢字在上古文獻中還沒有實際用例，於是只寫明瞭和某字同音，如 "黛，和代字同音"。本書所進行的漢英對比並不是針對漢字進行研究，而是針對漢語進行研究。應該說，漢字文獻的出現總是滯後於實際語言的，文獻中尚未出現的字或詞並不意味那時的實際語言中尚未存在這些辭彙，因此只要同印歐語系之間存在著對應詞的關係時，本書便根據同音字給出該字的上古音。如 "黛" 字在詞源上的音義兩方面都同英語 dark 一詞存在著對應關係，本書便根據 "代" 字的上古音給出 "黛，上古音*deg"。

3）對《學研漢和大字典》中所構擬的複輔音聲母少數用例作了單輔音處理。

§4.2 關於英語辭彙的詞源

　　本書採用的英語辭彙的詞源主要引自日本著名的英語詞源學學者寺澤芳雄先生主編的《英語語源辭典》（研究社出版，1997 年 6 月版）。這裏需要說明的是：

　　該辭典中所採用的印歐語古詞根是根據歐美的最新研究成果《Indo-European Roots》一書（Watkins 氏著，1992 年版）並作了適當的調整。

　　該辭典中許多英語辭彙尚未上推到印歐語古詞根，只是停留在古英語、古法語、古德語、古諾斯語或構擬的日爾曼古詞根等程度。本書認爲只要語言一旦產生，便有語言的地方性的存在。地方性語言也是從人類最原始的語言分化發展而來的，有時恰恰是地方性語言保存了最原始的語言成分（比如漢語的古代語音特徵就基本上都分散地保留在南方各方言中）。因此，只要同漢語對比時存在著音義兩方面的對應性時，本書都予以採用。

　　本書在採用該辭典的印歐語古詞根、古英語、古法語、古德語、古諾斯語以及構擬的日爾曼古詞根等時，將起稿時電腦難以輸入的一些字母符號在不影響漢英詞源對比的情況下作了一些變動加工。如：將印歐語古詞根中 "l，n" 等字母下表示流鼻音的小圓圈省略；將日爾曼語古詞根中的 "χ" 改寫作 "h"、"ʒ" 改寫作 "g"；將古英語中的 "æ" 改寫作 "ae" 等。

　　西方學者在構擬印歐語古詞根時，考慮到有些辭彙在一些印歐語言中其音節末尾的輔音已經脫落，於是就在各語言公分母的構擬音值中取消了音節末尾的輔音。如英語 stand 一詞末尾的 "nd" 音在拉丁語的 stare（＝英語 stand）中脫落了，而在希臘語 stenai、立陶宛語 stoti、古斯拉夫語 stajati、梵語 tisthati、西特語 istanta 等中分別以發音部位相同的 "n"、"t"、"t"、"t"、"nt" 來表示。但在印歐語古詞根構擬時考慮到有脫落的情況於是便構擬成 *sta。而我們的古漢語是以單音節辭彙為主的，在辭彙的語音形式中音節末的輔音（即所謂的 "韻尾輔音"）是區別音節語音形式的最重要的因素之一，不可或缺。因此本書將這種音節末的輔音重新加入印歐語古詞根中，並以斜體字母表示。如給出的 stand 的印歐語古詞根為 [IE]*sta*n*，以此和古漢語的 "站（上古音 *tam）" 作如下對比：

站 zhan⟶〔上古音〕*tam ⟶⟶⟶⟶⟶⟶⟶⟶⟶ { tam }

stand ⟶〔IE〕*sta*n*〔s 脫落〕⟶⟶⟶⟶⟶⟶⟶ { tan }

§4.3 常用的音轉規則及部分音轉規則的說明

1）常用的音轉規則有

喉音舌根音的音轉：

　　[k-g 音轉]、[h-g 音轉]、[h-k 音轉]、[ŋ-g 音轉]、[ŋ-k 音轉]、[ng-g

音轉]等。

舌尖齒齦音的音轉（1）：

　　[d-t 音轉]、[d-n 音轉]、[t-n 音轉]、[l-n 音轉]、[t-l 音轉]、[l-d 音轉]、　[r-n 音轉]、[r-l 音轉]等。

舌尖齒齦音的音轉（2）：

　　[ts-t 音轉]、[dz-d 音轉]、[ts-s 音轉]、[dz-z 音轉] 、[nd-d 音轉]等。

雙唇音唇齒音的音轉：

　　[p-b 音轉]、[f-p 音轉]、[v-b 音轉]、[m-p 音轉]、[b-m 音轉]、[mp-p 音轉]、[mb-b 音轉]等。

鼻音的音轉：

　　[ŋ-n 音轉]、[ng-ŋ 音轉]、[m-n 音轉]等。

需要說明的音轉規則

a）. **"h 音的忽略"** ：有些 h 主要表示前面的輔音爲送氣音，因此在轉音規則中被忽略。如：[gh-k 音轉]、[dh-n 音轉]、[bh-m 音轉]等。

b）. **"s-頭冠"** ：在漢英進行對比時經常發現印歐語系的詞源比漢語上古音多了一個 "s-頭冠" ，如上節所舉的漢英對應詞 "叮—sting"，去掉 s 的話兩詞幾乎一致。這樣的例子多達上百例。本書運用[s 脫落]或[sp-p 音轉]、[st-t 音轉]、[st-n 音轉]之類的語音轉寫規則將其消去，以便同漢語之間建立起語音上的最大公約數。遠古漢語或許也可能有這樣的冠以 s 的詞頭複輔音,並且可能其中的一部分後來演化成聲母 "dz, ts"。本書的漢英語源對比或許能給這種研究提供一些線索。在這裏消去 s 只是爲了便於求得漢英之間的語源語音的最大公約數，並不是否定漢語或英語在遠古時期有複輔音的事實。

c）. **"-l-、-r-的插入"** ：原始時代的印歐語音在輔音和母音之間可能原來發音並不緊湊，較爲鬆散，於是在輔音和母音之間形成了語音上的氣流摩擦的過渡過程，而這一過渡過程往往又進而轉化爲氣流音特徵較強的-l-、-r-音，形成詞頭的複輔音。比如說，漢語的 "鏗鏗（kengkeng）"之音在英語便成了"clang，clang"，多插入了"-l-音"（參見本書正文"鏗—clang"詞條）。又如，漢語表示哭聲的"呱呱（guagua）"之音，在英語中便是"cry，cry"，去掉"-r-音"成爲"kai，kai"的話便同漢語"呱呱"十分相似了。除了這些擬聲詞外，一般性的辭彙中也十分普遍地存在著這種現象。如漢英對應詞"胴—trunk"、"板—plank"、"研—grind"、"浮—float"等。

本書運用：[br-b 音轉]、[bl-b 音轉]、[pr-p 音轉]、[pl-p 音轉]、[gr-g 音轉]、[gl-g 音轉]、[cr-k 音轉]、[cl-k 音轉]、[tr-t 音轉]、[dr-d 音轉]、[fr-p 音轉]等音轉規則除去插入的-l-、-r-音，以便同漢語之間建立起語源語音的"最大公約數"。在這裏消去-l-、-r-只是爲了便於求得漢英之間的語源語音的最大公約數，並不是否定漢語或英語在遠古時期有包含-l-、-r-音的複輔音的事實。

§4.4 關於"詞根化"的說明

本書在進行漢語和印歐語系的對比時，對引用的印歐語系的詞源爲多音節時則往往截取第一音節作爲對比的物件。比如在本導言開頭所舉的漢英對應詞"物—material"中，對其拉丁語詞源 material 便截取了第一音節 mat（一般把第二音節的起始輔音也劃入）作爲同漢語"物（上古音*miuet）"字對比的物件。通過大量的這種對比工作之後可以發現，印歐語的多音節辭彙在和漢語成爲對應詞時幾乎都是第一音節和漢語在語音語義上相對應！這可能說明了,漢語較充分地保留了人類原始語言的單音節性，並運用組合單音節辭彙來構築表達複雜概念的多音節辭彙；而印歐語系則是在原始的單音節語言成分上不斷地沈澱附加意義的詞綴成分，以模糊的多音節形式來構築表達複雜概念的辭彙（如單音節的語言成分 mat+後綴 er→mater+後綴 ial→meterial）。因此本書使用了[詞根化]的轉寫規則，還其單音節的原始語言的原貌。

§4.5 關於漢英語源對比中的母音成分的作用以及[簡化]規則

在漢語和印歐語系辭彙的實際對比作業中，主要依據的是輔音所構成的音節的語音框架（本書也稱"語音形式"）。如對"物（上古音 *miuet）"字我們注意的是"m+母音+t"這樣一個語音框架，或稱語音形式；對其對應詞拉丁語"material"中截取的第一音節"mat"我們所注意的也是"m+母音+t"這樣一個語音框架。這兩個框架基本一致（並不一定要求完全一致），並且詞源意義（即原始詞義）完全一致的話，我們便可斷定它們是語源相同的對應詞。本書認爲，在這裏"是哪種母音？甚至是單母音、雙母音還是多母音？"等的問題並不重要。理由很簡單：我們只要注意一下我們周圍的語言就能明白，比如將上海市中心（舊市街）的上海話和離開市中心 50 公里的上海話相比較，就可以發現語音會有很大的變化，但主要的不是音節中的輔音變化了而是音節中的母音變化了。若用音標來描寫的話幾乎會變成完全不同的兩種語言。這是因爲，單純靠音值而存在的輔音相對穩定，不易變化，遠比母音這種帶有較強烈的音色色彩的語音成分在音節構成上的作用要穩定並且重要。因此在單一地研究漢語內部的音韻發展史時,這種母音的變化至少還存在著有系統有條理的對應關係。但在將漢語同印歐語系進行對比時則必須考慮到人類共同的原始語言的分化已經是過去很遙遠很遙遠的事,漢語同印歐語系的對應關係就如同透過了好幾層的屈光鏡, 不可能系統而直觀地相對應,因此其間的對應關係的解明就主要地要依靠較爲穩定的輔音所構築的語音框架。據此,我們在構築漢語和印歐語系對應詞的語音公分母（或稱語音最大公約數）時,往往爲了簡明起見而對音節的母音部分採取[簡化]的轉寫規則（特別是對漢語音韻學考慮到同一韻母的不同"等"的音素而在構擬上古音音節時在聲母及韻母間插入的許多在實際語言中難以發音的介音使用了必要的[簡化]規則）。如在下面所舉的漢英對應詞"焚、燔—burn"的對比研究中便運用了簡化規則：

焚 fen ──→〔上古音〕* biuen〔簡化〕────────────→{ ben }

燔 fan ──→〔上古音〕* biuan〔簡化〕────────────→{ ban }

burn→日爾曼古詞根*brennan〔詞根化〕—bren〔br-b 音轉〕→{ ben }

　　　　說明：日爾曼古詞根*brennan 意義爲"焚燒（burn）"，同漢

　　　　　　　語"焚"字及"燔"字音義相當一致。

　　另外，在不影響語音框架的前提下對輔音有時也運用[簡化]規則，如漢英對應詞"性—sex"中對 sex 的"x（ks）"的 s 進行了簡化省略等。

§5. 凡　例：

1）主要語言的年代區分

本書引用的語源資料的年代如下：

　　　　漢語上古音　　　　BC500 — BC 400

　　　　　　　　　　　　詩經時代到晉代。主要依據的是西元前 5 世

　　　　　　　　　　　　紀成書的《詩經》，因此也稱"先秦音"。

　　　　印歐語古詞根　　　BC500 以後

　　　　　　　　　　　　從構擬時採用了梵語、希伯來語古文獻的角

　　　　　　　　　　　　度來看，其構擬音值代表了西元前四、五世

　　　　　　　　　　　　紀以來的印歐語系的語音最大公約數。

　　　　日爾曼語古詞根　　BC500 以後

　　　　　　　　　　　　日爾曼民族於西元前五世紀逐步形成，日耳

　　　　　　　　　　　　曼古詞根代表了西元前五世紀以來的日耳曼

　　　　　　　　　　　　各民族語言的語音最大公約數。

　　　　古拉丁語　　　　　BC75 — AD500

　　　　拉丁語　　　　　　AD200 — 600

　　　　希臘語　　　　　　AD200 以前

　　　　古英語　　　　　　AD700 — 1100

　　　　中世英語　　　　　AD1100 — 1500

古德語	AD750 — 1100
中世德語	AD1100 — 1500
古諾斯語	AD800 — 1300
古法語	AD800 — 1550

2）—→號意義爲"上推到"。

3）*號置於音值前表示該音值爲語言學界的構擬音（語言學界根據豐富的語言資料經研究考證後擬定的理論音值）。

4）[IE]號意義爲"印歐語古詞根"（即 Indo-European Roots 的縮寫）。

5）{ }號內的音值是用於對比的漢英兩語言的語源的最大語音公約數（或稱公分母），並不是在語源上實際有過這種發音，只是旨在表明語源上兩語言間所具有的語音形式上的共性。

6）漢英對照分析式中使用了多種符號，這裏提供讀者一種閱讀時的簡便的讀法，供參考。

　例：焚 fen —→〔上古音〕*biuen 〔簡化〕————————→{ ben }
　　　讀法：漢語焚 fen 字 上推到 上古音 是構擬的 biuen 音，進行簡化後 成爲語音最大公約數"ben"。

　例：burn→日爾曼古詞根*brennan〔詞根化〕—bren〔br-b 音轉〕—→{ ben }
　　　讀法：英語 burn 上推到日爾曼古詞根 是構擬的 brennan，進行詞根化 便成"bren"，再進行 br 到 b 的音轉後 成爲 語音最大公約數"ben"。

　　以上兩個"最大公約數"{ ben }充分顯示了該對漢英辭彙在語源上的共性。

1970 年發現課題積累資料

1999 年初稿完成於上海發表

2005 年重寫稿完成于東京

寫於中國上海市中原小區

中原大廈 2 號樓 1005 室

英漢語言親緣見證

No.1

acre ──→〔IE〕*agro──〔詞根化〕─ag─〔g-k 音轉〕────────→｛ak｝

域 yu ──→〔上古音〕*hiuek──〔h 脫落〕〔簡化〕────────→｛ek｝

　　說明：〔IE〕*agro 的意義爲 "牧場（pasture land）" 或田地之類有
　　　　範圍的場所。現代英語 acre 表示 "公頃、（面積很廣的）區域"
　　　　漢語 "域" 字表示 "被圈圍的土地"。"域－acre" 語源上音
　　　　義相似。

No.2

again ──→(on+)日爾曼古詞根*gegn──〔g-k 音轉〕〔gn-g 音轉〕──→｛keg｝

靠 kao ──→〔上古音〕*kog ──────────────────────→｛kog｝

　　說明：日爾曼古詞根*gegn 意義爲 "朝某方向去（in the direction
　　　　to）"，同漢語 "靠" 字意義基本一致。英語 again 原意義爲
　　　　"靠（gegn）向（on）→返回→再一次"。

No.3

ally ──→(a+)拉丁語 ligare──→〔IE〕*leig ─〔簡化〕────────→｛leg｝

絡 luo ──→〔上古音〕*lak────────────────────────→｛lak｝

　　說明：〔IE〕*leig 意義爲 "聯在一起（bind）"，同漢字 "絡（糾纏
　　　　一起，聯在一起）" 的音義十分近似。參考：對應詞 "絡—
　　　　〔IE〕*leig" 同漢英對應詞 "聯（連）—link" 在語源上音義
　　　　也十分相近，請參見該對應詞條。

No.4

apple ⟶〔IE〕***abel**—〔a 脫落〕〔l-n 音轉〕────────────⟶{ ben }

蘋 ping ⟶〔上古音〕***bien**—〔簡化〕──────────────⟶{ ben }

> 說明：〔IE〕*abel 意義爲 "蘋果（apple）"。漢語中 "苹、蘋、萍"
> 三字原意義都是 "水中的浮草"，同 apple 無關。漢語中
> "apple" 的正式名稱是 "檎（qin,上古音*giem）" 亦稱 "林
> 檎"。稱 apple 爲 "蘋果" 一般認作是俗稱 （可能是外來語
> 音？），至今尚未創造專有的漢字來表示。參考：在古英語及
> 中世英語中 apple 有時也指統稱的 "水果"，所以聖經時代不
> 一定指現在意義上的 "蘋果"。

No.5

aqua ⟶〔IE〕***akwa**—〔a 脫落〕〔簡化〕───────────⟶{ ka }

河 he ⟶〔上古音〕***har**—〔h-k 音轉〕───────────⟶{ kar}

> 說明：〔IE〕*akwa 的意義解釋爲 "水（water）"，這是因爲源於這
> 一詞根的詞現在在歐洲基本上都表示 "水"。但歷史上在哥
> 特語、古撒克遜語等語言中，源於這一詞根的 aha 都表示
> "河"，同漢語 "河" 字十分近似。現代英語的 river（河）
> 是後起取代 aha 的詞。起初 river 只表示 "獵鷹場所用的河
> 岸"，後引申爲 "河"。另外，在漢語中北方的 "河（上古
> 音*har）"、中部的 "川（上古音*kiuan）"、南方的 "江（上
> 古音*kuŋ）" 以及 "溪（上古音*ker）" 等字它們的上古音都
> 具有共同的語音特徵，都和〔IE〕*akwa 一樣使用 "g/k/h"
> 音做主輔音。"aqua—河—川—江—溪" 簡直可以說是同源
> 衍生的一組詞。參考：連日語的 kawa（河）也以 k 音做主輔
> 音，也能算入這組詞內。

No.6

attain ⟶（a+）拉丁語 **tangere⟶**〔IE〕***tag**──────⟶{ tag }

逮 dai ⟶〔上古音〕*deg—〔d-t 音轉〕⟶————————⟶{ teg }

    說明:〔IE〕*tag 原意義爲"觸及(touch)"。漢語"逮 dai"意義
       爲"到、及(如:力有未逮)",語源上同"attain"的詞源
       〔IE〕*tag 音義極爲相同。只有"觸及"了才能"逮住",在
       漢語中"逮"字又有"逮捕"的意義(請參見漢英對應詞
       "觸—touch"詞條)。參考:"達(上古音*dat)"字音義同
       〔IE〕*tag 也較爲近似。)

No.7

ayah ⟶〔IE〕*awo—〔簡化〕⟶————————————⟶{ aw }

嫗 yu ⟶〔上古音〕*iug—〔簡化〕⟶———————————⟶{ ug }

    說明:〔IE〕*awo 的意義爲"父親以外的親屬"。英語 ayah 同 uncle
       是同一個詞源〔IE〕*awo 衍生的結果:一爲女性的 ayah,和
       漢語"嫗"字音義接近;一爲男性的 uncle,和漢語"翁"字
       音義接近。Ayah 詞源意義爲"祖母(grandmother)",後轉爲
       "乳母、女傭人";uncle 詞源意義爲"祖父(grandfather)"
       後轉爲"叔叔"。請參見漢英對應詞"翁——uncle"詞條。

No.8

baboon ⟶古法語 baboue—〔簡化〕⟶——————————⟶{ babu }

狒狒 fei·Fei ⟶〔上古音〕*biued·Biued —〔d 脫落〕〔简化〕⟶{ bubu }

    說明:古法語 baboue 帶有"口鼻部、繃臉(muzzle,grimace)"之意,
       這同狒狒所具有的厚咀唇等特徵有關。漢語"狒狒"一詞的
       上古音同法語音義相似。(厚咀唇被喻爲性感,在日語中
       "hihi=狒狒"被喻爲"好色男"。)

No.9

back ⟶日爾曼古詞根*bakam —〔詞根化〕⟶—————————⟶{ bak }

背 bei ⟶〔上古音〕*bueg —〔簡化〕⟶———————————⟶{ beg }

說明：漢字"背"字原寫作"北"字，後來"北"字轉指北方，於是另創"背"字表示背部。人如果面南而立，"背"在北方，腹部(亦稱"腩 nan")朝南方。南北方向的稱呼由人體的"腩（英語稱 loin）"和"背（back）"二字轉借而來的可能性極大。另外"東""西"兩方向來源於太陽起落。朝晨爲"旦（dawn）"，太陽在東方，傍晚爲"棲（set）"，太陽在西方。因此，"東（旦 down）"、"南（腩 noin→loin?）"、"西（棲 set）"、"北（背 back）"可能分別爲漢語方向稱呼的詞源（"東南西北"同英語"down，loin（noin）, set, back"相對應）。參考：英語 set 一詞來源於 sit，set 和 sit 的共同的印歐語古詞根爲*sed，意義爲"落下、安定"。

No.10

bag ⟶古諾斯語 baggi ─〔詞根化〕──────────────→{ bag }
pack⟶中世荷蘭語 pac─〔p-b 音轉〕──────────→{ bak }
poke⟶〔IE〕*beuk ─〔簡化〕──────────────→{ bok }
包 bao⟶〔上古音〕*pog─〔p-b 音轉〕──────────→{ bog }

說明：漢字"包"原始意義爲"胞衣裹著已形成的胎兒"，所以是"胞"的本字，含有"包裹"之意義。pack 意義爲"包裹"，poke,bag 意義爲"口袋"，"包─bag─pack─poke"四詞共同含有"包裹"之意。參考：與"包"字同系列字中有相當多的漢英對應詞英漢皆以"b/p+母音"的語音形式爲語源形式,如有："泡=bubble"、"飽=full/pell"、"苞=bud"、"抱=brace"、"泡=puff/sponge"、"皰=bleb"、"胚=embryo"、"保=bail"、"脬 pao=bldder"等。）

No.11

bail ⟶拉丁語 bajulus─〔詞根化〕──────────────→{ baj }
保 bao ⟶〔上古音〕*pog ─〔p-b 音轉〕──────────→{ bog }

說明：拉丁語 bajulus 意義爲 "城牆外壁、馬廐的欄杆"，都具有 "包圍" 的含義，演化爲現代英語的 bail 一詞具有 "承擔保證"、"監管" 之意。漢語 "保" 字除 "保護" 意義外也有 "保證" "保甲" 之意。參考： "保" 同 "包" 字是近源系列的字，請參見漢英對應詞 "包—bag" 詞條。

No.12

bake ⟶〔IE〕*bhe*k*—〔簡化〕⟶{ bek }

焙 bei ⟶〔上古音〕*bueg —〔g-k 音轉〕〔簡化〕⟶{ bek }

説明： "焙—bake" 皆爲 "加熱" 之意，語源上音義完全一致。參考：英語 "bath（入浴）" 同 bake 同源。請參見 "沐—bath" 詞條。

No.13

ball⟶希臘語 ballein —〔詞根化〕⟶{ bal }

抛 pao ⟶〔上古音〕*pog—〔p-b 音轉〕⟶{ bog }

舞 wu⟶〔上古音〕*mbiuag—〔mb-b 音轉〕〔簡化〕⟶{ bag }

説明：希臘語 ballein 意義爲 "抛投（throw）"，演化成拉丁語 ballare（→ ball）意義爲 "舞蹈"，可能舞蹈時抛袖動作在古今中外都是比較典型的動作之故。漢語中 "舞—抛" 兩字的上古音也較爲近似。

No.14

band ⟶古義大利語 banda —〔詞根化〕— band〔nd-n 音轉〕⟶{ ban }

幫 bang ⟶〔上古音〕*paŋ —〔p-b 音轉〕⟶{ baŋ }

説明： "幫—band" 都表示 "一群，一隊"，意義一致。同時 "幫—綁" 意義相近，而 band 也可作 "縛、綁、繃帶" 之意（音義同 "bind"）。 "幫—band" 音義頗爲一致。

No.15

bang──➤擬聲詞 bang ─〔b-p 音轉〕────────────➤{ paŋ }

pop──➤擬聲詞 pop─〔p-m 音轉〕───────────➤{pom}

砰 peng──➤〔上古音〕*paŋ──────────────➤{ paŋ }

　　說明：“砰─bang─pop”都表示物體相擊（或用手打擊）時的碰撞
　　　　　聲。參考：值得說明的是，在印歐語言的語感中，詞尾的鼻音
　　　　　（-n, -m,-ŋ）往往變成 “-d, -t, -p, -b, -k, -g” 等。另外如：
　　　　　“pitpat（怦怦）等。

No.16

bank──➤〔IE〕*bheg ─〔g-ŋ 音轉〕轉化──────────➤{ beŋ }

畔 pan──➤〔上古音〕*buan ─〔簡化〕────────➤{ ban }

瀕 bin──➤〔上古音〕*bien─〔簡化〕──────────➤{ ben }

封 feng──➤〔上古音〕*piuŋ ─〔p-b 音轉〕〔簡化〕─────➤{ buŋ }

　　說明：〔IE〕* bheg 原意義爲 “分”。漢語 “畔” 字意義爲 “將田分
　　　　　成二半的中間的田埂”，起分界作用。漢語 “瀕” 字和 “畔”
　　　　　字一樣，和英語 bank 一樣可作河岸與河水之間 “（斜面的）
　　　　　分界” 之意。另外，“分界” 這一概念還有 “隔開封閉” 的
　　　　　意思（如：爐子封火=bank up the fire）。參考：“封” 字和
　　　　　“培”（把土堆積起來蓋住）字意義相近，並且 “培” 字的
　　　　　上古音*bueg 同〔IE〕*bheg 幾乎一致。

No.17

banner──➤日爾曼古詞根*bandwa─〔詞根化〕───────➤{ ban }

幡 fan──➤〔上古音〕*piuan─〔p-b 音轉〕〔簡化〕────➤{ ban }

斾 pei──➤〔上古音〕*bad─〔d-n 音轉〕─────────➤{ ban }

　　說明：　日爾曼古詞根*bandwa 意義爲 “區別性信號”，來源於印歐
　　　　　　語古詞根 “[IE]*bha” 意義爲 “閃亮（shine）”。英語
　　　　　　banner 意義爲 “旗”。漢語 “幡” 字意義爲 “旗子”，

"旆"字意義爲"旗子（雙層旗）"。"幡--旆—banner"
語音近似。

No.18

barbarous ——→〔IE〕*baba—〔詞根化〕—bab〔b-m 音轉〕————→{ bam }
蕃 fan ——→〔上古音〕*biuan—〔簡化〕——————————→{ ban }

說明：〔IE〕* baba 原意義爲"結巴的（stammer）"。外蕃人，語言
　　　不通，說話不明了，顯得"巴巴"的。現代漢語還有"鄉巴"
　　　一詞（也稱"巴子"等）。"巴"音的韻尾陽聲化（韻尾加
　　　"n"）更接近"蕃（也寫作番）"字的字音。參考：英語 foreign
　　　的"for"意義爲"門"，同漢語"扉"字相近。"foreign"
　　　即"門外"的。請參見漢英對應詞"扉—foreign"詞條。

No.19

bare——→〔IE〕*bhoso—〔詞根化〕——bhos〔簡化〕———→{ bos }
暴（曝）pu——→〔上古音〕*buok —〔簡化〕————————→{ bok }

說明：〔IE〕* bhoso 意義爲"裸出，露出（naked）"。漢語"暴（=
　　　曝 pu）"除了"日曬"之意外還有"露出"之意（如暴露），
　　　同 bare 音義接近。

No.20

bark ——→〔IE〕* bherg —〔簡化〕————————————→{ barg }
吠 fei ——→〔上古音〕* biuad—〔簡化〕————————————→{ buad }

說明：〔IE〕*bherg 原意義爲"呻吟、嗡翁（growl, buzz）。"吠—bark"
　　　都表示狗等動物的吼叫聲，音義一致。

No.21

barley ——→〔IE〕*bha res—[詞根化]——bhar〔簡化〕————→{ bar }
麥 mai ——→〔上古音〕*mbuek—〔mb-b 音轉〕〔簡化〕————→{ bek }

說明：〔IE〕*bha res 意義爲"麥（barley）"。據傳麥子是在西元前 10 世紀左右由中亞傳入今陝西省內（當時爲周朝），因此漢語"麥"字的語音可能來源於印歐語系的語言。

No.22

basin ⟶上世拉丁語 bacca—〔詞根化〕— bac〔k-ŋ 音轉〕⟶{ baŋ }
盆 pen ⟶〔上古音〕*buen—〔簡化〕⟶{ ben }
盤 pan ⟶〔上古音〕*buan—〔簡化〕的⟶{ ban }

說明：中世拉丁語 bacca 意義爲"水盤（water vessel）"（進一步的詞源不詳），但其詞義同漢語"盆、盤"基本一致。"盆—盤—basin"基本呈平板狀，語音同"板、平"等近似。請參見漢英對應詞"板—平—plate"詞條。

No.23

bat ⟶(起源於 scand.但不詳)bakke—{ k-ŋ 音轉 }⟶{ baŋ }
蝠 fu ⟶〔上古音〕*piuek—〔p-b 音轉〕〔簡化〕⟶{ beŋ }
蝙 bian ⟶〔上古音〕*pan—〔p-b 音轉〕⟶{ ban }

說明：一說漢語"蝙蝠"原意義爲"蝙（扁形而翩翩飛行）蝠（伏貼在牆上）"。這種解釋可能是一種"由音造字，由字生意"的解釋。從音韻變化的角度看，"bat〔t-n 音轉〕⟶ ban"與"蝙"字近音，而"bakke"則同"蝠"字上古音相近。

No.24

bath ⟶〔IE〕*bhe*d* ⟶{ bed }
沐 mu⟶〔上古音〕*mbuk —〔m-b 音轉〕⟶{ buk }

說明：〔IE〕*bhed 意義爲"焐熱（warm）"，在古英語和中世英語中，bath 一般指"熱水中的入浴"，現在也可以表示冷水中的入浴。而漢語"沐"字一般指"從頭上澆冷水或熱水洗澡"。"沐—bath"基本意義有相似之處。

No.25

battle ——→拉丁語 battuere —〔詞根化〕————————————→{ bat }

伐 fa ——→〔上古音〕*biuat —〔簡化〕————————————→{ bat }

　　說明：拉丁語 battuere 的意義爲"打擊（strike）"，進一步詞源不
　　　　　詳。拉丁語 battuere 的詞根 bat 和漢語"伐"字音義基本相
　　　　　同。現代英語 battle 的意義爲"戰爭"，bat 意義爲"棒"。
　　　　　請參見漢英對應詞"棒－bar"詞條。

No.26

beam ——→〔IE〕* bheue—〔簡化〕————————————→{ beu }

桴 fu ——→〔上古音〕*biog ————————————————→{biog}

　　說明：〔IE〕* bheue 原意義爲"成長（grow）"，由"成長→樹木
　　　　　→木材→大梁"。（beem 的另外"光線"一意義來源於翻譯
　　　　　拉丁語"columna lucis 光柱"一語,是後起的意義）。漢語
　　　　　"桴"原意義爲"（槌鼓的）大棒"及由竹木組成的"筏"。
　　　　　"桴"同"浮"語音相同，都有向上（up）之意，接近〔IE〕
　　　　　* bheue 的 grow 之意。

No.27

bear ——→西日爾曼古詞根*beron——→〔IE〕*bher—〔簡化〕———→{ ber }

羆 pi ——→〔上古音〕*piuar—〔p-b 音轉〕————————————→{ bar }

　　說明：〔IE〕*bher 原意義"褐色（brown）",而西日爾曼古詞根*beron
　　　　　意義爲"棕色動物（the brown animal 即棕熊）"。漢語
　　　　　"羆"意義也爲"棕熊"，發音同 bear（熊）酷似。

No.28

bear ——→〔IE〕*bher—〔bh-b 音轉〕————————————→{ ber }

負 fu——→〔上古音〕*biueg—〔簡化〕————————————→{ beg }

　　說明：〔IE〕*bher 的意義爲"負荷（carry）"，帶有"運走"的動

態意義和女性懷孕的"生產"的靜態意義。漢語"負"字的字面原意義是"人+貝",即"背著錢財"的意思,而實質意義是"負荷"。一說"負(上古音*biueg)同"背(上古音*bueg)"在音義上有同源關係。請參見漢英對應詞"背 —— back"詞條。

No.29

beard→〔IE〕*bhardha—〔詞根化〕—bhard—〔d-n 音轉〕〔簡化〕→{ ban }

芒 mang ——〔上古音〕*mbiaŋ—〔mb-b 音轉〕〔簡化〕————→{ baŋ }

　　說明:〔IE〕*bhardha 意義爲"鬍子(beard)"。漢語"芒"指禾本植物(稻、麥等)的果實殼上的細刺 (如"麥芒"),同"鬍鬚"相近。

No.30

beauty ——→ 拉丁語 bellus —〔詞根化〕————————→{ bel }

賁 bi ——→〔上古音〕*pier—〔p-b 音轉〕〔簡化〕————→{ ber }

美 mei ——→〔上古音〕*miuer—〔m-b 音轉〕〔簡化〕———→{ ber }

　　說明:漢語"賁(bi)"字表示"美好"意。"賁—美—beaut"三詞發音意義都極爲相近。

No.31

bee——→拉丁語 bhoikos—〔詞根化〕—bhoik—〔k-ŋ 音轉〕〔簡化〕→{ boŋ }

蜂 feng ——→〔上古音〕*piuŋ —〔p-b 音轉〕〔簡化〕————→{ buŋ }

　　說明:拉丁語 bhoikos 意義爲"蜂(bee)",同"蜂"字的語音形式十分相似,音義基本一致。參考:"蜂"和"蜜"是十分有關聯的事物,英語"mel"同漢語"蜜"字也呈現出音義一致的關係。請參見漢英對應詞"蜜—mel"詞條。另外,運用〔b-m 音轉〕規則的話,bee 一詞可能同 mel 也有近源關係:bee→ mee→ mel

No.32

bell⟶〔IE〕*bhel —〔簡化〕————————————————⟶{ bel }

鎛 bo ⟶〔上古音〕*pak—〔p-b 音轉〕————————————⟶{ bak }

　　說明：〔IE〕*bhel 原意義爲 "哭、嚷（cry, yell）"，因此英語 bell
　　　　　除了表示 "鍾、鈴" 外還有一個同音同形詞 "bell（狗叫，
　　　　　=bark）"。漢語 "鎛" 表示 "大鍾"，意義和表示鍾鈴意義
　　　　　的 bell 基本相同。請參見漢英對應詞 "吠－bark" 詞條。

No.33

belly ⟶〔IE〕*bhelgh —〔簡化〕——————————————⟶{ beg }

腹 fu ⟶〔上古音〕*piuk —〔p-b 音轉〕〔k-g 音轉〕——————⟶{ bug }

　　說明：〔IE〕* bhelgh 意義爲 "腫脹（swell）"，英語 "belly" 一詞
　　　　　原意義爲 "袋子"，後被借用作 "腹" 的意義，取代了
　　　　　 "vomb" 一詞。漢語 "腹" 字屬 "包" 字的系列字（語音形
　　　　　式都是[p/b+母音]），有明顯的 "包" 的含義。而〔IE〕*bhelgh
　　　　　同 bag 一詞的詞源也十分近似，也有明顯的 "包" 的含義。
　　　　　 "腹—belly" 兩詞在語源上音義十分相似。請參見漢英對應
　　　　　詞 "包—bag" 詞條。

No.34

bender ⟶〔IE〕*bhendh—〔ndh-n 音轉〕〔簡化〕—————⟶{ ben }

蠻 man ⟶〔上古音〕*mban —〔mb-b 音轉〕——————————⟶{ ban }

　　說明：〔IE〕*bhendh 的意義爲 "卷縛（bind）"。英語 bender 意義
　　　　　爲 "怪人、蠻人"。漢語 "蠻" 字的上半部 "絲言" 表示 "糾
　　　　　纏在一起"，"蠻" 指 "形態和生活內容都亂纏在一起的，像
　　　　　蛇一樣的人種"。在 "糾纏" 意義上同〔IE〕*bhendh 的音義較
　　　　　爲近似。

No.35

bi- ⟶ 拉丁語 bis ──────────────────────→ { bis }

倍 bei ⟶〔上古音〕*bueg─〔簡化〕────────────→ {beg}

　　　說明：拉丁語 bis 意義爲"兩倍、兩次（twice, doubly）"，同漢語
　　　　　　"倍"字音義相近。但，一說"bi-"來源於"di-（雙重）"，
　　　　　　似乎是 b 和 d 之間的誤寫，和漢語比較認證後，此說似乎不
　　　　　　可取。

No.36

big ⟶古諾斯語 big ───────────────────→{ big }

丕 pi ⟶〔上古音〕*pieg ─〔p-b 音轉〕〔簡化〕────→{beg}

　　　說明：古諾斯語 big 意義爲"強大、脹大、名氣大的（strong, full-grown,
　　　　　　eminent）"。漢語"丕"原意義爲"脹得很大的"，字形中
　　　　　　"不"指"花朵張開得很大"，是象形字（花瓣往下，說明
　　　　　　花大而下垂），後用作否定詞（"不"）後，原意義的"不（花
　　　　　　朵張開得很大）"下便加了一橫線成爲"丕"。"丕"的原
　　　　　　始意義同 big 的"full-grown"意義如出一轍。

No.37

bind ⟶〔IE〕*bhendh─〔簡化〕──bend─〔nd-n 音轉〕⟶ { ben }

bandage ⟶ band → 日爾曼古詞根 *bendan ─〔詞根化〕─
　　　　　　　　　　　　　　　　bend ─〔nd-n 音轉〕─────→ { ben }

puttee ⟶ 梵語 patta─〔詞根化〕──pat─〔t-n 音轉〕───→ { pan }

綁 bang ⟶〔上古音〕* paŋ ─〔p-b 音轉〕────────→ { baŋ }

繃 beng ⟶〔上古音〕* peŋ ─〔p-b 音轉〕────────→ { beŋ }

　　　說明：〔IE〕*bhendh 和日爾曼古詞根*bendan 意義都爲"綁（bind）"。
　　　　　　梵語 patta 意義爲"布條"。漢語"繃（纏繞）"同"綁"是
　　　　　　音義相近的近源字。"綁—繃—bind—bandage—puttee"音義
　　　　　　極爲相近。參考："綁"字的韻尾入聲化便同"縛（上古音

　　　　　*biuak〔簡化〕— bak）"字音義相近。

No.38

bit ⟶日爾曼古詞根*bitan—〔詞根化〕—————————→{ bit }

鑣 biao ⟶〔上古音〕*piog—〔p-b 音轉〕————————→{biog}

　　說明："鑣—bit"都是馬嘴裏銜的"馬咀子"。英語 bit 同"bite
　　　　　（咬）"也詞源相近。

No.39

blank ⟶日爾曼古詞根 *blangkaz —〔詞根化〕— blank —

　　　　　　　　　　〔bl-b 音轉〕〔nk-k 音轉〕————————→{ bak }

白 bai ⟶〔上古音〕*bak————————————————→{ bak }

　　說明：日爾曼古詞根*blangkaz 的意義爲"白（white）"，英語 blank
　　　　　的原始意義也是"白"，和漢語"白"字的音義極爲相似。
　　　　　blank 的後起引申意義爲現在的"空欄"。一說*blangkaz 的進
　　　　　一步詞源是印歐古詞根〔IE〕*bhel（意義是"閃亮—shine"）。
　　　　　參考：英語 white（白）來源於印歐古詞根〔IE〕*kweit（閃
　　　　　亮），後轉爲"白"意。該古詞根同漢語"輝"字對應。請參
　　　　　見漢英對應詞"輝—white—glad"詞條。

No.40

bleb ⟶（詞源不明）bleb —〔bl-b 音轉〕————————→{ beb }

皰 bao ⟶〔上古音〕*bog————————————————→{ bog }

　　說明：漢語"皰"字爲"包著膿水而膨脹"的意思。同"包"字屬
　　　　　同系列字（請參見漢英對應詞"包—bag"詞條）。英語 bleb
　　　　　有時亦作"水泡"解（請參見漢英對應詞"泡—bubble"詞
　　　　　條）。

No.41

blend →日爾曼古詞根 *blandan—〔詞根化〕—bland—〔bl-b 音轉〕

〔nd-n 音〕─────→{ ban }

拌 ban ──→〔上古音〕*buan─〔簡化〕─────────→{ ban }

   說明：blend 和 mix 都是 "攪拌" 之意。漢語 "拌" 字同 blend 的詞
         源*bland 在音義兩方面極爲近似。

No.42

blight ──→blite（詞源不詳）─〔bl-b 音轉〕─────────→{ bit }

癟 bie ──→〔上古音〕*bet───────────────→{ bet }

秕 bi ──→〔上古音〕*pier─〔p-b 音轉〕〔簡化〕─────→{ bir }

   說明：英語 "blight 在表示 "干癟" 意義上同漢語 "癟・秕" 兩字意
         義完全一樣 （blight 除了 "干癟" 之意義外，還有枯桐病等
         植物病態的含義）。漢字 "秕" 意義爲 "不飽滿"。

No.43

blow ──→中古英語 blou ─〔bl-b 音轉〕〔簡化〕────→{ bo*g* }

摽 biao ──→〔上古音〕*piog─〔簡化〕─────────→{ pog }

   說明：表示 "一擊" 的英語 blow 一詞的原始詞源不詳，一說可能和
         另一個同形的詞 "blow（風吹）" 一詞同源。和 "blow（一
         擊）" 同源的哥特語爲 bliggwan,詞根帶有-g 音，據此，"blow
         （一擊）" 的原始詞根可能可以擬爲*bog。這樣一來，同 "摽
         （上古音*piog）" 字的語音就變得相當相似。"摽" 字的原
         始意義爲 "擊打"，和 "blow（一擊）" 音義相近。

No.44

blow ──→〔IE〕*bhle─〔bhl-p 音轉〕─────────→{ p e }

飆 biao ──→〔上古音〕*piog ──────────────→{pog }

   說明：〔IE〕*bhle 的原意義爲 "吹起、腫脹（blow up, swell）"。現
         代英語 blow 意義爲 "風吹（動詞）" 或 "一陣風（名詞）"。
         漢語 "飆" 字的意義爲 "扶搖直上的風"，同印歐古詞根〔IE〕

　　　　　　*bhle 的 "blow up" 意義十分近似，但詞性爲名詞。

No.45

blue ⟶〔IE〕***bhel** —〔簡化〕————————————————⟶{ bel }

碧 bi ⟶〔上古音〕***piak**—〔p-b 音轉〕〔簡化〕————⟶{ bik }

　　說明：〔IE〕*bhel 原意義爲 "輝亮"，在拉丁語中演化爲 "黃色"，
　　　　　在希臘語中演化爲 "白色"，在古梵語中意義爲 "前額，光
　　　　　澤" 之意。在英語和漢語中皆爲 "蘭色"，和漢語 "碧" 音
　　　　　義相似。

No.46

boar→日爾曼古詞根***bairaz**-〔詞根化〕—**bair**—〔b-p 音轉〕〔簡化〕→{ par }

犯 ba ⟶〔上古音〕***pag**————————————————⟶{ pag }

　　說明：日爾曼古詞根 *bairaz 的意義爲 "雄豬（male hog）"。性別
　　　　　相反，漢語中 "母豬" 稱 "犯"，或指稱兩歲左右的小豬。

No.47

board ⟶〔IE〕***bherdh**—〔d-n 音轉〕〔簡化〕————————⟶{ ben }

plank ⟶〔IE〕*** plak**—〔pl-p 音轉〕〔k-ŋ 音轉〕————⟶{ paŋ }

plate ⟶〔IE〕*** plat** —〔pl-p 音轉〕〔t-n 音轉〕————⟶{ pan }

flat ⟶（同上）————————————————————————⟶{ pan }

plain ⟶〔IE〕***pele**—〔詞根化〕— **pel** —〔l-n 音轉〕————⟶{ pen }

plane ⟶（同上）————————————————————————⟶{ pen }

板 ban ⟶〔上古音〕***pan**—〔p-b 音轉〕———————————⟶{ ban }

平 ping ⟶〔上古音〕***biaŋ** —〔簡化〕——————————⟶{ baŋ }

扁 bian ⟶〔上古音〕***pian** —〔p-b 音轉〕〔簡化〕————⟶{ ban }

　　說明：〔IE〕*bherdh 意義爲 "割（cut）"，board 意義爲 "板"；〔IE〕
　　　　　* plak 意義爲 "使成平型"，plank 意義爲 "厚板"；〔IE〕* plat
　　　　　和〔IE〕*pele 意義爲 "平、扁"，plate 意義爲 "平碟"，plain
　　　　　和 plane 都意義爲 "平、平面"。板是切割出來的自然與 "平"

的概念相近。漢語中"平—板"語音相近，英語中
"board—plate"的語音形式也極爲相似。另外，"平·板"自
然与"扁"的屬性不可分割，英語 flat 也有"扁"的意义。漢
語"平"字原意義爲"浮萍"（浮萍浮在水上呈"平鋪"狀），
後轉用於表示"平"。英語 plain（平坦）同漢語"扁平"在
音義上更是酷似。plane 由表示"平面──鳥翼──飛機（機
翼）"參考：板是切割出來的，必定有切割開來的"邊"，
因此，漢語中的"板—邊"和英語中的"board—border"皆
相互呈現近源近音的關係。請參見漢英對應詞
"邊—border"詞條。

No.48

boast ──→中世英語 bost─〔st-n 音轉〕──────────────→{ bon }

brag ──→（詞源不詳）brag ─〔br-b 音轉〕〔g-ŋ 音轉〕────────→{ baŋ }

嗙 pang ──→ paŋ─〔p-b 音轉〕──────────────────→{ baŋ }

說明："嗙—boast—brag"意義都是"吹噓"。（"嗙"字是漢語的
方言辭彙，沒有上古音的資料。）

No.49

body ──→古英語 bodig─[詞根化]──────────────→{ bod }

殍 piao──→〔上古音〕*biog ─〔簡化〕──────────────→{ bog }

說明：古英語 bodig 意義爲"胴體，死屍（trunk, corpse）"（進一
步的詞源不明）。漢語"殍（也寫作莩）"字指"餓死者的路
屍"，語義範圍較 bodig 稍狹窄。在"死屍"意義上
"殍—bodig"音義頗爲一致。

No.50

boil ──→〔IE〕*bheu─〔簡化〕──────────────→{ beu }

brew ──→〔IE〕*bhreu ─〔簡化〕〔br-b 音轉〕──────────→{ beu }

沸 fei ⟶〔上古音〕*piuer—〔p-b 音轉〕〔簡化〕———————⟶ { ber }

　　說明:〔IE〕* bheu 和〔IE〕* bhreu　都意義爲 "沸,膨脹,泡(boil, swell, bubble)"。英語 brew 現意義爲 "釀造",但釀造需要煮,因此同詞源意義 "沸,泡(boil,bubble)" 意義仍然相通。"沸—boil—brew" 三詞在語源上是音義極其相近的對應詞。

No.51

bone ⟶古高地德語 Bein————————————————⟶{ bein }

髀 bi ⟶〔上古音〕*beg —〔g-ŋ 音轉〕————————————⟶ { beŋ }

　　說明:　身體主要部分的名稱在印歐語中基本都是同源的,只有 "骨" 頭的稱呼日爾曼語比較特殊。古高地德語 Bein 這一詞源在古日爾曼各語言中最初都指 "大腿" 或 "大腿骨",其語音和意義同漢語 "髀" 字相當近似。請參見漢英對應詞 "骨—coast" 詞條。

No.52

book ⟶〔IE〕*bhago—[詞根化]——bhag〔簡化〕————————⟶ { bag }

簿 bu ⟶〔上古音〕*bag————————————————————⟶ { bag }

　　說明:〔IE〕*bhago 原意義爲樹木 "山毛櫸(beech)" 的皮。過去歐洲人將這種樹皮用來書寫,從而成爲 book 的詞源。漢字 "簿" 原意義爲 "用來書寫的竹片" 串聯而成 "簿子(=本子、書)"。漢英兩語的 "書" 音義皆同,只是所用原材料不同。

No.53

bore ⟶(詞源不詳) bore—〔簡化〕——————————————⟶ { bor }

乏 fa ⟶〔上古音〕*biap—〔簡化〕————————————————⟶ { bap }

　　說明:　"bore" 的詞源不詳,但音義兩方面都同漢語 "乏" 字相似。

　　　　　bore 意義爲 "煩、乏力" ，而漢語 "乏" 字意義爲 "無力而
　　　　不能進取" 。 "乏—bore" 音義近似。

No.54

coron →中世波斯語 burak —〔bur-b 音轉〕〔k-ŋ 音轉〕〔簡化〕→{ baŋ }

borax ──→（同上）────────────────────→{ baŋ }

硼 peng ──→〔上古音〕*paŋ—〔p-b 音轉〕────────────→{ baŋ }

　　　　說明：borax 意義爲 "硼砂" ，同漢語 "硼" 字的原意義 "硼砂" 一
　　　　　　　致。現代漢語 "硼" 表示元素硼，相當於 "boron" 。（漢語
　　　　　　　"硼" 字另外還有 "易碎的結晶" 之意。）

No.55

borough ──→〔IE〕*bhergh —〔bh-p 音轉〕〔簡化〕────→{ perg }

fort ──→（同上）──────────────────→{ perg }

堡 bao ──→〔上古音〕*pog ──────────────→{ pog }

　　　　說明：〔IE〕*bhergh 原意義爲 "山頭堡（hill fort）" 。漢語 "堡"
　　　　　　　字意義爲 "在高處用土石築成的土寨（如：橋頭堡）" ，同
　　　　　　　〔IE〕*bhergh 的原意義相當接近。〔IE〕*bhergh 後來演化成
　　　　　　　fort，保持了原意義；而演化成的 burgh 及 borough 意義變成
　　　　　　　了 "城塞，城市" （中文翻譯仍用 "堡" 字，如 Edinburgh 譯
　　　　　　　成：愛丁堡）。 "堡—borough— burgh—fort" 是比較典型的
　　　　　　　音義一致的漢英對應詞。參考：漢語 "堡" 字同 "包" 字屬
　　　　　　　同系列的字,請參見漢英對應詞 "包—bag" 詞條。

No.56

bough ──→〔IE〕*bhaghu—〔詞根化〕—bhag—〔bh-b 音轉〕──→{ bag }

臂 bi ──→〔上古音〕*pieg—〔p-b 音轉〕〔簡化〕────────→{ beg }

　　　　說明：〔IE〕*bhaghu 的意義爲 "肘、肩（elbow, shoulder）" ，但由此
　　　　　　　古詞根衍生出来的古英語 bog 表示 "肩・臂" ；希腊語 pekhus

表示 "前臂"，即該古詞根應該包含 "前臂──→肩" 的意義。
現代英語 bough 表示 "動物的肩，樹木的大樹枝，人的手足、
腕、腳"。請參見漢英對應詞 "抱─brace" 詞條。

No.57

bounce ──→低地德語 bounce ─〔簡化〕────────────→{ bon }

spring ──→〔IE〕*spergh〔s 脫落〕〔gh-ŋ 音轉〕──────→{ peŋ }

蹦 beng ──→〔上古音〕*peŋ ────────────────→{ peŋ }

說明：人或物蹦跳時皆有 bonbon 之聲，"蹦─bounce─spring" 音
義相當近似。

No.58

bourn──→古法語 bodne─〔dn-n 音轉〕〔簡化〕──────→{ bon }

邦 bang ──→〔上古音〕*puŋ─〔p-b 音轉〕────────→{ buŋ }

說明：漢語 "邦" 字原爲 "國境上壘土劃界" 之意，後指領地。古
法語 bodne 原意義爲 "界限、邊緣（limit，bound）"。英語
bourn 原意義亦爲 "境界、國界"，後來轉義爲 "領域，領
土"。"邦─bourn" 可謂異曲同工。另外，英語還有 bound
一詞（詞源不明），同 bourn 音近義同。

No.59

bow ──→〔IE〕*bheug ─〔簡化〕─────────────→{ beug }

俯 fu ──→〔上古音〕*piug─〔p-b 音轉〕─────────→{ biug }

說明：〔IE〕*bheug 意義爲 "彎下（bend）"，同漢語 "俯" 字的動
作完全相同，語源的語音也幾乎完全相同。因此 "俯─bow"
兩詞完全對應。

No.60,

bowl ──→〔IE〕* bhel ─〔簡化〕〔l-n 音轉〕────────→{ ben }

鉢 bo ⟶〔上古音〕* puat—〔p-b 音轉〕〔t-n 音轉〕〔簡化〕⟶{ ban }

說明:〔IE〕*bhel 原意義爲 "脹,吹(swell, blow)。英語 bowl 本義
爲 "下凹的圓球形" ,同吹脹起來的物體在形狀上是相同
的。梵語 "鉢" 稱作 patra,譯作 "鉢多羅" 。參考:一說漢
語 "鉢" 可能是借詞。另外, "鉢" 字的上古音*puat 以 "t"
收尾,而聲符 "本" 以 "n" 收尾,這證明了在漢語中〔t-n
音轉〕是自古存在的一種音變現象。

No.61

brace ⟶ 希臘語 brakhion—〔詞根化〕—brak—〔br-b 音轉〕⟶{ bak }

抱 bao ⟶〔上古音〕*bog ⟶{ bog }

說明:希臘語 brakhion 原意義爲 "臂膀(arm)" ,而 brace 的意義
爲 "抱",這可能是 "抱" 的動作總需要手臂來進行之故。作
爲 "抱" 的意義,希臘語 brakhion 的音義同漢語 "抱" 字的
上古音義十分近似。參考: "抱" 住物體就如同 "包" 住物
體,因此 "抱" 字屬於 "包" 字系列的字。請參見漢英對應詞
"包—bag" 詞條。另外,漢語 "臂(上古音*biek?)" 字同
"抱(上古音*bog)" 字的語音形式相同,音值也是較爲近
似的。

No.62

braid ⟶荷蘭語 breien—〔br-p 音轉〕〔簡化〕⟶{ pen }

編 bian ⟶〔上古音〕*pan ⟶{ pan }

辮 bian ⟶〔上古音〕*pian —〔簡化〕⟶{ pan }

說明:braid(詞源不明)意義爲 "編、辮子" 。 "編—辮—braid"
音義基本一致。

No.63

bran ⟶古法語 bran—〔br-p 音轉〕⟶{ pan }

麩 fu ──→〔上古音〕*piuag ──〔g-ŋ 音轉〕〔簡化〕────────→{ paŋ }

　　　說明：古法語 bran 意義爲"麩皮（bran）"，即小麥磨成面並過籮
　　　　　　後剩下的"皮兒"，和漢語"麩"字意義完全一致。

No.64

break ──→〔IE〕*bhreg ──〔bhr-b 音轉〕────────────→{ beg }

fraction ──→（同上）────────────────────→{ beg }

剖 pou ──→〔上古音〕*pueg──〔p-b 音轉〕〔簡化〕─────→{ beg }

辟 pi ──→〔上古音〕*biek──〔簡化〕──────────────→{ bek }

劈 pi ──→〔上古音〕*pek──〔p-b 音轉〕─────────────→{ bek }

　　　說明：〔IE〕*bhreg 意義爲"破碎、劈裂（break）"。fraction 意義
　　　　　　爲"碎片"。break 一般譯成漢語爲"破"，但從 break 的詞
　　　　　　源的韻尾輔音"-g"來看它在音義上更接近有"-k"尾的
　　　　　　"剖—辟—劈"三字。參考："破（上古音*puar）"字韻尾
　　　　　　爲"-r"。

No.65

bream ──→〔IE〕*bherek──〔k-ŋ 音轉〕〔簡化〕────────→{ beŋ }

魴 fang ──→〔上古音〕* baŋ──────────────────→{ baŋ }

　　　說明：〔IE〕*bherek 原意義爲"閃亮（shine, glitter）"，因爲"bream"
　　　　　　的鱗因光線而發生色彩變化之故。漢語"魴"在英語中又叫
　　　　　　"triangular bream"。

No.66

breast ──→〔IE〕* bhreas ──〔bhr-p 音轉〕〔簡化〕─────→{ pas }

pectoral ──→〔IE〕* peg ────────────────────→{ peg }

脯 pu ──→〔上古音〕*piuag ──〔簡化〕─────────────→{ pag }

　　　說明：〔IE〕* peg 表示"胸脯（breast）",〔IE〕*bhreas 意義爲"脹
　　　　　　大（swell）"。漢字"脯"在"胸脯"中表示"胸部，乳房"，

意義和 pectoral 及 breast 相同。

No.67

Bridle→日爾曼古詞根*bregdilaz—〔詞根化〕—breg—〔br-b 音轉〕→{ beg }
轡 pei ——→〔上古音〕*pier—〔p-b 音轉〕〔簡化〕————————→{ ber }

　　說明：日爾曼古詞根*bregdilaz 及現代英語 briddle 和漢語 "轡" 字意
　　　　義相同，皆爲 "馬嚼子和繮繩" 之意。一說 bridle 的進一步詞
　　　　源爲印歐古詞根〔IE〕*bherek（意義爲 "閃亮--glitter"），
　　　　但音義關係很爲勉強。（〔IE〕*bʰerek 同漢語 "白（上古音
　　　　*bak）" 字則音義較爲相近）

No.68

bright ——→〔IE〕*bhreg—〔bhr-b 音轉〕〔g-ŋ 音轉〕————————→{ beŋ }
炳 bing ——→〔上古音〕*piaŋ—〔p-b 音轉〕〔簡化〕————→{ baŋ }
明 ming ——→〔上古音〕*miaŋ—〔m-b 音轉〕〔簡化〕————→{ baŋ }
白 bai ——→〔上古音〕*bak—〔k-ŋ 音轉〕————————→{ baŋ }

　　說明：〔IE〕*bhreg 的原意義爲 "閃亮、明亮、白色（shine，
　　　　bright,white）"。漢語 "炳" 字意義爲 "明亮"。 "炳" 同
　　　　 "明（上古音*miaŋ）" 有明顯的詞源關係（即〔m-p 音轉〕）。
　　　　漢語 "白" 字的上古音同〔IE〕*bhreg 一樣都以 k/g 作爲輔音
　　　　韻尾，兩者在音義上最爲接近。

No.69

brim ——→古諾斯語 barm—〔簡化〕————————→{ bam }
border——→古法語 bord—〔d-n 音轉〕〔簡化〕————————→{ bon }
brink——→日爾曼古詞根*breŋko-〔詞根化〕—breŋ—〔br-b 音轉〕→{ beŋ }
邊 bian ——→〔上古音〕*pan —〔p-b 音轉〕————————→{ ban }

　　說明：漢語 "邊" 字部首用走字底，意義爲 "走到盡頭便是邊"，
　　　　　這同 brim（水邊、邊緣），border（境界）在意義上是相通的。

"邊—brim—border—brink" 音義極爲近似。

No.70

bring ⟶〔IE〕*bhrenk—〔br-b 音轉〕〔nk-ŋ 音轉〕〔簡化〕⟶{ beŋ }

秉 bing ⟶〔上古音〕*piaŋ —〔p-b 音轉〕〔簡化〕⟶{ baŋ }

　　說明： 許多英語辭彙同漢語十分酷似，只是漢語聲母爲單輔音，而英文卻在漢語的單輔音上加上-r、-1、s-等，構成複輔。英語 bring 一詞就是一個典型的例子，在 b 後面多了個 r（漢語原來可能也有複輔音聲母而在進化過程中消失了），否則同漢語 "秉（bing）" 字的發音完全一致。相似的例子還有： "拌—blend"、"孵—brood" 等等，不勝枚舉。

No.71

broad→日爾曼古詞根*braidas—〔詞根化〕—braid—〔br-b 音轉〕〔簡化〕⟶{ bad }

博 bo ⟶〔上古音〕*pak—〔p-b 音轉〕⟶{ bak }

　　說明： "broad" 僅限於日爾曼各語言中存在，印歐其他語種中沒有對應詞。同 "博—broad" 音義相近的漢英對應詞還有 "普—溥—spread" 等。另外，"博" 意義通 "大"，"博" 的上古音*pak 同 "丕（大，上古音*pieg）" 字的上古音義極爲近似。請參見漢英對應詞 "丕—big" 詞條。

No.72

brood ⟶〔IE〕*bhreu —〔br-b 音轉〕〔簡化〕⟶{ beu }

孵 fu ⟶〔上古音〕*piog—〔p-b 音轉〕〔簡化〕⟶{ bog }

　　說明：〔IE〕*bhreu 原意義爲 "沸，起泡"，同時具有 "加熱" 的意義。上海話至今口語裏稱孵化爲 "buu"，同〔IE〕*bhreu 的音義相似。

No.73

brow ──→〔IE〕*bhru─〔bhr-b 音轉〕────────────────→{ bu }

眉 mei ──→〔上古音〕*mbiui─〔mb-b 音轉〕〔簡化〕──────→{ bu }

　　　說明：〔IE〕*bhru 的意義爲 "眉（eyebrow, brow）"，同漢語 "眉"
　　　　　　字音義較相近。英語 bridge（橋）也來源於印歐古詞根〔IE〕
　　　　　　*bhru，因爲橋極似眉的形狀。

No.74

bubble ──→　中世英語 bobel─〔詞根化〕────────────→{ bob }

泡 pao ──→〔上古音〕*pag ─〔p-b 音轉〕───────────→{ bog }

　　　說明：英語 bubble 在詞源上視爲擬聲詞。漢字 "泡" 意義爲 "水包
　　　　　　住空氣"。"泡—bubble" 意義相同，語音相近。請參見漢英
　　　　　　對英詞 "包—bag" 詞條。

No.75

bucket →日爾曼古詞根*bukaz─〔詞根化〕—buk—〔k-ŋ 音轉〕──→{ buŋ }

bottle ──→butt →拉丁語 bota 　─〔詞根化〕—bot—〔t-n 音轉〕──→{ bon }

pot →拉丁語 pottus─〔詞根化〕—pot—〔p-b 音轉〕〔t-n 音轉〕──→{ bon }

flask ──→日爾曼古詞根*flasko──〔詞根化〕──flask──

　　　　　　　　　　　　　　　　　〔fl-p 音轉〕〔sk-ŋ 音轉〕→{ paŋ }

瓶 ping ──→〔上古音〕*beŋ ───────────────────→{ beŋ }

　　　說明：日爾曼古詞根*bukaz 和英語 bucket 都表示 "吊井水用的吊
　　　　　　瓶"。漢語 "瓶" 字原始義不是現今玻璃瓶之類的瓶子而正
　　　　　　是井中的 "吊瓶"。flask（原意義爲酒甕）、bottle（瓶）、butt
　　　　　　（大酒甕）、pot（原意義爲壺）等詞同漢語 "瓶" 的原意義稍
　　　　　　有距離，但表示的意義範疇及各詞的語音特徵都同漢語
　　　　　　"瓶" 字呈現音義一致的關係。

No.76

bud ──→中世英語 budde─〔簡化〕────────────────→{ bud }

苞 bao ──→〔上古音〕*pog —〔p-b 音轉〕────────────────→{ bog }

    說明："苞—bud"兩詞語音相近，意義完全一致。"苞"字 與
        "包"字是同系的字。與"包"字同系的字的英語亦同漢語
        一樣多以〔b/p+母音〕的語音形式爲語源,如："包
        =bag/pack"、"抱=brace"、"胞=birth"、"泡=bubble"等。
        請參考漢英對應詞"包—bag"詞條。

No.77

bulbul ──→阿拉伯語 bulbul(擬聲詞)—〔簡化〕────────→{ bul }

鶝 bei ──→〔上古音〕*piet—〔p-b 音轉〕〔t-1 音轉〕〔簡化〕──→{bel }

    說明：鶝鳥爲烏鴉的一種。"鶝—bulbul"語音相似，意義一致。

No.78

bulge ──→〔IE〕*bhelgh—〔g-k 音轉〕〔簡化〕────────→{ belk }

暴 bao ──→〔上古音〕*buok ──────────────────→{ buok }

    說明：這裏的"暴"字是"腫脹"之意，如"額上青筋暴了出來"。
          〔IE〕*bhelgh 原意義爲"腫脹"，但演化成現代英語 bulge 一
         詞，除了有"腫脹"意義外，更主要的表示"皮袋，船底彎
         曲部，大木桶的胴部"等，都有"鼓起來"的意義。

No.79

bun ──→(詞源不詳)bun ──────────────────→{ bun }

餑 bo ──→〔上古音〕*buet—〔t-n 音轉〕〔簡化〕────→{ ben }

饅 man ──→(上古音不詳)man—〔m-b 音轉〕──────→{ ban }

    說明：英語 bun（詞源不詳。葡萄牙語 爲 pan）,同漢語"饅"字意
        義基本一致。"饅—bun"兩者之間聲母部分呈現[m-b 音轉],
        而漢語的"饅—餑"兩字除聲母[m-b 音轉]外則是韻尾互爲
        陰陽韻對轉。參考："饅（man）"中的 m 音轉成 n 音則成
        爲"nan",是印度及周邊地區很常見的主食"Nan"了,和

　　　　　　"饅"一樣是面食品。

No.80

burdock→bur(+dock 一種植物)→byrst—〔st-n 音轉〕〔簡化〕→{ birn }

蒡 bang ——〔上古音〕*paŋ—〔p-b 音轉〕————————————→{ baŋ }

　　說明：牛蒡是一種草類植物。英語 bur 意義爲"牛蒡"，來源於"byrst
　　　　　（剛毛）"。"蒡—bur"兩詞音義相當一致。

No.81

burn →日爾曼古詞根*brennan—〔詞根化〕—**bren**—〔br-b 音轉〕→{ ben }

焚 fen ——〔上古音〕* biuen—〔簡化〕————————————→{ ben }

燔 fan ——→〔上古音〕*biuan—〔簡化〕————————————→{ ban }

　　說明：日爾曼古詞根*brennan 意義爲"焚燒（burn）"，同漢語"焚"
　　　　　字及"燔"字音義相當一致。另外，英語 fire（火，來源於印
　　　　　歐古詞根〔IE〕*pur）在音義上同"焚—燔—burn"有較強的
　　　　　關聯性。

No.82

burry ——→〔IE〕*bhergh—〔簡化〕————————————→{ beg }

埋 mai ——→〔上古音〕*meg—〔m-b 音轉〕————————→{ beg }

窆 bian ——→〔上古音〕*piam—〔p-b 音轉〕〔m-p 音轉〕〔簡化〕→{ bap}

　　說明：〔IE〕*bhergh 原意義爲"埋、防（burry，protect）"，同"埋"
　　　　　字音義相同。漢字"窆"是入棺下土的"埋葬（burry）"之
　　　　　意。

No.83

burst ——→〔IE〕*bhres—〔br-b〕〔簡化〕————————————→{ bes }

bomb ——→〔IE〕*bamb（爆炸音擬聲詞）—〔mb-m 音轉〕————→{ bam }

爆 bao ——→〔上古音〕*pok—〔p－b 音轉〕〔k-ŋ 音轉〕————→{ boŋ }

崩 beng ──〔上古音〕*peŋ─〔p-b 音轉〕──────────→{ beŋ }

說明：〔IE〕*bhres 意義爲"爆（burst）"。〔IE〕*bamb 意義爲"崩
爆",是爆炸音的擬聲。"爆─崩─burst─bomb"這四個詞都
可能來源於擬聲,它們的相同點都是以[b/p+母音]的語音形式
構成。

No.84

bush ──→日爾曼古詞根*busk ─〔sk-k 音轉〕──────→{ buk }

木 mu ──→〔上古音〕*mbuk─〔mb-b 音轉〕──────→{ buk }

說明：日爾曼古詞根*busk 意義爲"灌木（bush）",同英語 bush
意義相同（英語常以 the bush 表示"灌木叢"）。bush 的進一
步詞源不詳。漢字"木"的原始意義爲"樹",不是"木
頭",音義皆同 bush 酷似。參考：漢語"朴（一種樹木,上
古音*buk）"字以及英語 beech（山毛櫸、米心樹）都同"木
──bush"的音義極有關聯。

No.85

busy ──→古英語 bysig─〔詞根化〕──────────────→{ bis }

務 wu ──→〔上古音〕*mbiu─〔mb-b 音轉〕〔簡化〕────→{ biu }

說明：古英語"bysig"意義爲"積極的（active）"。漢語"務"字
的原意義爲"用矛排除一切困難,積極地進取"。
"務─busy"音義都有相通之處。參考：另外漢語"忙（上
古音*mbaŋ）"字同 busy（bysig）在音義上也有相似點。

No.86

buy ──→日爾曼古詞根*bugian─〔詞根化〕─bug─〔b-m 音轉〕→{ mug }

買 mai ──→〔上古音〕*meg ──────────────────→{ meg }

說明：日爾曼古詞根*bugian 意義爲"買（buy）"（進一步的詞源
不明）。"買─buy"在語源上語音形式相當近似。

No.87

cable ⟶ 〔IE〕*kap—〔p-m 音轉〕 ⟶{ kam}

halter ⟶ 〔IE〕*kelp—〔l-n 音轉〕〔p 脫落〕 ⟶{ ken }

綱 gang ⟶〔上古音〕*kaŋ ⟶{ kaŋ}

疆 jiang ⟶〔上古音〕*kiaŋ—〔簡化〕 ⟶{ kaŋ}

> 說明：〔IE〕*kelp 和〔IE〕*kap 都意義爲 "抓住（grasp）"。漢語 "綱" 字也是 "縛住物件的粗繩子"，是抓在手裏駕馭動物的繩子，同 "抓住" 的概念比較接近。參考：halter 的動詞形式 "halt" 意義爲 "停止"，此詞是由 hold（抓住）的命令形 halter 演化而來，因此被抓住了也就停止了。請參見漢英對應詞 "牽—hold" 詞條。

No.88

cake ⟶日爾曼古詞根 *kak ⟶{ kak}

糕 gao ⟶〔上古音〕*kog ⟶{ kog}

> 說明：在表示 "糕點" 意義上 "糕" 和日爾曼古詞根*kak 音義極其酷似。參考：一說日爾曼古詞根* kak 原爲幼兒語表示 "園體物，碟形（round subject, dish）" 的含義，後特指 "糕點"。

No.89

calculate ⟶ 拉丁語 calculare⟶拉丁語 calc—〔簡化〕 ⟶{ kal }

磯 ji ⟶〔上古音〕*kier —〔簡化〕 ⟶{ ker }

計 ji ⟶〔上古音〕*ker ⟶{ ker }

> 說明：拉丁語 calculare 意義爲 "計數"，拉丁語 calc 意義爲 "磯（＝海邊小石頭）"，"calculate（計）" 來源於 "calc（磯）" 是由於古時以小石子來計算數量之故。"磯—計—calculare" 三詞語源上音義極爲酷似。參考：另外英語 calcio（鈣質）也來源於 calc（小石子），因此 "鈣" 就是 "磯" 中的石灰質。

No.90

call ⟶〔IE〕*gal—〔g-k 音轉〕〔l-n 音轉〕──────────⟶ { kan }

喚 huan ⟶〔上古音〕*huan—〔h-k 音轉〕〔簡化〕────⟶ { kan }

喊 han ⟶〔上古音〕*ham—〔h-k 音轉〕───────────⟶ { kam }

> 說明：〔IE〕*gal 意義爲 "喊、叫（call, shout）"，同漢語 "喚、喊"
> 意義相同。參考：另外漢語 "謂（上古音*hiued〔h-g 音轉〕—
> giued）" 字同〔IE〕*gal 的音義也頗爲相似。

No.91

callus ⟶〔IE〕*kal —〔l-n 音轉〕────────────⟶ { kan }

趼 jian ⟶〔上古音〕*ŋan —〔ŋ-k 音轉〕──────────⟶ { kan }

> 說明：〔IE〕*kal 意義爲 "堅（hard）"。 "趼—callus" 都表示因磨
> 擦而老化變硬並結塊的皮膚，漢英之間音義基本一致。參考：
> 漢語中 "趼" 字也寫作 "繭" 字。如同 callus 原義爲 "堅
> 硬"， "趼" 同 "硬（上古音*ŋaŋ）" 的語音也頗爲近似。

No.92

caltrop ⟶拉丁語 calc(+trippa)⟶〔IE〕*kel────────⟶{ kel }

芰 ji ⟶〔上古音〕*kiar—〔簡化〕──────────────⟶{kar}

> 說明：拉丁語 calc 意義爲 "腳跟，腳跟似的直角形（=角）"。〔IE
> 〕*kel 意義爲 "曲形（crook）" （請參見漢英對應詞
> "曲—crook" 詞條）。漢語 "芰" 爲四個角的 "菱" （菱一般
> 雙角），芰的角是彎曲形的,因此 "芰—〔IE〕*kel" 意義相同，
> 語音相似。參考：caltrop 的後半部拉丁語 trippa 意義爲 "trap
> （踏，獸踏的陷阱）"。可能是後來菱形物常用於軍事障礙
> 物而習慣性地附加上的構詞成份。

No.93

camp ⟶拉丁語 campus—〔詞根化〕—camp—〔簡化〕────⟶ { kam }

壙 kuang ⟶〔上古音〕*kuaŋ—〔簡化〕 ⟶ { kaŋ }

　　說明：拉丁語 campus 原意義爲"戰場"，後發展成"營地"意。漢
　　　　　語"壙"字除了"墓地"的意義外，主要表示"曠野（空曠
　　　　　的平野）"，同 camp 的古義"戰場"的"場地"之意頗爲近
　　　　　似。

No.94

can ⟶中世拉丁語 canna—〔詞根化〕 ⟶{ kan }

罐 guan ⟶〔上古音〕*kuan —〔簡化〕 ⟶{ kan }

　　說明：中世拉丁語 canna 表示"放水的容器（水罐），鐵皮罐，水杯"
　　　　　等意義。漢語"罐"是可放水也可放物的"小缸"。
　　　　　"罐—can"音義相同，幾乎如出一轍。相似辭彙可參見漢英
　　　　　對應詞"缸—crack"詞條。

No.95

Cancer ⟶〔IE〕*kar*d*—〔k→g 音轉〕〔d→n 音轉〕 ⟶{ kan }

癌 ai ⟶〔上古音〕*ŋam —〔ŋ→k音轉〕 ⟶{ kam }

　　說明：〔IE〕*kar*d* 原意義爲"硬（hard）"，同時是 cancer（癌）和
　　　　　hard（硬）兩詞的共同詞源（癌變之處往往"發硬"之故）。
　　　　　英語 cancer 有兩個解釋："蟹"和"癌"。蟹有硬殼，同癌
　　　　　一樣具有"堅硬"之意。漢字"癌"的聲旁"嵒"和"岩"
　　　　　字相通，亦具"堅硬"含意。"癌"的上古發音*ŋam 同
　　　　　"硬"的上古音*ŋaŋ 也頗爲相似。"癌—硬—cancer—hard"
　　　　　都具"硬"的意義，語音也很近似。

No.96

candid ⟶〔IE〕*kand—〔nd-n 音轉〕 ⟶{ kan }

candle ⟶同上 ⟶{ kan }

炫 xuan ⟶〔上古音〕*huan —〔h-k 音轉〕 ⟶{ kan }

說明：〔IE〕*kand 同漢字"炫"意義相同，表示"輝、亮（shine）"。
漢語"炫"字的近義字有"輝（hui，光、光亮，上古音*hiuer）；
輝（亦作煇（hui），上古音*hiuer）；焜（kui，光輝，上古音*huen）"
等，都和〔IE〕*kand 音義關聯性很強。

No.97

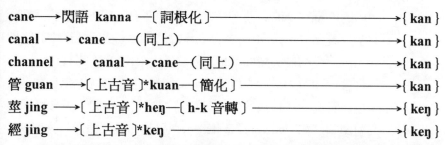

cane ──→閃語 kanna ─〔詞根化〕──────────────→{ kan }
canal ──→ cane ──（同上）──────────────────→{ kan }
channel ──→ canal──→cane─（同上）──────────────→{ kan }
管 guan ──→〔上古音〕*kuan─〔簡化〕────────────→{ kan }
莖 jing ──→〔上古音〕*heŋ─〔h-k 音轉〕──────────→{ keŋ }
經 jing ──→〔上古音〕*keŋ──────────────────→{ keŋ }

說明：閃語 kanna 意義爲"蘆葦（reed）"及其莖部，同時也表示"管
道（canal）、通道（channel）"的意思。漢語"經絡"的"經"
可以說是抽象了的"管道"，因此同"莖"字音義相通。
"管—經—莖—cane"四詞在基本意義"中空的通道"這一
點上是完全相同的。參考：漢字"稈（上古音*kan）"表示
穀物的莖（稻草，也是屬於"中空的通道"）。另外，英語
"canon（經典）"一詞也來源於 cane（管莖），漢語也說"經
（念經，聖經）"，如出一轍。

No.98

canine ──→拉丁語 canis─〔詞根化〕─ can ──────────→ { kan }
hound ──→〔IE〕*kwon ───────────────────→{ kwon }
犬 quan ──→〔上古音〕*kuen ───────────────────→{ kuen }

說明：〔IE〕*kwon 及拉丁語 canis 意義皆爲"狗（dog）"。特別是
印歐語古詞根*kwon 同漢語"犬"字的上古音幾乎相似得如
同攣生（*kuen=*kwon）。英語 canine 意義爲"犬齒"。參考
：漢語"狗"原指"寵物小犬"，後引申爲犬的泛稱。英語

dog 一詞也由 "獵狗" 引申爲犬的泛稱。

No.99

cape ⟶〔IE〕*kaput—[詞根化]—————————————→ { kap }

岬 jia ⟶〔上古音〕*kap—————————————————→ { kap }

　　　說明：〔IE〕*kaput 意義爲 "頭（head）"，而更原始的意義爲 "杯
　　　　　　形的（cup-shaped）" 和 "岬" 的地理形狀相符。漢語 "岬"
　　　　　　字意義爲 "（1）兩山之間（＝峽谷）；（2）突出於海中的陸地
　　　　　　（兩邊受海域夾持的陸地）"，而這兩種意義都有 "夾" 的
　　　　　　含義。〔IE〕*kaput 的 "杯形" 之意似乎在形狀上也具有 "夾
　　　　　　持" 意在內（作爲容器就是夾持被放入的物體。請參見漢英
　　　　　　對應詞 "擒—capture" 詞條。）；另外作爲 "頭形" 來理解，
　　　　　　"岬—cape" 所表示的物件都是 "頭的形狀" 的地形,特別在
　　　　　　漢語中 "岬" 還被稱作 "地頭" 。

No.100

capital ⟶〔IE〕*kaput—〔詞根化〕——kap —〔p-m 音轉〕—→ { kam }

京 jing ⟶〔上古音〕*kiaŋ —〔簡化〕————————————→ { kaŋ }

　　　說明：〔IE〕*kaput 意義爲 "頭（head）" 。漢語 "京" 字在字形上
　　　　　　表示 "在高土臺上建了的樓閣"，但在 "京師（首都）" 意
　　　　　　義上 "京" 字明顯含有 "首、頭" 的意義。參考：英語 capital
　　　　　　由表示牲口的 "頭數" 後引申爲 "資本" 的意義。

No.101

capture ⟶〔IE〕*cap—〔p-m 音轉〕—————————————→ { kam }

catch ⟶（同上）————————————————————→ { kam }

擒 qin ⟶〔上古音〕*giem —〔g-k 音轉〕〔簡化〕———→ { kem }

　　　說明：〔IE〕*cap 意義爲 "夾抓（grasp）",和漢語 "擒" 字音義一
　　　　　　致。

No.102

caque（=monkey）──→班圖語（ma+）kako──〔詞根化〕────────→{ kak }

猴 hou ──→〔上古音〕*hug──〔h-k 音轉〕─────────────→{ kug }

說明：班圖語 makako（獼猴）是通過葡萄牙語進入歐州語言的，其
中 ma 爲複數名詞的複數接頭辭，kako 意義爲 "猴"。
"猴—kako" 音義完全一致（請參見 "獼猴—macaque" 詞
條）。漢語 "猴" 同非洲班圖語的發音極爲近似，可能 "猴"
也隨同人類一起從非洲由南方海域傳入了亞洲大陸。

No.103

car ──→古凱爾特語 karros──→〔IE〕*kers〔簡化〕────────→{ ker }

coach ──→匈牙利語 cocsi─〔詞根化〕── coc──────────→{ kok }

chariot ──→古法語 charre─〔詞根化〕─ char─〔ch—k 音轉〕→{ kar }

車 che ──→〔上古音〕*kiag─〔簡化〕─────────────→{ kag }

說明：〔IE〕*kers 原意義爲 "跑（run）"，凱撒大帝時開始使用凱
爾特的戰車，他把 karros 聽成 karra，便稱戰車和馬車爲 karra，
後經過法語進入英語而成爲 car。另外，來源於匈牙利語的
coach（馬車）同漢語 "車" 字的上古音就更爲近似了。請參
見漢英對應詞 "趕—hurry--scratch" 詞條。

No.104

carapace →西班牙語 carapacho─〔詞根化〕─carap─〔簡化〕──→{ kap }

甲 jia ──→〔上古音〕*kap─────────────────→{ kap }

說明：英語 carapace 借自西班牙語 carapacho，意義爲 "龜甲"，進一
步的詞源不明。 "甲—carapace" 音義兩方面皆較相近。參
考：另外，在日語中 "甲殼" 稱 "kara"，同漢語的 "殼（*上
古音 kuk）、蓋（上古音*kab）" 等字的發音都採用 "k+母音"
的語音形式，相互間呈現近源關係。

No.105

card ⟶ 希臘語 khartes—〔詞根化〕—khart—〔t-n 音轉〕〔簡化〕⟶{ kan }

柬 jian ⟶〔上古音〕*kan ⟶{ kan }

> 說明：希臘語 khartes 意義爲 "紙片（papyrus leaf）"，同漢語 "請柬" 的 "柬" 字意義基本一致。漢語 "柬" 同 "簡"（兩者材料不同，但都是書寫的片狀物）。khartes 的進一步詞源不明（來源於埃及？）。

No.106

carnal ⟶ 中期拉丁語 carn—〔簡化〕⟶{ kan }

肯 ken ⟶〔上古音〕*keŋ ⟶{ keŋ }

> 說明：中期拉丁語 carn 的意義爲 "肉（meat）"。進一步詞源一說爲印歐古詞根〔IE〕*（s）ker（割），但意義關聯很牽強，不可取（或許食用肉類時需要切割，但所有食物都需要切割，因此將 "割" 的意義作爲 "肉" 的詞源顯得很勉強）。漢語 "肯" 字的原始意義爲 "貼附在骨頭上的肉"（如 "肯綮（qing）" 一詞意義爲 "骨肉結合的地方——關鍵之處"），"肯—carnal" 音義一致。"肯" 表示 "願意" 是後起的借用意義。

No.107

carry ⟶ 古諾爾曼法語 carre—〔詞根化〕⟶{ kar }

荷 ke ⟶〔上古音〕*har —〔h-k 音轉〕⟶{ kar }

> 說明：古諾爾曼法語 carre 意義爲 "車（car）" 來源於〔IE〕*kers 意義爲 "跑（run）"。漢語 "荷" 同 "carry" 意義基本相同。carry 來源於 "carre（車）"，而漢語 "荷（*har）" 字同 "車（*kiag）" 字的語音也有些近似。

No.108

carve ──→〔IE〕*gerbh ─〔g-k 音轉〕〔簡化〕──────────→{ keb }

刻 ke ──→〔上古音〕*kek ───────────────────────→{ kek }

　　　說明：〔IE〕*gerbh 意義爲 "刮（scratch）"。"刻—carve" 意義基
　　　　　　本一致。請參見漢英對應詞 "刮—scratch" 詞條。

No.109

case ──→拉丁語 capere─〔詞根化〕─────────────→{ kap }

盒 he ──→〔上古音〕*hep ─〔h-k 音轉〕─────────→{ kep }

匣 xia ──→〔上古音〕*hep─〔h-k 音轉〕──────────→{ kep }

函 han ──→〔上古音〕*hem─〔m-p 音轉〕──────────→{ kep }

　　　說明：拉丁語 capere 意義爲 "拿、抓住（take, hold）" 和 captive（擒
　　　　　　獲）同源。英語 case 意義爲 "盒、函"。漢語 "函" 名詞意
　　　　　　義爲 "盒子"，動詞意義爲 "放入，包起來"，同 capere 的
　　　　　　"hold（抓住）" 意義一致。"函—匣—盒—case" 四詞是語
　　　　　　源上音義相近的漢英對應詞。參考：另外漢語 "甲（上古音
　　　　　　*kap）" 也同 "函、盒、匣" 在音義兩方面呈現近源關係。

No.110

cassia ──→希伯來語 qesiah─〔詞根化〕──────────→{ kes }

桂 gui ──→〔上古音〕*kueg─〔簡化〕────────────→{ keg }

　　　說明：希伯來語 qesiah 原意義爲 "刮下來（scrape off）"，希臘語
　　　　　　用此詞表示 "一種肉桂（a kind of cinnamon）"（可能同桂皮
　　　　　　是從桂枝上刮下來的有關。漢語 "桂—刮" 在語音上也接
　　　　　　近）。參考：日文 "桂" 稱爲 "katsura" 詞幹部分的 "kats"
　　　　　　同希伯來語的詞幹　kes 語音也很相近。另外，漢語中 "桂"
　　　　　　的上古構擬音以 "-g" 結尾，這可能是造字時借用了近音的
　　　　　　"圭（上古音*keg）" 字之故,因此很難說上古時一定就以
　　　　　　"-g" 作爲韻尾。請參見漢英對應詞 "呱—cry" 詞條。

No.111

cauldron ——→〔IE〕*kele—〔詞根化〕————————————————→{ kel }

鍋 guo ——→〔上古音〕*kuar —〔簡化〕————————————————→{ kar}

說明：〔IE〕*kele 的意義爲 "加溫（warm）" 。英語 cauldron 意義爲 "大鍋（cooking pot）" ，和漢語 "鍋" 字音義對應。"鍋---〔IE〕*kele" 這組對應詞可能同漢字 "火（上古音，王力擬爲*huei，藤堂明保氏擬爲*muer）" 字在音義上有關聯。

No.112

cause ——→拉丁語 causa—〔詞根化〕—caus—〔簡化〕————————→{ kas }

故 gu ——→〔上古音〕*kag————————————————————→{ kag }

說明：漢語 "故" 字的原意義爲 "已經固定了的事實（既成事實）" 。既成事實成爲事物發展的因果關係中的 "因" ，因此 "故" 字原意義有 "舊有的，原來的原因" 等意義。拉丁語 causa 意義爲 "原因，動機（cause, motive）" 。因此 "故—cause" 在語源上語音相近，意義相符。

No.113

caution ——→〔IE〕*keue—〔簡化〕———————————————→{ keu }

顧 gu ——→〔上古音〕*kag ————————————————————→{ kag }

願 yuan ——→〔上古音〕*ŋiuan—〔ŋ-k 音轉〕〔簡化〕——————→{ kan }

說明：〔IE〕*keue 意義爲 "留心、看（pay attention, watch）" ，同漢語 "願" 字的原始意義 "恭謹，謹慎之心（不是願意的意思）" 以及 "顧" 字的 "留心地看" 意義一致，語音也相似。

No.114

celestial ——→拉丁語 caelum—〔詞根化〕— cael—〔l-n 音轉〕—→{ saen }

仙 xian ——→〔上古音〕*sian —————————————————→{ sian }

說明：拉丁語 caelum 意義爲 "天空（sky）" ，同時具有 "天上的，

神的（heavenly, divine）"之意（進一步的詞源則不詳）。漢
語"僊"（=仙。"仙"字是後起的字）字的含義爲"實體被
抽去而中空（僊）的、天空中來天空中去的人"（後來固定
爲山中居住者）。"仙—celestial"是具有音義兩方面相似性的
漢英對應詞（但出現於兩個不同文化圈的概念故很難完全對
譯）。

No.115

cell ⟶〔IE〕*kel───────────────────────⟶{ kel }

窖 jiao ⟶〔上古音〕*kog ─────────────────⟶{ kog }

庫 ku ⟶〔上古音〕*kag───────────────────⟶{ kag }

　　說明：〔IE〕*kel 意義爲"蓋、藏（cover, conceal）"。漢語"窖"
　　　　爲地下的藏物洞、"庫"爲地上藏物房，而英語 cell 的意義
　　　　爲"貯藏室"，漢英之間音義基本一致。參考：漢語"窖"字
　　　　同"蓋（上古音*kab）"字在上古音中語音形式上也是頗爲
　　　　接近的。

No.116

ceole（thorat）→古英語 ceole—〔簡化〕──────────⟶{ kol }

喉 hou ⟶〔上古音〕*kug─────────────────⟶{ kug }

　　說明：現代英語 throat 的原意義爲"喉結"。古英語中"喉嚨"是
　　　　ceole 參考：荷蘭語是"keel"，德語爲"hehle"），後被 throat
　　　　取代。而 ceole 演化出來的 gullet 意義爲"食道"，仍表喉嚨
　　　　裏的物件。gullet 由"食道"引申爲"溝（水渠）"。另一個
　　　　古英語"gorge（喉，穀）"同漢語"喉"更加音近義同。請
　　　　參見漢英對應詞"穀—gorge"詞條。

No.117

chance ⟶case⟶〔IE〕*kad───────────────⟶{ kad }

機 ji ⟶〔上古音〕*kier—〔簡化〕─────────────────⟶ { ker }

　　說明：〔IE〕* kad 原意義爲 "落（fall）"，演化出來的 "case, chance"
　　　　　都有 "命運、機遇" 之意。所謂 "機遇" 就是 "落到哪個田
　　　　　地" 的問題，同 "落" 的概念自然是較爲密切的。漢語 "機
　　　　　遇" 的 "機" 的意義似乎很難機械地同 "機器" 的 "機" 等
　　　　　同起來，只是借用了 "機械（原指 "紡織機"）" 的 "機"
　　　　　字而已。"機（遇）—〔IE〕*kad" 語音頗爲近似。

No.118

change ⟶〔IE〕*kamb—〔b-m 音轉〕─────────────⟶ { kam }

換 huan ⟶〔上古音〕*huan—〔h-k 音轉〕────────⟶ { kan }

更 geng ⟶〔上古音〕*kaŋ──────────────────⟶ { kaŋ }

改 gai ⟶〔上古音〕*keg —〔g-ŋ 音轉〕────────⟶ { keŋ }

　　說明：〔IE〕*kamb 意義爲 "曲、扳（curve, bend）"。英語 change 從
　　　　　詞源上說就是用力 "彎" 或 "扳" 來更換物體的形狀。漢字
　　　　　"更" 和 "改" 都是用力將疲軟了的形狀（已）用力（攵，
　　　　　表示動詞概念）繃起來，變換物體的形狀。"更—改" 同
　　　　　"change" 的詞源意義幾乎一致。另外，漢語 "換（上古音
　　　　　*huan）" 字同〔IE〕*kamb 的語音也很近似，意義上同
　　　　　"change" 完全一致。

No.119

chant ⟶〔IE〕*kan───────────────────────⟶ { kan }

詠（詠）yong ⟶〔上古音〕*hiuaŋ—〔h-k 音轉〕〔簡化〕⟶ { kaŋ }

歌 ge ⟶〔上古音〕*kar —〔r-n 音轉〕──────────⟶ { kan }

　　說明：〔IE〕*kan 意義爲 "唱（sing）"。漢語 "詠" 字意義爲 "拉
　　　　　長了聲音唱"，同〔IE〕*kan 帶有 "高歌" 的意義相似。參
　　　　　考：另外漢語 "頌（上古音*giuŋ）" 字也同〔IE〕*kan 在語
　　　　　源上音義相近。另外請參見漢英對應詞 "喊—call" 詞條。

No. 120

charity ⟶〔IE〕*ka ─────────────────⟶{ ka }

cherish ⟶（同上）───────────────⟶{ ka }

好 hao ⟶〔上古音〕*hog ─〔h-k 音轉〕────────⟶{ kog}

　　說明：〔IE〕*ka 意義爲 "喜歡、希求（like, desire）"，同漢語 "好
　　　　　（hao,喜好）" 字意義完全一致。

No.121

charm ⟶拉丁語 canmen─〔詞根化〕─canm─〔簡化〕────⟶{ kam }

吟 yin ⟶〔上古音〕*ŋiem─〔ŋ-k 音轉〕〔簡化〕──────⟶{ kem }

　　說明：拉丁語 canmen 的意義爲 "吟唱（sing）"，現代英語 charm
　　　　　意義則爲 "有魅力的"。"吟─charm" 是語源上音義一致的
　　　　　一組對應詞。另外,同此相近的還有漢英對應詞 "詠─歌─
　　　　　chant",也表示 "吟唱"。請參見該詞條。

No.122

chaste ⟶〔IE〕*kasto〔詞根化〕──kast─〔簡化〕────⟶{ kat }

潔 jie ⟶〔上古音〕*kat────────────────⟶{ kat }

　　說明：〔IE〕*kasto 的意義不是很明確,一說是 "（從汙處）切割出
　　　　　來─cut off （from faults）"，即去掉污點，一塵不染之意。
　　　　　從這個意義來看 "潔" 字的上古音*kat 同 "割（上古音
　　　　　*kat）" 也是相同的。不過，一般在漢語中對 "潔" 字很少有
　　　　　"割" 的理解。"潔─chaste" 是音義酷似的漢英對應詞。

No.123

cheek ⟶古英語 cece─〔簡化〕───────────⟶{ kek }

choke ⟶古英語 aceocian⟶（a+）cece──（同上）───⟶{ kek }

顎 e ⟶〔上古音〕*ŋak─〔ŋ─k 音轉〕──────────⟶{ kak }

頤 yi ⟶〔上古音〕*gieg ─〔g-k 音轉〕〔簡化〕───────⟶{ kek }

哽 geng ⟶〔上古音〕*keŋ—〔ŋ-k 音轉〕————————————→ { kek }

> 說明：古英語 cece 意義爲 "顎"，演化成的 cheek 的最初意也是 "顎"，後轉化成 "面頰"。英語 "choke" 的古英語就是 "a（表示動詞）+cheek（ceoc）"，a 脫落後 cheek（ceoc）變成 "choke"。漢語 "哽" 指 "顎喉處聲氣阻塞，因此語音上同 "顎" 有些近源關係。漢語 "頤" 字意義同 "顎"。"顎—頤—哽—cheek—choke" 五個詞在音義兩方面都十分近似。

No.124

chess⟶波斯語 shah〕⟶古波斯語 ksayathia—〔詞根化〕—

　　　　　　　　ksayat—〔k-g 轉〕〔s 脫落〕〔簡化〕————→ { gat }

棋 qi ⟶〔上古音〕*gieg —〔簡化〕————————————→{ gieg }

> 說明：chess（棋）來源於波斯語 shah（國王），進一步又來源於古波斯語 ksayathia 意義爲 "力量(might)"。後來由棋子中的 "國王" 而演化出 "棋" 的概念。漢語的 "棋" 可能也來源於中亞細亞，同其詞源 ksayathia 的發音有語源關係。

No.125

chew ⟶〔IE〕*geu————————————————————→{ geu }

gnaw ⟶〔IE〕*ghen—〔韻尾陰聲化〕〔簡化〕—————————→{ ge }

咬 yao ⟶〔上古音〕*kog—〔k-g 音轉〕————————————→{ gog }

齧 nie ⟶〔上古音〕*ŋog —〔ŋ-g 音轉〕———————————→{ gog }

> 說明：〔IE〕*geu 意義爲 "嚼咬（chew）"，〔IE〕*ghen 意義爲 "咬（gnaw）"。漢語的 "咬—齧" 兩詞詞源上音義相近，同〔IE〕*geu、〔IE〕*ghen 也音近義同。參考：gnaw 的發音同上海話 "咬（ŋo）" 是十分接近的。

No.126

child ——→〔IE〕*gelt ————————————————————→{ gelt }

孩 hai ——→〔上古音〕*heg—〔h-g 音車〕————————————→{ geg }

　　說明：〔IE〕*gelt 意義爲 "膨脹（swelling）"。漢語 "孩" 字的聲
　　　　　旁 "亥" 也是圓滾滾的 "豬" 之意。一說 "亥" 表示了豬的
　　　　　骨架形狀，而 "孩" 是骨骼成形了的嬰兒，表示孩子的體形
　　　　　膨脹了起來。漢英兩詞之間除了語音近似外，語源意義也有
　　　　　一定的相似性。

No.127

chime ——→中世英語 chime —〔ch-k 音轉〕〔簡化〕————————→{ kim }

磬 qing ——→〔上古音〕*keŋ————————————————————→{ keŋ }

　　說明：英語 chime 原指 "銅鈸（cymbal）" 或 "編鐘"。後者同漢
　　　　　語 "磬（qing，古代打擊樂器，用玉或石做成，懸在架上，形
　　　　　略如曲尺）" 字的意義十分相近。"磬—chime" 兩詞意義相
　　　　　似，語音都同敲擊聲近似。參考：一說 chime 來源於 cymbal
　　　　　的詞源希臘語的 cymbalun。不詳。

No.128

chin ——→〔IE〕*genu—〔詞根化〕————————————————→{ gen }

頷 han ——→〔上古音〕*hem—〔h-g 音轉〕——————————→{ gem }

　　說明：〔IE〕*genu 的意義爲 "顎骨、顎（jawbone, cheek）"，同漢
　　　　　語 "頷" 字音義都頗爲接近。請參見漢英對應詞 "顎—
　　　　　cheek" 詞條。

No.129

chivalry ——→拉丁語 caballum—〔詞根化〕—cab—〔k-g 音轉〕—→{ gab }

cavalier ——→（同上）————————————————————→{ gab }

騎 qi ——→〔上古音〕*giar—〔簡化〕————————————————→{ gar }

說明：拉丁語 caballum 意義爲"馬（horse）"（進一步的詞源不詳）。
一說由希臘語 kaballes（馬）演化而來，但此詞在希臘語中也
罕用。由"馬"的意義引申出"騎士"意義。漢語"騎"字
也是與馬相關的概念，同 cavalier 的詞幹 cav 語音相近。

No.130

chord ⟶ cord ⟶ 〔IE〕*ghere —〔r-n 音轉〕〔簡化〕 ⟶ { gen }

gut ⟶ 〔IE〕*ghert —〔t-n 音轉〕〔簡化〕 ⟶ { gen }

弦 xian ⟶ 〔上古音〕*hen —〔h-g 音轉〕 ⟶ { gen }

緄 kun ⟶ 〔上古音〕*kuen —〔簡化〕 ⟶ { ken }

說明：〔IE〕*ghert 意義爲"腸（gut）、羊腸線"。英語 cord 意義爲
"粗繩"。漢語"緄"意義爲"束身帶"，"緄"的動詞化
便是"捆"。另外，羊腸線用在樂器上便稱"弦"。總之，
"弦—緄—gut—chord"在表示"繩線"的意義上相互音義
接近或一致。請參見漢英對應詞"捆—gird"詞條。

No.131

chronic ⟶ 〔IE〕*gher —〔g-k 音轉〕〔簡化〕 ⟶ { ker }

痼 gu ⟶ 〔上古音〕*kag ⟶ { kag }

說明：〔IE〕*gher 意義爲"抓住（grasp）"，chronic 表示"痼疾"。
古希臘語 chronic 又意義爲"時間"，即持久的病。漢語中舊
時亦稱"痼疾"爲"持（grasp）病"。"痼—chronic"在語
音上頗爲近似。

No.132

claim ⟶ 〔IE〕*gele〔詞根化〕 —gel〔g-k 音轉〕〔l-n 音轉〕 ⟶ { hen }

喊 han ⟶ 〔上古音〕*ham ⟶ { ham }

說明：〔IE〕*gele 意義爲"喊叫（shout）"，同漢語"喊"字音義一
致。請參見漢英對應詞"叫—shout"以及"喚—call"詞條。

No.133

clam ──→〔IE〕*gel ─〔g-k 音轉〕────────────────→{ kel }

哈蜊 geli──→〔上古音〕*kep-lied──〔簡化〕──────────→{ kel }

　　說明：〔IE〕*gel 意義爲"形成球體（form into a ball）"。"蛤蜊"
　　　　　是二扇貝殼緊緊關閉的，就像一個扁形球。英語中有二個
　　　　　clam：（1）clam=蛤蜊、（2）clam=鎖鏈（能緊緊關閉）。參
　　　　　考：另外"clam〔kl-l 音轉〕──kam"則同漢語"蚶（上古
　　　　　音*ham〔h-k 音轉〕- kam）"字音義相近。

No.134

clang ──→〔IE〕*kleg─〔kl-k 音轉〕〔g-ŋ 音轉〕────────→{ keŋ }

鏗 keng ──→〔上古音〕*keŋ──────────────────────→{ keŋ }

　　說明：〔IE〕*kleg 意義爲"哭叫、聲響（cry, sound）"。"鏗─clang"
　　　　　兩詞都主要表示刀劍、鍾鼎的金屬撞擊聲，意義完全相同（可
　　　　　能都起源於擬聲）。通過"鏗─clang"可以明確地看出，印歐
　　　　　語往往在 k-, g-, t-,p-等輔音和後續母音之間插入"-l-, -r-"音
　　　　　而構成"kl-,gl-,tl-,pl-,cr-,gr-,tr-,pr-"等複輔音，比相對應的漢
　　　　　語辭彙多出"-l-, -r-"音（又如：漢英對應詞"胴─ trunk"；
　　　　　"板─plank"等）。

No.135

cleave ──→〔IE〕*gleabh ─〔gl-k 音轉〕〔bh-m 音轉〕〔簡化〕──→{ kem }

砍 kan ──→〔上古音〕*kem──────────────────────→{ kem }

　　說明：〔IE〕*gleabh 意義爲"割、砍（cat, cleave）"，同漢語"砍"
　　　　　字意義一致,語音形式也基本相同。參考：漢語"割（上古音
　　　　　*kat）"字同"砍"字音義也相當近似。

No.136

clever ──→中世英語 cliver─〔詞根化〕→clive─〔cl-k 音轉〕──→{ kiv }

乖 guai ─→〔上古音〕*kuag〔簡化〕─────────────→{ kag }

　　說明：中世英語 cliver 意義爲"乖巧（clever）"。一說來源於中世
　　　　　英語同形詞 cliver "緊貼在一起";而現代英語中 cleave 還有
　　　　　一個同形詞 cleave（"砍，切開",分離的意思），在意義上完
　　　　　全相反。漢語"乖"也有兩個相反的意思：（1）分離（乖離）
　　　　　=cleave "切開"、（2）聽話而隨從（孩子很乖,乖巧）＝"緊
　　　　　貼在一起"。"乖─clever"兩詞的音義情況基本一致。

No.137

cliff ─→〔IE〕*gleubh─〔gl-g 音轉〕〔簡化〕─────→{ geb }
崖 ya ─→〔上古音〕*ŋag─〔ŋ-g 音轉〕────────→{ gag }

　　說明：〔IE〕*gleabh 意義爲"割,砍（cut, cleave）"，cliff 意義爲
　　　　　"懸崖"（即"懸崖"形如刀"割"過一般）。漢字"崖"的
　　　　　字形意義爲"山頭(山)上被刀砍過般的(厂)土石部分(圭)"
　　　　　（"圭"本義指用土堆起的三角形,也同"厂"在形狀上有
　　　　　相似之處）。因此"崖─cliff"意義上都有"被砍過似的"之
　　　　　意,語音上也相似。

No.138

clip ─→〔IE〕* gelp─[p-m 音轉]〔簡化〕─────────→{ gem }
clamp ─→（同上）──────────────────→{ gem }
拑 qian ─→〔上古音〕* giam─〔簡化〕─────────→{ gam }

　　說明:〔IE〕*gelp 意義爲"使之成團(form into a ball)。"鉗─clamp"
　　　　　音義皆近。參考： 漢語"鉗"字同"夾"字意義相近,而英語
　　　　　clip, grip 同漢語"夾（上古音*kap）"字則音義皆近。

No.139

clod ─→clot─→〔IE〕*gel─〔g-k 音轉〕────────→{ kel }
坷垃 ke·la ─→〔上古音〕*kar·lap─〔简化〕────────→{ kal }

說明：〔IE〕*gel 意義爲 "成爲球狀（to form ino a ball）"。英語 "clod,
　　　clot" 兩詞意義皆爲 "血塊，土塊"，同漢語 "坷垃（土塊）"
　　　意義一致。參考：另外英語的 "cleat（小塊夾具）、clout（布、
　　　金屬、皮革的小塊）、cloud（雲塊）、clog（塊狀物）" 等都
　　　是和 "clod, clot" 同源的詞。

No.140

clog ⟶ 中世英語 **clog** —〔**cl-k 音轉**〕─────────────⟶{ **kog** }

屐 ji ⟶〔上古音〕***giek**—〔簡化〕〔**g-k 音轉**〕─────────⟶{ **kek** }

　　　說明：中世英語 clog 意義爲 "塊、木頭、木底靴；給獸腳上帶枷鎖"
　　　等。漢語 "屐" 就是 "木拖靴"，由一塊木頭雕刻而成船形
　　　的鞋。漢英之間音義相近。請參見漢英對應詞 "坷垃—clod"
　　　詞條。

No.141

coast ⟶〔IE〕***kost**—〔**st-t 音轉**〕───────────────⟶{ **kot** }

骨 gu ⟶〔上古音〕***kuet**—〔簡化〕───────────────⟶{ **ket** }

　　　說明：〔IE〕*kost 原意義爲 "骨頭（bone）、肋骨（rib）"，後演化
　　　爲 "側面（side）"，進而表示 "江岸" 等意。coast 的詞源
　　　意義 "bone, rib" 同漢語 "骨" 字意義一致，語音也近似。參
　　　考：漢語 "岸" 字的（厂）表 "側面"。江 "側" 爲岸之意，
　　　同英語 coast（江岸）在語源意義上相通。

No.142

coat ⟶ 法蘭克語 ***kotta**—〔詞根化〕───────────────⟶{ **kot** }

褐 he ⟶〔上古音〕***hat**—〔**h-k 音轉**〕──────────────⟶{ **kat** }

裘 qiu ⟶〔上古音〕***giog**—〔**g-k 音轉**〕〔簡化〕──────────⟶{ **kog** }

　　　說明：法蘭克語*kotta 意義爲 "上衣，外套"。漢語 "褐" 字指獸毛
　　　或粗麻製成的短衣。"裘" 意義爲 "頭足尾皆全的整張獸皮

製成的大衣"。"褐－裘－coat"音義相近。

No.143

cock ——→古英語 cock————————————————————→{ kok }

chick ——→日爾曼古詞根*kiukinam—〔詞根化〕—kiuk—〔簡化〕→{ kuk }

雞 ji ——→〔上古音〕*ker ————————————————→{ ker }

　　說明："雞—chick—cock"三詞語音上可能都來源來於雞的"唧唧
　　　　　唧，咯咯咯"的叫聲，不過漢語和印歐語的擬音相當地近似。

No.144

codex ——→〔IE〕*kau————————————————→{ kau }

敲 qiao ——→〔上古音〕*kog————————————————→{ kog }

叩 kou ——→〔上古音〕*kug————————————————→{ kug }

　　說明：〔IE〕*kau 的意義為"敲打（strike）"。英語 codex 意義為"法
　　　　　典"，來源於拉丁語 caudex（木塊、木簡），進一步詞源來源
　　　　　於印歐古詞根〔IE〕*kau（敲打），同漢語"敲·叩"音義一
　　　　　致。

No.145

cog ——→古諾斯語 cogge—〔簡化〕————————————→{ kog }

牙 ya ——→〔上古音〕*ŋag —〔ŋ-k 音轉〕——————————→{ kag }

　　說明：古諾斯語 cogge 指齒輪上的"牙齒"，即木制齒輪的"木
　　　　　齒"。漢語"牙"字本來不是指口中的"牙齒"而是指"拼
　　　　　版中相互交勾的木齒"，因此"牙—cog"在音義兩方面幾乎
　　　　　完全一致。"牙—cog"同"鈎—勾—hook"在語源上頗為相
　　　　　似。請參見漢英對應詞"鈎—勾—hook"詞條。

No.146

coitus→co（+itus→拉丁語 ire）→com→〔IE〕*kom—〔陰聲化〕→ { ko }

媾 gou ——→〔上古音〕*kug————————————————————————→{kug}

> 說明：漢語"媾"發音同"勾（上古音*kug）"字，"交媾"即"交
> 勾"（請參見漢英對應詞"勾—cross"詞條），而"勾"字字
> 形爲兩個鉤（hook）一起交合的狀態，本身就有"共同，合
> 在一起"的含義，同"co-, com"在意義上是相通的（請參見
> 漢英對應詞"共—com"詞條）。拉丁語"ire"意義爲"去"，
> "coitus"本義爲"一起去→會合→交媾"。參考：另外"構
> （上古音*kug）"字也是木件之間的交合。

No.147

cold ——→〔IE〕*gel—〔g-k 音轉〕〔l-n 音轉〕————————————→{ ken }

chill ——→日爾曼古詞根*kalan—〔詞根化〕—kal〔l-n 音轉〕——→{ kan }

cool ——→日爾曼古詞根*koluz —〔詞根化〕—kol〔l-n 音轉〕——→{ kon }

寒 han ——→〔上古音〕*han—〔h-k 音轉〕————————————→{ kan }

> 說明：〔IE〕*gel 和日爾曼古詞根*kalan 意義爲"寒（cold）"，同
> 漢語"寒"字意義完全相同。日爾曼古詞根*kaluz 意義爲"冷
> （cool）"，其語音形式和日爾曼古詞根*kalan 基本相同，意
> 義同漢語"寒"字接近。

No.148

colt ——→日爾曼古詞根*kultaz—〔詞根化〕— kult—〔簡化〕————→{ kul }

駒 ju ——→〔上古音〕*kiug—〔簡化〕————————————————→{ kug }

> 說明：日爾曼古詞根*kultaz 意義爲"小馬"，和"駒"字意義完全
> 相同，語音相近。

No.149

com- ——→〔IE〕*kom————————————————————————→{ kom }

共 gong——→〔上古音〕*kiuŋ —〔簡化〕————————————————→{ kuŋ }

> 說明：〔IE〕*kom 意義爲"和、近（with ,near）"，演化成拉丁語

"com"意義爲"一起（together）"，同漢語"共"字意義完全相同。在世界許多語言中普遍存在 com 字根（甚至在語系不明地理上很孤獨的北海道阿伊努語中也有"kun（＝共同、一起）"詞頭存在）。英文"com-"也作"con-，co-"等形式。

No.150

coma ⟶〔IE〕*kem —〔m-n 音轉〕─────────────⟶{ ken }
倦 juan ⟶〔上古音〕*giuan—〔g-k 音轉〕〔簡化〕──────⟶{ kan }
暈 yun ⟶〔上古音〕*hiuen—〔h-k 音轉〕〔簡化〕──────⟶{ ken }

說明：〔IE〕*kem 原意義爲"倦頓（tired）"，意義同漢語"倦"字完全一致,語音也基本近似。倦時，人腦易迷渾不清而曰"暈"，英語也一樣，由意義爲"倦"的〔IE〕*kem 演化出"coma（頭暈而昏睡不醒）"一詞。

No.151

combat ⟶拉丁語 combatter—com+（battuere）────────⟶{ kom }
抗 kang ⟶〔上古音〕*kaŋ ────────────────⟶{ kaŋ }

說明：拉丁語 combatte 意義爲"對戰→抗"。漢語"抗"字意義爲"對等地抵禦"。"抗—com（bat）"在"相對立"這一意義上音義相似。請參見漢英對應詞"共—com"詞條和"伉—couple"詞條。

No.152

compel ⟶（com+）pel⟶〔IE〕*pel────────────⟶{ pel }
逼 bi ⟶〔上古音〕*piek —〔簡化〕─────────────⟶{ pek }
迫 po ⟶〔上古音〕*pak────────────────⟶{ pak }

說明：〔IE〕*pel 原意義爲"驅使",同漢語"逼、迫"兩字音義相近。

No.153

consult ——→拉丁語（con+）sulere—〔詞根化〕————————————→｛sul｝

咨 zi——→〔上古音〕*tsier—〔ts-s 音轉〕〔簡化〕————————→｛ser｝

　　說明：漢語 "咨" 原意義爲 "各種意見全部排列出來加以切磋"。
　　　　　　拉丁語 "consulere" 的 "con" 爲強意詞頭（加強語氣），
　　　　　　"sulere" 的意義有二種說法：（1）思慮、（2）將議論集中起
　　　　　　來。其中第二種意義更近乎漢語 "咨" 字的原有意義。

No.154

convert ——→（con 強意+）vert——→〔IE〕*wert ————————→｛wert｝

revolve→（re 強意+）volve →拉丁語 volvere —〔詞根化〕

　　　　　　　　　　　　　—vol —〔v-w 音轉〕————→｛wol｝

斡 wo ——→[上古音]*uat ——————————————————→｛wat｝

　　說明：〔IE〕*wert 和拉丁語 volvere 都表示 "轉（turn）"，漢語 "斡"
　　　　　　也表示 "旋轉"，語源上音義基本一致。

No.155

cook ——→〔IE〕*pek—（前後輔音同化成 kook）————————→｛pek｝

烹 peng ——→〔上古音〕*paŋ—〔ŋ-k 音轉〕————————————→｛pak｝

　　說明：〔IE〕* pek 在語言發展中前後輔音發生同化，詞頭的 p 變成 k
　　　　　　而成爲 kook，即現在的 "cook"。 漢語 "烹" 字和英語 cook
　　　　　　都有 "煮" 和 "做菜方法" 之意，意義一致。參考：在 "煮"
　　　　　　意義上漢語亦有與 kook 語音形式相近的 "熬（上古音*ŋog
　　　　　　〔ŋ-k 音轉〕—kog）" 字。

No.156

coral ——→希伯來語 goral—〔詞根化〕——————————————→｛gor｝

瑚（珊瑚）hu ——→〔上古音〕*hag—〔h-g 音轉〕————————→｛gag｝

　　說明：希伯來語 goral 原意義爲 "石子（pebble）"，進入希臘語成
　　　　　　korallian，意義爲 "珊瑚"。漢語 "瑚" 字原意義爲 "紅色的
　　　　　　玉"，也是石頭一類，同希伯來語 goral 音義接近。 "珊瑚"

一詞中"珊"字表示珊瑚形狀如"柵"（即樹枝狀縱橫交錯）。請參見漢英對應詞"磯—calculate"詞條。

No.157

corn ──→〔IE〕*ker ──────────────────────────→{ ker }

角 jiao ──→〔上古音〕*kuk──────────────────────→{ kuk }

　　說明：〔IE〕*ker 意義爲"頭、角（head, horn）"，和漢語"角"字意義一致。

No.158

corpus ──→〔IE〕*kureb ─〔詞根化〕────────────────→{ kur }

軀 qu ──→〔上古音〕*kiug ─〔簡化〕──────────────→{ kug }

　　說明：〔IE〕*kureb 意義爲"軀體（body）"，衍生出 corpus（表示活著的人的軀體）和 corpse（表示死去的人的軀體），同漢語"軀"字音義相似。漢語有"軀殼"一詞，"軀（上古音*kiug）·殼（上古音*kuk）"兩字的上古音極爲相似，但意義却相反：軀是"實體"；殼是"外表"。英語 shell（外殼）來源於印歐古詞根〔IE〕*（s）kel,同表示"軀體"意義的印歐古詞根〔IE〕*kureb 的詞根部分*kur-也呈現語音相近，意義相反的關係。

No.159

cough ──→古英語 koh─〔h-g 音轉〕──────────────→{ kog }

咳 ke ──→〔上古音〕*keg──────────────────────→{ keg }

欬 kai ──→〔上古音〕*keg ─────────────────────→{ keg }

　　說明："咳—欬—cough"的語音可能都來源於擬聲，漢英間音擬得比較相同。

No.160

country ──→拉丁語 contra─〔詞根化〕──cont〔nt-n 音轉〕──→{ kon }

鄉 xiang ──→〔上古音〕*hiaŋ ─〔h-k 音轉〕〔簡化〕──────→{ kaŋ }

向 xiang──→〔上古音〕*hiaŋ─〔h-k 音轉〕〔簡化〕────────→{ kaŋ }

說明：拉丁語 contra 意義爲 "相向、相反(against, opposite)"，country
（農村）實際意義是 "相對於（都市的地方）"。漢字 "鄉"
字的字形由 "乡+邑" 構成，其中 "鄉" 的字形意義是 "兩旁
兩個人面對著中間的食物"，有 "面對面(against, opposite)"
的含義，即 "相向" 的含義。對於 "鄉" 字還有一說是 "炊煙
相鄰（相對）的農村" 之意。總之各說都主張來源於 "相對"
之意，這同 country 一詞的拉丁語詞源是驚人地相似，語音也酷
似。另外，漢語 "向" 字表示 "朝著"，就是拉丁語 contra
的 "相向（against）" 的意思。

No.161

couple ──→拉丁語 copula──→ com+(apere)────────→{ kom }

伉 kang ──→〔上古音〕*kaŋ ────────────────→{ kaŋ }

說明：拉丁語 copula 原意義爲 "對接"，其中 "com" 意義爲 "對
子、結對"。漢語 "伉" 字意義爲 "地位相當的兩個人"，
加 "儷（婦女）" 字有 "結爲對子" 的意思。因此 "伉" 字
同 "共" 字一樣和印歐語系的 "co-, com-" 音義相近。參考：
另外 "耦、遇（上古音*ŋug）" 等字也表示 "對子" 意義，
都同 "伉、共" 音義相近。請參見漢英對應詞 "共—com" 詞
條。

No.162

court ──→〔IE〕*gher*t*─〔g-k 音轉〕〔t-n 音轉〕──────→{ kern }

宮 gong ──→〔上古音〕*kioŋ─〔簡化〕──────────→{ koŋ }

說明：〔IE〕*gher*t* 意義爲 "抓住，圍起來（grasp, enclose）"。英
語 court 有兩種意義：(1)庭院；(2)宮殿（庭院裏的禦殿）"。
其實漢字 "宮" 字中的 "呂" 表示許多房字，而寶蓋頭
"宀" 表示 "圍起來"，即 "圍起來的庭院中的許多殿

屋"，同〔IE〕*ghert 的原意義 "圍起來" 有意義上的共同點。
另外，英語 "home" 一詞同 "宮（房屋，不分貴賤）" 字在
音義上也較爲接近。參考：漢語 "宮（上古音*kioŋ）" 和 "院
（上古音*kiun）" 兩字音義相似，而英語中 "court" 和
"geard（yard 一詞的古形）" 兩詞語在音義上也都極爲相近。
請參見漢英對應詞 "院—guard" 詞條。

No. 163

cow ⟶〔IE〕*gou ⟶{ gou }
牛 niu ⟶〔上古音〕*ŋiog—〔ŋ-g 音轉〕〔簡化〕⟶{ gog }

說明：〔IE〕*gou 意義爲 "牛（cow, ox, bull）"，同漢語 "牛" 字
語音酷似。參考：一說漢語 "牛" 字是牛由小亞細亞傳進中
國時傳進來的辭彙。

No.164

crab ⟶古諾斯語 scrab—〔s 脫落〕〔cr-k 音轉〕〔b-m 音轉〕⟶{ kam }
檎 qin ⟶〔上古音〕*giem〔g-k 音轉〕〔簡化〕⟶{ kem }

說明：古諾斯語 scrab 指野生的顆粒小且味很酸的蘋果（這裏的 crab
同動物蟹的 crab 無關）。漢語 "檎" 一般說成 "林檎"，是蘋
果的古稱，"檎—crab" 二詞在語音形式上酷似。

No.165

crab ⟶〔IE〕*gerb—〔簡化〕⟶{ geb }
蟹 xie ⟶〔上古音〕*heg —〔h-g 音轉〕⟶{ geg }
蟹 hou ⟶〔上古音〕*hug —〔h-g 音轉〕⟶{ gug }

說明：〔IE〕*gerb 意義爲 "劃搔（scratch）"，這同 "蟹" 的行爲似
乎有關，漢語 "蟹（也是 "蟹" 的意思）" 字的上半部 "興"
即表示 "劃搔" 意義。

No.166

crac ⟶古英語 cracian—〔詞根化〕— crac〔cr-k 音轉〕———⟶{ kak }

隙 xi ⟶〔上古音〕*kiok—〔簡化〕——————⟶{ kok }

罅 xia ⟶〔上古音〕*hag—〔h-k 音轉〕—————⟶{ kag }

說明：古英語 cracian 意義爲 "裂開，回響（crack, resound）"，既
表示裂的動作 "豁開"，也表動作的結果 "縫隙"。漢語
"隙—罅" 二字皆表結果 "縫隙"，音義同 crack 基本一致。

No.167

craft→日爾曼古詞根*kraftuz—〔詞根化〕—kraft—{kr-k 音轉〕〔簡化〕→{ kat }

猾 hua⟶〔上古音〕*kuet—〔簡化〕——————⟶{ ket }

黠 xia⟶〔上古音〕*het—〔h-k 音轉〕————⟶{ ket }

獪 hua⟶〔上古音〕*kuad —〔簡化〕—————⟶{ ked }

說明：日爾曼古詞根*kraftuz 有 "力量，壞智惠，巧妙" 的意思，而
漢語 "猾" 有 "擾亂、滑而捉不住" 之意。"猾—黠—
獪—craft" 四詞在基本意義上具有相似性，語音也極酷似。參
考：一說 "kraftuz" 的進一步詞源可能是〔IE〕*ker 意義爲
"交勾（crooked）"，音義上同漢字 "巧（上古音*kog）"
字相近。真所謂 "狡猾" 者必 "巧"。

No.168

crane ⟶〔IE〕*gere—〔g-k 音轉〕〔簡化〕——————⟶{ ker }

鶴 he ⟶〔上古音〕*hok—〔h-k 音轉〕————⟶{ kok }

說明：〔IE〕*gere 意義爲 "淒叫（cry hoarsely）"，同 "cry" 音近。
而漢語 "鶴" 字也同 "叫（上古音*kog）" 字發音極爲相似。
"鶴—crane" 語源情況十分相似。

No.169

cricket ⟶日爾曼古詞根*krik—〔kr-k 音轉〕〔k-ŋ 音轉〕———⟶{ kiŋ }

蛩 qiong ⟶〔上古音〕*giuŋ —〔g-k 音轉〕〔簡化〕————⟶{kuŋ }

說明：日爾曼古詞根*krik 和漢語 "蛩" 字都表示 "蟋蟀" 之意。特
別是漢語 "蟋蟀" 也叫 "蛐蛐兒（古音*kiuk?）"，同
"cricket" 的發音更爲近似。

No.170

crimson ⟶ kerme ⟶ 阿拉伯語 qirmiz—〔詞根化〕————————⟶ {kirm}

cochineal ⟶ 希臘語 kokkinos —〔詞根化〕—kok—〔k-ŋ 音轉〕→ { koŋ }

紅 hong ⟶〔上古音〕* huŋ —〔h-k 音轉〕————————⟶ { kuŋ }

絳 jiang ⟶〔上古音〕*kuŋ————————————————⟶ { kuŋ }

說明： "絳—紅—crimso—cochineal" 都是 "深紅色" 之意。
"kerme" 原是一種樹木，寄生其中的一種小蟲乾燥後能制紅
色染料。 "cochineal" 是一種小蟲，乾燥後能製成紅色染料。
"紅、絳" 的聲旁單純表示發音，同 "kerme" 語音極爲近
似。（中國傳統用來制紅色染料的是 "茜草"，不過 "茜" 同
"絳、紅" 在語音上並沒有聯繫。）

No.171

crock ⟶ 古英語 croc—〔kr-k 音轉〕〔k-ŋ 音轉〕————————⟶ { koŋ }

缸 gang ⟶〔上古音〕* kuŋ————————————————⟶ { kuŋ }

說明：漢英兩語的 "缸—crock（缸）" 音義相似，似乎都很接近擊
缸時的回聲。（一說 crock 來源於印歐古詞〔IE〕*ger 意義爲
"卷、曲（curve croock）",顯示缸的外形，不詳。請參見漢
英對應詞 "曲—crock" 詞條。）

No.172

crocodile ⟶ 希臘語 kroko(+deilos)—〔kr-r 音轉〕〔簡化〕⟶{ kok }

鱷 e ⟶〔上古音〕*ŋak —〔ŋ-k 轉〕————————————⟶ { kak }

說明：希臘語 krokodeilos 意義爲 "四腳跎、鱷魚（lizad, crocodile）"。
其中 krok 原意義爲 "岩石"，deilos 意義爲 "蚯蚓、蟲"（請

參見漢英對應詞"蟲—dile"詞條）。漢語的"鱷"字同"岩
（上古音＊ŋam）"字發音也較爲近似，因此在語源上
"鱷—kroko"之間音義都較爲近似。參考：據說，稱 crocodile
爲"岩蟲"是因爲鱷魚喜在河灘石上曬太陽之故。

No.173

crook ⟶〔IE〕＊ger**k**⟶⟶⟶⟶⟶⟶⟶{ gerk }

crutch ⟶（同上）⟶⟶⟶⟶⟶⟶⟶{ gerk }

曲 qu ⟶〔上古音〕＊kiuk—〔k-g 音轉〕⟶⟶{ giuk }

拐 guai ⟶〔上古音〕＊guad⟶⟶⟶⟶⟶{ guad }

　　　說明：〔IE〕＊ger**k** 意義爲"卷（curve）"，相應于該印歐語古詞根
　　　　　　的印歐語詞彙一般都以"-k"音結尾，因此語音上幾乎完全等
　　　　　　同于漢語"曲（＊kiuk）"字。而"crutch"以"t"音結尾，
　　　　　　則相當於漢語"拐（＊guad）"、"屈（＊kiuet）"等字。"曲—
　　　　　　拐—crook—crutch"四詞意義都爲"彎曲"，音義相同。參考：
　　　　　　另外，汉语"踞（蹲＊kiag）"字表示"曲着腿蹲"，同"曲"
　　　　　　字音义也颇为相近；汉语"佝偻（上古音＊kiug·＊lug）"是一
　　　　　　种"曲"脊的疾病，两字合音可成"＊klug"，同〔IE〕＊ger**k**
　　　　　　音义关联性很强。

No.174

cross ⟶拉丁語 cruc—〔cr-k 音轉〕⟶⟶⟶{ kuk }

交 jiao ⟶〔上古音〕＊kog⟶⟶⟶⟶⟶{ kog }

互 hu ⟶〔上古音〕＊ kag ⟶⟶⟶⟶⟶{ kag }

勾 gou ⟶〔上古音〕＊kug⟶⟶⟶⟶⟶{ kug }

　　　說明：拉丁語"cruc"意義爲"交，園高柱（cross, tall round pole）"。
　　　　　　在傳入古愛爾蘭語時"cruc⟶cros"（可能是拉丁語中"c"
　　　　　　有"k"或"s"兩讀的原故）。漢語"交，互，勾"都是兩個
　　　　　　物體"相鈎的狀態"，字形也都表示"相互交勾"的形狀，
　　　　　　同拉丁語 cruc 意義一致。

No.175

Crotch ──→古諾斯語 krokr──〔kr-k 音轉〕〔簡化〕──────→{ kok }

胯 kua ──→〔上古音〕*kuag──〔簡化〕───────────→{ kag }

　　説明：古諾斯語 krokr 原意義爲 "彎曲物（hook）"，而英語 crotch
　　　　　指 "樹丫杈" 或人類屁股的 "胯（或跨）"。漢語 "胯、跨"
　　　　　的上古音 "*kuag" 同表示彎曲之意的 "勾（*kug）、角
　　　　　（*kuk）、曲（*kiuk）" 也十分近似。漢英之間可謂異曲同工。

No.176

crouch ──→〔IE〕*gerk──〔g-k 音轉〕〔簡化〕──────→{ kek }

踞 ju ──→〔上古音〕*kiag──〔簡化〕──────────→{ kag }

　　説明：〔IE〕*gerk 的意義爲 "彎曲的（curving）"。英語 crouch 意
　　　　　義爲 "曲蹲"，同漢語 "踞（曲蹲---如盤踞）" 音義酷似。

No.177

crow ──→〔IE〕*gere──〔詞根化〕── ger〔g-k 音轉〕───→{ ker }

鴰 gua ──→〔上古音〕* kuat──〔簡化〕──────────→{ kat }

説明：〔IE〕*gere 意義爲 "叫啼（cry hoarsely）"。"鴰—crow" 皆同烏
鴉叫聲相似。另外，雄雞啼叫亦稱 "雊（gou,上古音*kug）"，同 crow
音義亦較相近。

No.178

crown ──→〔IE〕*kern──〔簡化〕────────────→{ ken }

hat ──→〔IE〕*kadh──〔dh-n 音轉〕───────────→{ kan }

冠　guan ──→〔上古音〕*kuan──〔簡化〕──────────→{ kan }

　　説明：〔IE〕*kern 原意義爲 "轉、扳（turn, bend）"。在拉丁語階
　　　　　段的 crown 爲 "coronam"，意義爲 "花環，頭環（wreath,
　　　　　crown）"，即彎成圈並戴在頭的環稱爲 "crown（冠）"。
　　　　　漢語 "冠" 字同意義爲 "成圈形" 的 "圈、環" 等字在音義
　　　　　上都呈近源關係。另外〔IE〕*kadh 意義爲 "蓋（cover）"

即"戴"的意思。因此,"冠"字的含義從形狀上看接近
"crown",從"戴"的意義上來看接近"hat"。

No.179

crush ——→拉丁語 cruscire—〔詞根化〕—crus—〔cr-k 音轉〕———→{ kus }

磕 ke ——→〔上古音〕*kat————————————————————→{ kat }

    說明:拉丁語 cruscire 原意義爲"牙齒相磕(gnash)",在英語中
      起初多表示鬥劍時的劍體相撞。漢語"磕"字原意義也含
      "相碰撞"之意,"磕—crush"音義基本一致。

No.180

cry ——→拉丁語 quiritare—〔詞根化〕—quir————————→{ kir }

哭 ku ——→〔上古音〕*kuk————————————————→{ kuk }

呱 gua ——→〔上古音〕*kuag —〔簡化〕————————————→{ kug }

    說明:"呱—cry"都是大聲哭的擬聲詞。漢語"呱"是形容嬰兒"呱
      呱落地"之哭。參考:由於漢字有"形聲"造字的方法,其
      中"聲旁"就是借用已有的字來充當讀音,往往不甚精確。
      嬰兒落地時的哭聲不應該有"-g"尾的("kuag, kuag"之聲
      似有病態),而音韻學在構擬上古的秦漢讀音時又要利用這些
      諧聲的"聲旁"。因此,上古音中入聲的韻尾輔音的構擬音值
      往往受到聲旁左右,似多存疑。

No.181

cryo ——→〔IE〕*kreus—〔kr-k 音轉〕〔簡化〕————————→{ kus }

crystal ——→同上——————————————————————→{ kus }

冱 hu ——→〔上古音〕*hag —〔h-g 音轉〕———————→{ kag }

涸 gu ——→〔上古音〕*kag————————————————→{ kag }

    說明:〔IE〕*kreus 意義爲"寒冷、結冰(cold, freezing)",同漢
      語"冱(冰凍),涸(結成硬冰)"音義相似。英語 crystal(水

晶）在希臘語中爲 "krustallos"，同時表示 "冰塊、水晶"。
水晶即晶瑩的冰塊。請參見漢英對應詞 "寒—cold" 詞條。

No.182

cube ⟶ 希臘語 cubikos—〔詞根化〕─────────────→{ kub }

塊 kuai ⟶〔上古音〕*kuer—〔簡化〕──────────→{ kue }

　　說明：英語 cube 和希臘語 cubikos 意義爲 "立方體，正六面體"，
　　　　　同 "塊（不規則的立體）" 字音義比較相近。

No.183

cuckoo ⟶ 希拉語 kokkux—〔詞根化〕— kok—〔k-ŋ 音轉〕───→{ koŋ }

鵑 juan ⟶〔上古音〕*kuen —〔簡化〕──────────→{ ken }

　　說明："鵑—cuckoo" 二詞意義一致，語音相像。

No.184

cuff ⟶（詞源不詳）cuff─────────────────→{ kuf }

梏 gu ⟶〔上古音〕*kok ──────────────→{ kok }

　　說明："梏—cuff" 意義都爲 "手銬"。英語 cuff 出現於中世紀英
　　　　　語，音義至今未有變化（早期有還有 "手套" 的意義）。

No.185

culture ⟶ 拉丁語 culere—〔詞根化〕—cul—〔l-n 音轉〕───→{ kun }

墾 ken ⟶〔上古音〕*ken────────────────→{ ken }

耕 geng ⟶〔上古音〕*keŋ ──────────────→{ keŋ }

　　說明：culture 一詞和拉丁語 culere 都是 "耕作（till）" 的意思。由
　　　　　"耕作" 而產生 "文明，文化" 之意。"墾—耕—culture" 是
　　　　　音義相當一致的漢英對應詞。請參見漢英對應詞 "種—till"
　　　　　詞條。

No.186

cumulus ——〔IE〕*keue—〔簡化〕————————————→{ ke }

加 jia ——〔上古音〕*kar—〔簡化〕————————————→{ ka }

　　說明：〔IE〕*keue 意義爲 "膨脹，拱型（swell, vault）"，cumulus 意
　　　　　義爲 "堆積"（在形狀上 "堆積物" 呈 "膨脹，拱型" 的狀
　　　　　態）。漢語 "加" 原意義爲 "蓄積"，字形上表示 "手捂住口
　　　　　（"力" 表示手）以使口內氣勢增加"（口的形狀也必定膨
　　　　　脹並呈拱型）。"加—cumulus" 在語源意義上很相近。

No.187

cup ——〔IE〕*keu*p* —〔簡化〕————————————————→{ kep }

榼 ke ——〔上古音〕*kap ——————————————————————→{ kap }

　　說明：漢字 "榼" 意義爲 "酒器"，包括帶蓋的酒桶和酒杯。英語
　　　　　cup 來源於拉丁語 cupa（意義爲 "桶"），進一步詞源爲印歐
　　　　　古詞根〔IE〕*keu*p*（意義爲 "彎、帶洞的物體—bend, hollow
　　　　　object"），"榼--cup" 音義很一致。請參見漢英對應詞 "桶
　　　　　—tub" 詞條。

No.188

curd ——〔IE〕*greut —〔gr-g 音轉〕〔t-n 音轉〕————————→{ geun }

凝 ning ——〔上古音〕*ŋioŋ—[ŋ-g 音轉]————————————→{ gioŋ }

　　說明：〔IE〕*greut 意義爲 "壓縮（compress）"，curd 意義爲 "凝結"。
　　　　　漢字 "凝" 意義爲 "聚集、結凍"。"凝—curd" 在語源上音
　　　　　義有相當的近似性。

No.189

curl ——〔IE〕*ger—〔r-n 音轉〕————————————————→{ gen }

卷 juan ——→〔上古音〕*kuan—〔k-g 音轉〕〔簡化〕————→{ gan }

　　說明：〔IE〕*ger 意義爲 "卷的、勾的（curving，crooked）"，同 "卷"

　　　　字音義相近。請參見漢英對應詞 "冠—crown—hat" 詞條。

No.190

currency ──〔IE〕*kers─〔簡化〕─────────────→{ ker }

貨 huo ──〔上古音〕*huar ─〔h-k 音轉〕〔簡化〕────→{ kar }

　　說明：〔IE〕*kers 意義爲 "流動（run）"，貨幣是流通的，因此也
　　　　　稱 "通貨"。漢語貨幣的 "貨" 字古亦作 "化"，意如 "流
　　　　　失"，同〔IE〕*kers 的意義相通。

No.191

curt ──拉丁語*curtus─〔詞根化〕─curt─〔t-n 音轉〕〔簡化〕──→{ kun }

kirtle ──curt（+le）─（同上）──────────────→{ kun }

skirt ──kirtle──curt──（同上）─────────────→{ kun }

裙 qun ──〔上古音〕*giuen─〔g-k 音轉〕〔簡化〕───────→{ kun }

　　說明：拉丁語 curtus 意義爲 "不完全的，短的（imcomplete, short）"，
　　　　　即圍裙是 "短的"。在漢語中長的裙子叫 "裳"（"裳" 字
　　　　　的上古音*dhiaŋ 同 "長" 字的上古音*diaŋ 基本是一致的），
　　　　　而短的 "裳" 則叫 "裙"（漢英之間在長短概念及語音表達
　　　　　上異曲同工）。現代英語中 curt 意義爲 "短裙"，kirtle 意義
　　　　　爲婦女的 "gown skirt"。參考："shirt（上衣）" 和 skirt 也
　　　　　是同源的，但在現代英語中一個表示上半身的衣服，另一個
　　　　　則是下半身的。

No.192

cut ──日爾曼古詞根*kut─────────────────→{ kut }

castrate ──〔IE〕*kes────────────────────→{ kes }

geld ──〔IE〕* ghel─〔gh-k 音轉〕〔l-t 音轉〕───────→{ ket }

割 ge ──〔上古音〕*kat─────────────────→{ kat }

　　說明：日爾曼古詞根*kut 同漢語 "割" 字音義完全相同。〔IE〕*ghel

意義也爲"割（cut）"，現代英語 geld 一詞意義爲"割去生殖器（閹割）"，其詞源和漢語"割"字音義也基本一致。〔IE〕*kes 意義爲"割（cut）"，而 castrate 意義同 geld 一樣也是"閹割"。"割—cut—geld—castrate"四詞在語源上音義一致性很強。參考：同漢語"割"字音近義同的字還有"契（上古音*kad）、劇（上古音*kiuad）、劊（上古音*kuad）"等字。在日語中"割"是 kiru，其詞幹"kir"的語音形式同"割—cut"也較爲近似。另外，英語 shear 來源於"割（cut）"意義的〔IE〕*（s）ker，同日語的 kiru 就更爲一致了。

No.193

dad ⟶拉丁語梵語 tata—〔詞根化〕〔t-d 音轉〕⟶{ dat }

爺 ye ⟶〔上古音〕*diar—〔簡化〕⟶{ dar }

說明：漢語"爺"由北魏遊牧民族語言借入，原意義爲"父親"（在"阿爺"一詞中"爺"仍表"父親"之意），念"die"音。聲母 d 脫落後念"ie"音，意義上也轉成表示"父親的父親"。但在口語中聲母 d 並未脫落，仍爲"父親"之意，因而另創了一個新字"爹"來表示。漢語中表示"父親"意義有兩套詞語："父、爸"爲漢藏語系固有；而"爺（die）"據研究則屬北方阿爾泰語系于北魏時傳入漢語（如阿爾泰語系的日語"父"念爲 titi）。在印歐語中這二套詞語也一樣同時存在"father／papa—dad"。

No.194

dagger ⟶古法語 dague—〔詞根化〕—dag—〔d-t 音轉〕⟶{ tag }

stock ⟶義大利語 stocco —〔詞根化〕—stoc—〔s 脫落〕⟶{ tok }

刀 dao ⟶〔上古音〕*tog⟶{ tog }

說明：古法語 dague 意義爲"小刀（knife）"，演化成英語 dagger 意義爲"短劍"，義大利語 stocco 意義爲"刺劍"（進一步的詞源都不詳）。"刀—dagger— stock（刺劍）"都可作"刺入"的動作，音義上同"笞—刺—stick"都相當一致。請參見漢英對應詞"笞—刺—stick"詞條。

No.195

damage ──→〔IE〕*dap──〔p-m 音轉〕──────────────→{dam}

殘 can──→〔上古音〕*dzan ─〔dz-d 音轉〕──────────→{d a n}

> 說明：〔IE〕*dap 原意義爲"切割、分給（apportior）"。漢語"殘"字從字形上說"戔"是用刀切割，同〔IE〕* dap 音義上基本相似。

No.196

damn ──→拉丁語 damnum ─〔詞根化〕────────────→{dam}

癉 dan ──→〔上古音〕*dhian ─〔簡化〕──────────→{d a n}

> 說明：漢語"癉"原意義爲"生病，精力耗盡"，其聲旁"單"的動詞性古意義爲"喪失，耗盡"（如"殫"字意義爲"死"）。拉丁語 damnun 意義爲"喪失、受害（loss, harm）"，同"癉"的古意義基本相同。而漢語"癉"字的現代意義爲"憎恨"，damn 的現代意義爲"懲罰、譴責、畜生！（罵詈語）"，語義發展稍有不同。

No.197

damp ──→西日爾曼古詞根 *thamp──〔mp-p 音轉〕〔簡化〕──→{tap}

濕 shi ──→〔上古音〕*thiep ─〔簡化〕──────────→{tep}

> 說明：西日爾曼古詞根 *thamp 意義爲"蒸氣、濕氣（steeam, vapour）"，漢語"濕"一般指物體"濕漉漉"。"濕—damp"音義基本一致。參考：漢語"澤（濕潤、沼澤，上古音*dak）"字及"蒸"字同"濕—damp"語源關係也較爲相近。請參見漢英對應詞"蒸—steam"詞條。

No. 198

dance ──→法蘭克語 dintjan─〔詞根化〕────────────→{ din }

幢 chuang──→〔上古音〕*duŋ ─────────────────→{ duŋ }

> 說明：這裏的 "幢" 字是 "幢幢（燈光昏暗搖動或旗子飄動）" 的
> "幢" 字。dance（舞蹈）的詞源法蘭克語 dintjan 一詞意義
> 爲 "顫動、忽而前忽而後地搖動（tremble, move back and
> forth）"，同漢語 "幢幢" 的 "幢" 字音義極爲相近。dance
> （舞蹈）是由 "忽而前忽而後" 的意義引申而來。

No.199

danger ──→古法語 dangier─〔詞根化〕─dang─〔g-ŋ 音轉〕───→{ deŋ }

殆 dai ──→〔上古音〕*deg ─────────────────→{ deg }

> 說明： 古法語 dangier 原意義爲 "力量、統治（pomer, domination）"，
> 後起意義爲 "（力量→加害→）危險"。漢語 "殆" 字的聲
> 旁 "台" 字的原意義爲 "耕地/說話→作爲"，因此 "殆" 字
> 的原意義爲 "再有所作爲的話就危險了"。"殆—danger" 兩
> 詞在語源意義 "力量" 上有共同的接點，殊途同歸，最後都
> 表示 "危險"。

No.200

dark ──→〔IE〕*dher*k*─〔簡化〕──────────────→{ dek }

黛 dai ──→〔上古音〕*deg────────────────→{ deg }

> 說明：〔IE〕*dher*k* 意義爲 "混沌、黑暗（muddy，darkness）"。漢
> 語 "黛" 字聲旁 "代" 純粹表音，"黛" 字的意義是 "青黑
> 色"，和 darkness 意義相近。

No.201

dart →日爾曼古詞根*daropuz─〔詞根化〕─dar─〔d-t 音轉〕──→{ tar }

矢 shi ──→〔上古音〕*thier─〔簡化〕─────────────→{ ter }

說明：日爾曼古詞根*daropuz 的意義爲 "手投矢（dart）"，同漢語 "矢" 字音義相似。漢語 "矢" 現在一般指用於弓上的箭。但人類起初的 "矢" 都是手投的，弓是後起的。另外，一說 *daropuz 可能進一步來源於印歐古詞根〔IE〕*dho,意義爲 "尖的（sharp）"，不詳。參考：漢字 "尖（上古音*tsiam）"。

No.202

date ──→希臘語 daktulos ─〔詞根化〕──dak─〔d-t 音轉〕──→ { tak }

棗 zao ──→〔上古音〕*tsog─〔ts-t 音轉〕────────────→ { tog }

說明：希臘語 daktulos 原意義爲 "指、趾（finger, toe）"（現代英語中表示 "動物的手指、足趾" 的 dactyl 一詞保持了此意義），這同棗樹多刺有關，將棗樹之刺比做了 "手指、足趾"（從形狀上將 "指、趾" 理解爲 "刺" 的一種並不勉強）。漢語 "棗" 字中的 "朿（ci）" 是 "刺" 的本字。"刺" 字的上古音*tsieg，同 "棗" 字的上古音*tsog 也極爲相似，說明漢語中 "棗─刺" 也是具有近源關係的。參考："刺" 同英語 stick 音義相似，請參見漢英對應詞 "刺─stick" 詞條。

No.203

daughter──→〔IE〕*dhughter─〔詞根化〕─dhugh─〔dh-n 音轉〕

〔gh-ŋ 音轉〕────────→{ nuŋ }

娘 niang ──→〔上古音〕*niaŋ ─〔簡化〕──────────→ { naŋ }

說明：〔IE〕*dhughter 意義爲 "女兒（daughter）"，同 "娘" 字的原始意義 "女兒" 相同（"娘" 解釋爲 "母親" 是後起的俗語意義）。

No.204

dawn ──→古諾斯語 daga─〔詞根化〕─ dag ─〔g-ŋ 音轉〕──→ { daŋ }

旦 dan ──→〔上古音〕* tan─〔t-d 音轉〕──────────→{ dan }

晨 chen ──→〔上古音〕*dien─〔簡化〕──────────→{ den }

說明：古諾斯語 daga 原意義爲 "黎明（to dawn）"。漢語 "旦" 表示 "日出東方的黎明"，同 dawn 音義相似。請參見漢英對應詞 "晝—day" 及 "夜—night" 詞條。

No.205

day ⟶日爾曼古詞根*dagaz—〔詞根化〕—dag—〔d-t 音轉〕⟶{ tag }

晝 zhou ⟶〔上古音〕*tiog〔簡化〕⟶{ tog }

說明：日爾曼古詞根*dagaz 意義爲 "太陽火熱之時(time when the sun is hot)"。漢語 "晝" 也指 "白天中主要的時間段"。"晝—day" 在語源上音義相當一致。參考："晝" 在德語中是 tag。另外，漢語 "耀（上古音*diog）"、"曜（上古音*diog）" 字都同 "晝" 字和日爾曼古詞根*dagaz 音義相近。

No.206

de- ⟶拉丁語 de⟶{ de }

除 chu ⟶〔上古音〕*diag —〔簡化〕⟶{ dag }

說明：拉丁語 de 作構詞成份附在動詞、名詞、形容詞前,意義爲 "分離（如 dethrone 除位）、除去（如 deflower ）" 及加強語氣（如 declare）等。漢語 "除" 字在意義上同 "de-" 基本一致 （漢語語音上有韻尾 "-g" 是不同之處）。

No.207

dear→日爾曼古詞根*deurjaz—〔詞根化〕—deur—〔r-n 音轉〕
〔簡化〕→{ dun }

寵 chong ⟶〔上古音〕*tiuŋ—〔t-d 音轉〕〔簡化〕⟶{ duŋ }

說明：日爾曼古詞根*deurjaz 的意義爲 "可愛的（belove）"，和漢語 "寵" 字的 "鍾愛" 意義基本一致。英語 dear 意義爲 "可愛、敬愛"，進一步詞源不詳。

No.208

decade ──→希臘語 deka─〔詞根化〕────────────────→{ dek }

秩 zhi ──→〔上古音〕*diet ─〔簡化〕──────────────→{ det }

　　說明：希臘語 deka 意義爲 "十（ten）" 同 "ten" 同源（請參見
　　　　　　"十—ten" 詞條）。漢語 "秩" 字的意義之一是 "十年（如：
　　　　　　七秩=七十歲）" ，"秩—decade" 在表示 "十年" 意義上音
　　　　　　義相近。

No.209

decay ──→（de-加強語氣+）cay ──→〔IE〕*kad────────→{ kad }

朽 xiu ──→〔上古音〕*hiog ─〔h-k 音轉〕〔簡化〕────→{ kog }

　　說明：〔IE〕*kad 意義爲 "落下（fall）" 。漢字 "朽" 的字形意義
　　　　　　爲 "爛了而凋落的木頭" ，其中 "丂" 旁意義爲 "向上延伸
　　　　　　的物體受阻而彎落" ，同[IE]*kad 的 "落下" 意義頗爲近似。
　　　　　　因此，decay 一詞中的 "de" 爲加強語氣，"cay" 同漢語
　　　　　　"朽" 字對應。

No.210

decent──→〔IE〕*dek─〔d-t 音轉〕────────────────→{ tek }

得 de ──→〔上古音〕*tek───────────────────────→{ tek }

　　說明：〔IE〕*dek 意義爲 "拿，接受（take, accept）" ，和漢語 "得"
　　　　　　字音義完全一致。由這一印歐語古詞根發展出來的英語辭彙
　　　　　　decent 意義爲 "適當的、得當的" 。參考：漢語 "適（上古
　　　　　　音*thiek）" 字同 "得" 字的上古音也頗爲接近。

No.211

decide→（de+）cide→拉丁語 caedere─〔詞根化〕─caed

　　　　　　　　　　　　　　　　　　　──d-t 音轉〕──→{ kaet }

決 jue ──→〔上古音〕*kuat ──────────────────────→{ kuat }

說明：拉丁語 caedere 的意義爲“割（cut）”，同漢英對應詞“割
--cut”音義相通。漢字“決”同“割（上古音*kat）”的語音
也非常相近，也是“割”的意思（如決堤）。在“割開”河岸
後，大水漫田，無法更改，所以“決”字又有“確定、決定”
之意。英語 decide 中的 de-意義爲加強語氣，cide 是“割斷、
裁定”的意思（這裏的 c 詞源上可以念作 k）。“割—決—
caedere—cut”音義一致。請參見漢英對應詞“割——cut”詞
條。

No.212

deep ⟶〔IE〕*dheub—〔b-m 音轉〕〔簡化〕⟶{ dem }

深 shen ⟶〔上古音〕*thiem—〔th-d 音轉〕〔簡化〕⟶{ dem }

覃 tan ⟶〔上古音〕* dem ⟶{ dem }

洞 dong ⟶〔上古音〕*duŋ ⟶{ duŋ }

說明：〔IE〕* dheub 意義爲“深、洞（deep, hollow）”。漢語“洞
察”就是看得很“深”遠之意（由“洞”來表示“深遠”的
意思）。“覃”字也表示“深”（以它爲聲旁的“潭”字表示
“深水塘”）。“覃—深—洞”同〔IE〕*dheub 語音形式十分
接近，意義幾乎一致。

No.213

deer ⟶〔IE〕*dheusom—〔詞根化〕——dheus—〔d-t 音轉〕⟶{ theus }

獸 shou ⟶〔上古音〕*thiog ⟶{ thiog }

說明：〔IE〕*dheusom 的意義爲“會呼吸的創造物（breathing
creature）”。一般用於“野獸”義。古英語時代這一印歐古
詞根的衍生詞 deer 逐漸失去“野獸”義，開始專指“鹿”。
原始意義上“獸—deer”兩者音義基本是一致的。現代英語中
“野獸”一詞由“wild-beast, animal”表示。

No.214

dense ──→〔IE〕*dens─〔簡化〕─────────────→{ den }

濃 nong ──→〔上古音〕*ndioŋ ─〔nd-d 音轉〕〔簡化〕─────→{ doŋ }

　　　說明：〔IE〕*dens 意義爲 "濃、稠（dense, thick）"，同漢語 "濃" 字
　　　　　　的原始意義完全一致。請參見漢英對應詞 "稠─thick" 詞條。

No.215

die ──→〔IE〕*dheu*n*─〔d-t 音轉〕〔簡化〕───────────→{ ten }

殫 dan ──→〔上古音〕*tan───────────────────→{ tan }

殤 shang ──→〔上古音〕*thiaŋ ─〔th-t 音轉〕〔簡化〕─────→{ taŋ }

　　　說明：〔IE〕*dheu*n* 的意義爲 "竭盡、死（exhausted, die）"，英語 die
　　　　　　一詞現在沒有尾音-n，但在古撒克遜語的 doian（死）等詞語
　　　　　　中有-n 尾音；另外，dead（死）的尾音-d 可視作〔n-d 音轉〕。
　　　　　　漢語 "殫" 字和*dheu*n* 的 "竭盡（殫盡）" 意義相同，而
　　　　　　"殤" 字和*dheu*n* 的 "死" 的意義相同。

No.216

dile ──→希臘語 deilos─〔詞根化〕────deil─[l-n 音轉]─────→{ dein }

蟲 chong──→〔上古音〕*diuŋ ──────────────────→{diuŋ}

蛇 she ──→〔上古音〕*diar-[r-n 音轉]────────────→{ dian }

　　　說明：英語中 dile（土蟲）只保留在 crocodile 一詞中。希臘語 derilos
　　　　　　原意義爲 "蚯蚓（earthworm）"，但也表示 "鱷魚" 一類的
　　　　　　大蟲（因爲體形都是長形的）。漢語 "蟲" 的原意義是 "蛇（上
　　　　　　古音*diar）"，體形也是長形的。參考：漢語 "蛇" 字和
　　　　　　"蟲" 字的上古音韻尾互爲陰陽對轉,體現了詞源上的關聯
　　　　　　性。

No.217

dim ──→日爾曼古詞根*dim───────────────────→{ dim }

黮 tan ──→〔上古音〕*dem ─────────────────────────────→{dem}

　　說明：日爾曼古詞根*dim 的意義爲"幽暗（dim）"，漢語"黮"
　　　　　字意義爲"幽黑"，兩者音義一致，如同孿生兄弟。請參見
　　　　　漢英對應詞"黛──dark"詞條。

No.218

dirty ──→古英語 drit─〔dr-t 音轉〕〔t-n 音轉〕─────────→{tin}

黵 dan ──→〔上古音〕* tiam─〔簡化〕───────────────→{tam}

黷 du ──→〔上古音〕* duk ─〔d-t 音轉〕〔k-ŋ 音轉〕────→{tuŋ}

髒 zang ──→〔上古音〕*tsaŋ ─〔ts-t 音轉〕────────────→{taŋ}

　　說明：古英語 drit 意義爲"髒"，在 15 世紀發生音素移位（r 後移）
　　　　　而成現在的 dirt。漢語"黵、黷"兩字都是"弄髒"的意思。

No.219

dis- ──→希臘語 dis ───────────────────────────────→{dis}

異 yi ──→〔上古音〕*diag ─〔簡化〕─────────────────→{dig}

　　說明：希臘語 dis 意義爲"二、再（twice）"。由"成二個，向二個
　　　　　方向"的意義演化成現代英語詞頭"dis-"，意義爲"反對，
　　　　　除去，分離"等。漢字"異（異）"的字形意義爲"兩手（共）
　　　　　同時拿著物件（田）"，表示"不是一個，還有另外一個別
　　　　　的"之意，即"成雙"的意義。"異─dis-"音義兩方面都相
　　　　　當近似。參考：另外和"異"近音的字，如："翼（上古音
　　　　　*diek，成雙的羽）、翊（上古音*diek，第二的，第二日）"
　　　　　等字都具有"二"的含義。請參見漢英對應詞"對─dia─
　　　　　two"詞條。

No.220

dish ──→〔IE〕* deik─〔簡化〕─────────────────────→{dek}

碟 die ──→〔上古音〕* dep─────────────────────────→{dep}

說明：〔IE〕*deik 原意義爲 "示（show）"。由這一印歐語古詞根
演化出來同 dish 有同源關係的詞還有 "desk（＝桌，桌的上古
音爲*tok）"、"dais（＝台，台的上古音爲*deg）"、"discus，
disc（＝碟，碟的上古音爲*dep）" 等，漢英之間語音形式基
本上都很相似（在形狀上都爲 "圓盤形" 是一致的，但同原
始意義 "示（show）似乎沒有關聯" ）。

No.221

divine ——→〔IE〕*deiw—〔簡化〕————————————→{ dew }
deity ——→（同上）————————————————————→{ dew }
Deus ——→（同上）————————————————————→{ dew }
神 shen ——→〔上古音〕*dien—〔簡化〕——————————→{ den }
閃 shan ——→〔上古音〕*thiam—〔t-d 音轉〕〔簡化〕————→{dam}

說明：英語中 "神" 有兩種表示：1. "deity, divine（神的）"；2. "god
（神）"。〔IE〕*deiw 原始意義表示 "閃光（shine）"，顯
示了古代宗教的神在古人心目中的光耀的形象。參考：另
外，漢語 "讖"（上古音*tsiem）字同 "閃"、"神" 字在音
義上似乎也有淵源關係；"帝（上古音*teg）" 字同〔IE〕*deiw
在音義上也有相似性。請參見漢英對應詞 "祈—古—god" 詞
條。

No.222

do ——→〔IE〕*dhe—〔dh-t 音轉〕————————————————→{ te }
設 she ——→〔上古音〕*thiat—〔簡化〕——————————————→{ tat }

說明：〔IE〕*dhe 意義爲 "設，放（set, put）"。現代英語 do
意義爲 "做、幹"，但古意義是 "置放"，同漢語 "設" 字
音義相近。

No.223

doctrine ⟶〔IE〕* dok ⟶{ dok }

道 dao ⟶〔上古音〕*dog⟶{ dog }

説明：漢語一般認爲"道"作"教義"解釋時是因爲指出了一條認識上的"道路"。而〔IE〕* dok 原意義爲"使接受（cause to accept）"（是以〔IE〕*dek（=take accept，意義爲"得到"）爲進一步的詞源的，請參見"得—dek"詞條）。即 doctrine 是"引導（某人）接受（某教義）"的意思。"道—doctrine"音義基本一致。請參見漢英對應詞"導—teach"詞條。

No.224

document ⟶拉丁語 docere—〔詞根化〕— doc⟶{ dok }

牘 du ⟶〔上古音〕*duk ⟶{ duk }

説明：拉丁語 docere 意義爲"告答（teach）"，document 意義爲"教訓，記錄文書"。漢語"牘"字是把要告訴他人的內容寫在木頭或竹子上的公告文書（也稱"劄"）。"牘—document"是音義較爲一致的漢英對應詞。

No.225

dodge ⟶（詞源不詳）dodge—〔詞根化〕⟶{ dod }

躲 duo ⟶〔上古音〕*duar⟶{ duar }

説明：英語 dodge 意義爲"躲避"，其詞源不詳，但詞根 dod（doder）是"搖擺走路"之意，和漢語"躲閃"的橫向行爲基本相似。參考：另外漢語"逃（上古音*dog）"同"躲—dodge"在音義上也有一定近似性。

No.226

dolour⟶拉丁語 dolere—〔詞根化〕—dol—〔d-t 音轉〕〔l-n 音轉〕⟶{ ton }

痛 tong ⟶〔上古音〕* tuŋ ⟶{ tuŋ }

說明：拉丁語 dolere 意義爲 "悲，痛（sorrow, pain）"，在 pain（痛）
　　　的意義上同漢語 "痛" 字音義相近。

No.227

dome ——→〔IE〕*dem————————————————————→{ dem }

堂 tang ——→〔上古音〕*daŋ ——————————————→{ daŋ }

　　　說明：〔IE〕*dem 意義爲 "家（house）"。英語 dome 原意義爲 "大
　　　　　　房子"，後轉意義爲 "圓頂屋"。漢語 "堂" 字原意義爲 "高
　　　　　　大的朝南大間或殿堂"，和〔IE〕*dem 意義基本一致。請參
　　　　　　見漢英對應詞 "殿—temple" 詞條。

No.228

door ——→〔IE〕*dhwer—〔dh-t 音轉〕————————————→{ twer }

闥 ta ——→〔上古音〕*tat————————————————→{ tat }

　　　說明：〔IE〕*dhwer 意義爲 "門（door）"，漢語 "闥" 意義爲 "小
　　　　　　門"。兩者意義基本相同，語音也頗爲近似。參考：日語中
　　　　　　"門" 也稱 "戶" 念 "to"。"*tat（闥）—door—to（戶）"
　　　　　　三者間意義一致外，發音上也有相當大的一致性。

No.229

dormacy ——→〔IE〕*drem—〔dr-d 音轉〕————————————→{ dem }

蟄 zhe ——→〔上古音〕*diep —〔p-m 音轉〕〔簡化〕——————→{ dem }

　　　說明：〔IE〕*drem 意義爲 "眠（sleep）"。dormacy 意義爲 "休眠"。
　　　　　　漢語 "蟄" 字指 "蛇蟲于冬時隱藏土中不動"，其實就是
　　　　　　"冬眠" 的意思。"蟄—dormacy" 音義一致。

No.230

dot ——→日爾曼古詞根*dutt —〔t-n 音轉〕————————————→{ dun }

點 dian ——→〔上古音〕*tam —〔t-d 音轉〕————————————→{ dam }

說明：日爾曼古詞根 *dutt 原意義爲 "斑，點（spot, point）"，同
　　　漢語 "點" 字意義完全相同。

No.231

dower ⟶〔IE〕*do ─────────────────────────⟶ { do }

予 yu ⟶〔上古音〕*diag─〔簡化〕───────────────⟶ { dag }

施 shi ⟶〔上古音〕*thiar─〔th-d 音轉〕〔簡化〕──────⟶ { dar }

遺 yi ⟶〔上古音〕*diuer─〔簡化〕────────────────⟶ { dar }

　　說明：〔IE〕*do 的意義爲 "給（to give）"，同漢語 "予（給、給
　　　　　予）、施（散佈、給予）、遺（yi,上古音*diuer。作 "遺留" 意
　　　　　義時亦有 "施與" 的含義）" 等字在音義上頗爲一致。英語
　　　　　dower 意義爲 "遺産"，是 "被給予" 的財産。

No.232

draft→draught→日爾曼古詞根*dragan─〔詞根化〕─drag
　　　　　　　　　　　　　　　─〔dr-t 音轉〕───────⟶{tag}

召 zhao ⟶〔上古音〕*tiog─〔簡化〕───────────────⟶{tog}

徵 zheng ⟶〔上古音〕*tieŋ─〔ŋ-g 音轉〕〔簡化〕─────⟶{teg}

　　說明：日爾曼古詞根*dragan 意義爲 "拖（draw）"。英語 draft 意
　　　　　義爲 "選拔、徵兵"，包含選定了就 "拖" 著走的意思。漢
　　　　　語 "召"、"徵" 原來意義都是 "叫出來拉著走（召從口旁，
　　　　　主要意義爲叫喚出來；徵從彳旁，主要意義爲拉著走）" 的
　　　　　意思。特別是 "徵收" 一詞更是將他人的東西 "拖著走" 的
　　　　　意思。"召—徵—draft" 三詞在 "拖" 這個語源意義上基本
　　　　　一致,語音形式也相當近似。參考：有些具有 "走" 的意義的
　　　　　字，如 "征（去，上古音*tieŋ）"、"役（使去遠方，上古
　　　　　音*diek）" 等字發音都近似於 "召" 和 "徵" 字。）

No.233

dragon ——→〔IE〕* derk —〔k 脫落〕————————————————→{ der }

drake ——→（同上）————————————————————————→{ der }

螭 chi ——→〔上古音〕*tiar —〔t-d 音轉〕〔簡化〕————————→{ dar }

　　　說明：〔IE〕*derk 意義爲"清楚地看（see clearly）"。漢語"螭"
　　　　　　又稱"雨龍、黃龍、無角龍"等,屬於"龍"。聖經中的 dragon
　　　　　　在希伯來語中一般稱爲"tannin"，表示被神擊敗的海中的怪
　　　　　　物。tannin 的詞幹 tan-和漢語"螭*tiar"似乎有語源上的語音
　　　　　　近似性。"螭"有時寫作"魑（上古音*tieg）"，語音上就
　　　　　　更接近 dragon 的詞源〔IE〕*derk 的語音。請參見漢英對應詞
　　　　　　"瞪—瞠--dragon"詞條。

No.234

dragon ——→〔IE〕*derk —〔k-ŋ 音轉〕————————————————→{derŋ }

瞪 deng ——→〔上古音〕*deŋ————————————————————→{ deŋ }

瞠 cheng ——→〔上古音〕*taŋ—〔t-d 音轉〕————————————→{ daŋ }

　　　說明：〔IE〕*derk 意義爲"清楚地看（see clearly）"。英語 dragon
　　　　　　或 drake 都是"龍"的意思，兩詞都是从"瞪·瞠"著的龍的
　　　　　　眼睛來對"龍"命名的，可以說這應了漢語中"畫龍點睛"
　　　　　　的說法。漢語"瞪"意義爲"眼珠朝上盯著看"、"瞠"意
　　　　　　義爲"睜大眼看"，都同〔IE〕*derk 的意義一致。請參見漢
　　　　　　英對應詞"螭—dragon — drake"詞條。

No.235

draw ——→〔IE〕*dhragh—〔dhr-d 音轉〕〔簡化〕————————→{ dag }

圖 tu ——→〔上古音〕*dag————————————————————→{ dag }

　　　說明：〔IE〕*dhragh 原意義爲"拖，在地上拖（draw, drag on the
　　　　　　ground）"，音義兩方面同漢語"拖（上古音*tar）"、"抽
　　　　　　（上古音*tiog）"兩字十分酷似（請參見漢英對應詞

"抽—drag"詞條）。draw 同時又表示"畫"。漢語"圖"字也表示"畫"（如：使畫工圖其形）。"圖"字的字形意義爲"在規定的框子（口）內畫出村鎮（鄙）的情形"，因此在語源上"圖—draw"音義都極爲相似。參考：在漢語中如同英語的 draw，"畫線"也可稱作"拖線"。

No.236

draw ⟶〔IE〕*dhrag—〔dhr-d 音轉〕⟶⟶⟶⟶⟶⟶⟶→{ dag }

drag ⟶古英語 dragan—〔詞根化〕— drag—〔dr-d 音轉〕⟶⟶→{ dag }

抽 chou ⟶〔上古音〕*tiog —〔t-d 音轉〕〔簡化〕⟶⟶⟶⟶→{ dog }

揄 yu ⟶〔上古音〕*diug —〔簡化〕⟶⟶⟶⟶⟶⟶⟶⟶→{ dug }

　　說明：〔IE〕*dhrag 意義爲"抽、拉（drow, drag）"，漢語"揄"字意義也是"抽、拉"，"揄—抽—draw—drag"四詞音義一致。參考：漢語還有"撤（上古音*tiat）"字同"抽"字在音義上關係較近。

No.237

dread ⟶古英語（ond+）dradan－〔詞根化〕－drad－〔dr-d

　　　　　　　　　　　　　　音轉〕〔d-n 轉〕⟶⟶⟶⟶→{ dan }

憚 dan ⟶〔上古音〕*dan⟶⟶⟶⟶⟶⟶⟶⟶⟶⟶⟶→{ dan }

　　說明：漢語"憚"原意義爲"擔心"，dread 的原意義爲"驚恐（frighten）"，意義上有細微差距，但基本相同。（古英語 ondrandan 中包含詞頭 ond，意義爲"against"，相當於"to"，語義較虛沒有實際意義。）

No.238

dream ⟶〔IE〕*dhreugh—〔dhr-t 音轉〕〔簡化〕⟶⟶⟶⟶→{ teg }

詐 zha ⟶〔上古音〕*tsag—〔ts-t 音轉〕⟶⟶⟶⟶⟶⟶⟶→{ tag }

　　說明：〔IE〕*dhreugh 的意義爲"欺詐（deceive）"。現代印歐語認爲 dream（夢）是一種 "理想" 的代表（I have a dream），但原始印歐語認爲 "夢" 是一種 "欺詐"，dream（夢）來源於〔IE〕*dhreugh（欺詐），同漢語 "詐" 字音義一致。漢語中尚未認爲 "夢" 是 "理想" 的表現，一般認爲 "夢（上古音 *miueŋ）想" 就是 "妄（上古音 *miuaŋ）想"。

No.239

dreg ——〔IE〕*dher*g*—〔dh-t 音轉〕——————————→{ terg }

淅 zi ——→〔上古音〕*tsieg—〔ts-t 音轉〕——————→ { teg }

渣 zha ——→〔上古音〕*tsar—〔ts-t 音轉〕————————→ { tar }

　　說明：〔IE〕*dherg 意義爲 "使～泥混，黑暗（to make muddy, darkness）"，英語 dreg 意義同 "渣、淅" 二字相同。渣淅的顏色，一般都很昏暗（darkness），由此派生 "暗" 的意義。參考：漢字 "澱（上古音 *duen）" 也是 "渣淅" 的意思。請參見漢英對應詞 "黛—dark" 詞條。

No.240

drill ——〔IE〕*tere—〔詞根化〕————————————→{ ter }

錐 zhui ——→〔上古音〕*tiuer —〔簡化〕——————→{ ter }

　　說明：〔IE〕*tere 意義爲 "搓，轉（rub, turn）"。drill 意義爲 "錐，鑽"。漢語 "錐、鑽" 兩字的發音同漢語 "轉（上古音 *tiuan）" 字的語音十分近似（可能由於 "錐" 必須 "轉" 的動作之故）。英語也一樣，drill 和 turn 共一個印歐語古詞根〔IE〕*tere。請參見漢英對應詞 "轉—turn" 詞條。

No.241

drink ——〔IE〕*dhreg—〔dhr-t 音轉〕————————→{ teg }

酒 jiu ——→〔上古音〕*tsiog—〔ts-t 音轉〕〔簡化〕———→{ tog }

榨 zha ——→〔上古音〕*tsag —〔ts-t 音轉〕————————→{ tag }

說明：〔IE〕*dhreg 意義爲"抽、滑（draw, glide）"。漢字"酒"
　　　原意義爲"抽榨出來的液體"（藤堂明保語），同英語的語源
　　　在音義上完全相同。英語 drink 一詞的"飲料"意義或其詞源
　　　的"抽榨"意義都同"酒"字的原始意義相符。參考：漢語
　　　"抽（上古音*tsag），榨（上古音*tsag）、酌（上古音*tick），
　　　酎（上古音*diog，濃酒）"等字都同"酒"字的語音很相近。

No.242

drip ⟶〔IE〕*dhreub—〔dhr-t 音轉〕〔簡化〕—————————→{ teb }

滴 di ⟶〔上古音〕*tek—————————————————————→{ tek }

　　　說明：〔IE〕*dhreub 意義爲"滴、落（drip, fall）"，同漢語"滴"
　　　字音義相近。

No.243

drive ⟶〔IE〕*dhreibh—〔dh-t 音轉〕〔簡化〕——————→{ teib}

teu （=push） ⟶〔IE〕*teu————————————————————→{ teu }

推 tui ⟶〔上古音〕*tiuer—〔簡化〕——————————————→{ tue }

　　　說明：〔IE〕*teu 意義解釋爲"推，刺、打（push stick, beat）"同"推"字
　　　的上古音基本一致，但在現代英語中沒有相應的詞語。〔IE〕
　　　*dhreibh 意義解釋爲"駕駛、推、下〔雪〕（drive, push,
　　　snow）"，其中"push（推）"應該是主要的意義。

No.244

droop ⟶〔IE〕*dhreu—〔dr-d 音轉〕〔簡化〕——————→{ deu }

垂 chui ⟶〔上古音〕*dhiuar—〔簡化〕——————————→{ dua }

墜 zhui ⟶〔上古音〕*diuer —〔簡化〕——————————→{ due }

　　　說明：〔IE〕*dhreu 意義爲"滴、垂（drop, droop）"同漢語"垂"
　　　字音義基本一致。參考：同漢語"垂"字詞源上同系列的字
　　　還有："墮（上古音*duar）、朵（下垂的花或技，上古音*truar）、
　　　錘（上古音*diuar）"等。另外，在英語中"drip（滴），drop

（掉落）"等詞和 droop 也是同源詞。

No.245

drunk→日爾曼古詞根*dreŋken—〔詞根化〕—dreŋ—〔dr-d 音轉〕→{ deŋ }

醒 cheng ──→〔上古音〕*dieŋ —〔簡化〕─────────────→{ deŋ }

　　　說明：漢語 "醒" 意義爲 "喝得泥醉"，音義基本同 drunk 一致。
　　　　　　（drunk 從 drink（飲、飲料）演化而來。）

No.246

duct ──→〔IE〕* deuk—〔k-g 音轉〕〔簡化〕──────────→{ dug }

team ──→（同上）─────────────────────────→{ dug }

導 dao ──→〔上古音〕*dog ─────────────────────→{ dog }

　　　說明：〔IE〕*deuk 意義爲 "領（lead）"，同漢語 "導" 字的上古音
　　　　　　義十分近似。英語 duct 意義爲 "導管"；tean 意義爲 "隊（有
　　　　　　領導者，有跟從者，形成的一連串稱爲 team）"。另外 duke（小
　　　　　　國國王──公爵）意義爲 "領導者"，也來源於這一古詞根。
　　　　　　參考：漢語中有許多同 "導" 字音義相近，如："隊（上古
　　　　　　音*dued）、隨（跟從，上古音*diuar）" 等。

No.247

dull ──→〔IE〕*dheu*l*—〔l-n 音轉〕〔簡化〕───────→{ den }

蠢 chun ──→〔上古音〕*tiuen—〔t-d 音轉〕〔簡化〕───→{ den }

鈍 dun ──→〔上古音〕*duen—〔簡化〕──────────→{ den }

敦 dun ──→〔上古音〕* tuen—〔t-d 音轉〕〔簡化〕────→{ den }

　　　說明：〔IE〕*dheu*l* 原意義爲 "飄揚入雲（rise into cloud）"（該印
　　　　　　歐語古詞根的意義與 "塵—dust" 詞條的音義關聯比較明確，
　　　　　　但與 "dull（愚笨）" 一詞之間的意義關聯不詳）。這裏的
　　　　　　"鈍" 爲 "遲鈍" 的 "鈍"，"敦" 字是 "敦厚" 的
　　　　　　"敦"。語音形式上 "蠢—鈍—敦—dull" 四詞十分一致。請

參見漢英對應詞 "塵—dust" 詞條。

No.248

duo ⟶拉丁語 duo ─────────────────────→{ duo }

重 chong ⟶〔上古音〕*diuŋ ─〔韻尾陰聲化〕──────→{ diu }

　　　說明：拉丁語 duo 意義爲 "二，二重（tow, bi）"。漢語 "重" 原意
　　　　　　義爲人立土堆上很重，當然也包含有重疊的含義。

No.249

dusk ⟶〔IE〕*dheu—〔簡化〕─────────────→{ deu }

沌 dun ⟶〔上古音〕*duen—〔簡化〕──────────→{ den }

　　　說明：〔IE〕*dheu 的意義爲 "飄揚入雲（rise in to cloud）"，進入
　　　　　　雲中，混沌不清。現代英語 dusk 意義爲 "昏暗的"。漢字
　　　　　　"沌" 的意義爲 "糊塗的（混沌、渾沌）"，同印歐古詞根
　　　　　　〔IE〕*dheu 音義頗爲近似。

No.250

dust ⟶〔IE〕*dheul—〔l-n 音轉〕〔簡化〕────────→{ den }

塵 chen ⟶〔上古音〕*dien—〔簡化〕──────────→{ den }

　　　說明：〔IE〕*dheul 原意義爲 "飄揚入雲（rise into cloud）"。漢字
　　　　　　"（塵）" 字的字形也表示鹿群過後，塵土 "上揚" 之意，
　　　　　　漢英之間原始意義完全相同。請參見漢英對應詞 "蒸—
　　　　　　騰—stew—steam" 詞條。

No.251

dwarf⟶日爾曼古詞根*dwergaz—〔詞根化〕—dwerg—〔簡化〕⟶{ dueg }

侏 zhu ⟶〔上古音〕*tiug ─〔t-d 音轉〕──────────→{ diug }

豎 shu ⟶〔上古音〕* dhiug—〔簡化〕───────────→{ diug }

　　　說明：日爾曼古詞根*dwergaz 意義爲 "小矮人（dwerf）"。詞幹 dwerg

的詞尾-g 音在英語中演化成了 f（相同的變化例子有
"enough"）。漢語"侏"意義爲"直立的矮人"，"豎"意
義爲"矮小的奴隸"（同"豎立（直立）"的"豎"不是一
個字）。在"矮小"意義上"侏—豎—dwarf"三詞音義一致。

No.252

dyke ⟶〔IE〕* dhig—〔簡化〕————————————→ { dig }

塘 tang ⟶〔上古音〕* daŋ—〔ŋ-g 音轉〕————————→ { dag }

堤 di ⟶〔上古音〕* teg————————————→ { teg }

瀆 du ⟶〔上古音〕* duk—〔k-g 音轉〕———————→ { dug }

說明：英語"dyke"意義爲"溝、堤"。同一辭彙反應了"溝、堤"
這兩個互爲相反的兩個事物，原因是挖了"溝"，挖出的土
就堆成了"堤"。漢語情況也同樣，"塘，堤"雖意義相反
但語音上卻頗爲相近（只是韻尾不同，一個是-ŋ 尾，一個是
-g 尾，屬"陽入對轉關係"）。另外，"dig（挖）,ditch（溝）"
同 dyke 也是同源詞。參考：英語 dam（來源於日爾曼古詞根
*dammaz〔詞根化〕→dam）一詞同漢語"塘"字音義也很近似。

No.253

eat ⟶〔IE〕* ed —〔d-n 音轉〕————————————→ { en }

嚥 yan ⟶〔上古音〕*an ————————————————→ { an }

說明：〔IE〕*ed 意義爲"吃（eat）"。漢語"嚥"字意義爲"吞下"，
可以理解爲"燕子吃東西"。在英語中"嚥（吞）"和"燕"
也都說成"swallow"，漢英在概念上有共通性。"嚥—eat"
兩詞音義近似。

No.254

echo ⟶〔IE〕*wagh —〔gh-ŋ 音轉〕————————→ { uaŋ }

應 ying ⟶〔上古音〕*iem————————————————→ { iem }

說明：〔IE〕*wagh 意義爲 "反響（resound）"。漢語中有 "山鳴谷應" 一語，"應" 表示 "回答,反響" 的意思。參考："應" 的上古音收 "-m" 尾，但其他時代都收 "-ŋ" 尾。收 "-ŋ 尾則在語音形式上更近似於〔IE〕*wagh"。

No.255

edict ⟶拉丁語（e+）dicere—〔詞根化〕————————→ { dik }

辭 ci ⟶〔上古音〕*dieg—〔g-k 音轉〕〔簡化〕————————→ { dik }

勅 chi ⟶〔上古音〕* tiek —〔t-d 音轉〕〔簡化〕———————→ { dik }

說明：拉丁語 dicere 意義爲 "說（say）"。"辭—勅—dict" 都是 "說、表達" 的意思。dictionary 一詞翻譯成 "辭典" 是十分確切的。另外,漢語 "勅" 是皇帝或大王的 "詔"，有威嚴的含意,因此用 "束" 旁。參考：此外 "旨（上古音*tier,聖旨）" 字同 "勅" 字音義相似。

No.256

eel ⟶日爾曼古詞根*aelaz—〔頭音 ae 脫落〕————————→ { laz }

鱺 li ⟶〔上古音〕*ler————————————————→ { ler }

說明："鱺" 即 "鰻鱺"，也就是 "鰻魚"，和日爾曼古詞根*aelaz（鰻魚）的意義相同。但該日爾曼古詞根在後來的發展中尾音 az 脫落，形成荷蘭語 aal,古諾斯語 all,古英語 ael, el 等（都表示鰻魚）。

No.257

embryo⟶（em+）bro⟶希臘語　bruein—〔br-b 音轉〕
　　　　　　　　　　　　　　　　〔韻尾陰聲化〕〔簡化〕———→{ bue }

胚 pei →〔上古音〕*pueg —〔p-b 音轉〕————————————→{ bueg }

說明：漢語 "胚" 原意義爲 "圓而鼓脹的腹部"。同 "包" 字爲同系列字（請參見漢英對應詞 "包—bag" 詞條）。希臘語 bruein 原意義也爲 "鼓脹（swell）" 意,同漢語 "胚" 字的原始意義一致。

No.258

entertain ──►(enter+)tain──►拉丁語 tenere─〔詞根化〕──────►{ ten }

待 dai──►〔上古音〕*deg ─〔g-ŋ 音轉〕──────────────►{deŋ}

說明：這裏是"款待"的"待"。聲旁"寺"表示手和足，形旁
"彳"表示行爲動作，"待"字意義爲"動手足（以行動）
款待客人"。拉丁語 tenere 意義爲"手持（hold）"，同漢語
"待（款待）"字的基本意義有相似處。

No.259

envelop ──►古法語（en+）voluper（詞源不詳）─〔詞根化〕─

vol ─〔音轉〕〔l-n 音轉〕──────►{ bon }

封 feng ──►〔上古音〕*piuŋ ─〔p-b 音轉〕〔簡化〕──────────►{ buŋ }

說明：古法語 voluper 意義爲"包起來（wrap up）"（詞源不詳）。
漢語"封"字的意義由"封土"而來，原始意義也是"包
藏"。"封─envelop"都由動詞意義"包"發展成現代意義
"信封"。

No.260

equal──►拉丁語 aequaalis─〔詞頭 ae 脫落〕〔詞根化〕─quaal─

〔l-n 音轉〕──────►{ kan }

egall ──► 同上──────────────────────────────►{ kan }

均 jun ──►〔上古音〕*kiuen─〔簡化〕──────────────────►{ ken }

說明：拉丁語 aequaalis 的意義爲"（量·性質·程度的）均等、平等
（equal）"，英語 egall=equal 都是"相等"的意思。漢語"均"
字意義爲"將土地勻成同等高度──平均、平等"（英語 equal
也有"高度相等、平滑"之意）。參考：漢語"勻（上古音
*kiuen）"字同"均──equal"音義關聯性也很強。

No.261

eu- ⟶〔IE〕*esu—〔詞根化〕————————————⟶{ es }

謳 ou ⟶〔上古音〕*ug ————————————————⟶{ ug }

　　說明：〔IE〕*esu 意義爲 "好（good）"，如 eulogy 一詞意義爲 "說
　　　　　好話（speak well of）"。漢語 "謳" 字意義爲 "唱歌"，但
　　　　　總是以 "讚美地唱" 同其他字組成詞。如："謳吟（讚美天
　　　　　子功德）"、"謳者（讚美天子功德）"、"謳歌（讚美天
　　　　　子等的仁政德行）" 等，"謳—eu-" 音義十分近似。

No.262

exhaust→拉丁語（ex+）haurire—〔詞根化〕—haur—〔h-k 音轉〕→{ kaur }

竭 jie ⟶〔上古音〕*giat—〔g-k 音轉〕————————⟶{ kiat }

　　說明：拉丁語 haurire 意義爲 "抽水（draw water）"，同漢語中 "竭
　　　　　澤而漁" 的 "竭（把水抽幹）" 意義相同。參考：不過一說
　　　　　haurire 來源於〔IE〕*aus，本無詞頭音 "h"。不詳。

No.263

exhort ⟶拉丁語（ex+）hortari —〔詞根化〕— hort —〔h-k
　　　　　　　　　　　　　　　　　音轉〕〔t-n 音轉〕————⟶{ kon }

勸 quan ⟶〔上古音〕*kiuan—〔簡化〕———————⟶{ kan }

　　說明：拉丁語 exhortari 意義爲 "勸"、其中 "ex-" 爲加強語氣的接
　　　　　頭辭。hortari 意義爲 "使發生欲望（cause to desire）"，同漢
　　　　　語 "勸" 字的基本意義相似。

No.264

Expand ⟶（ex+）pand→拉丁語 pandere—〔詞根化〕—
　　　　　　　　　　　　pand—〔nd-n 音轉〕————————⟶{ pan }

pandiculation ⟶（同上）————————————————⟶{ pan }

膨 peng ⟶〔上古音〕*baŋ—〔b-p 音轉〕——————⟶{ paŋ }

說明：拉丁語 pandere 意義爲 "普開、伸展（spread, stretch）"。漢語 "膨" 意義爲 "向周圍伸展變大（如 "膨脹"＝放、張）。"膨—pand" 基本意義都是 "伸展"，是音義相當一致的漢英對應詞。參考：另外英語 bump 一詞除了表示撞擊聲外也表示 "膨脹" 之意，同 "膨" 字的音義也頗爲近似。

No.265

fact ⟶拉丁語 factum—〔詞根化〕—fact—〔f-p 音轉〕〔簡化〕⟶{ pat }

閥 fa ⟶[上古音]*biuat —〔b-p 音轉〕〔簡化〕⟶{ pat }

說明：fact 的意義爲 "業績（deed, something done）"，後轉義爲 "事實"。漢語 "閥" 原意義爲 "功績"，後引申爲 "地位高（如 "閥族，閥閱"）等,在語源的意義上 "閥—fact" 是音義兩方面都對應的對應詞。參考：至於 "党閥、軍閥" 的 "閥（即派別）" 是引進日語辭彙時進入漢語的日語派生用法。後來又在音譯 valve 一詞時又産生了 "閥門" 之意。這些都不是 "閥" 字的原始意義。

No.266

faecula ⟶拉丁語 faex—〔f-p 音轉〕〔x-k 音轉〕〔簡化〕⟶{ pek }

粕 po ⟶〔上古音〕*pak⟶{ pak }

說明：拉丁語 faex 意義爲 "沈澱物（dregs）"，通漢語 "粕" 字音義一致。現代英語 faecula 意義爲 "糞"。參考：漢語 "糞（上古音*piuen）" 字原意義爲 "雙手（共）撒（米田）出去的東西"。同 faecula 一詞的詞源意義稍有差別，但語音形式比較近似。

No.267

faith ⟶〔IE〕*bheidh—〔bh-p 音轉〕〔簡化〕⟶{ peid }

必 bi ⟶〔上古音〕*piet⟶{ piet }

說明：〔IE〕*bheidh 意義爲 "勸、信（persuade, trust）"，其中 "信"
　　　意義同漢語 "必" 字有一定的關聯性（信必），語音也十分近
　　　似。

No.268

fall ⟶〔IE〕* pol⟶⟶⟶⟶⟶⟶⟶⟶⟶⟶⟶⟶⟶{ pol }

踣 bo ⟶〔上古音〕*pug—〔g-u 音轉〕⟶⟶⟶⟶⟶⟶⟶{ pug }

　　說明：英語 fall 也作 "跌倒" 解，同漢語 "踣（跌倒）" 字音義較爲
　　　　　近似。參考：另外 "瀑（上古音*buk, 意義爲 wate fall）字"
　　　　　指水 "落下" 同〔IE〕* pol 音義也有些近似。

No.269

fart ⟶〔IE〕*perd⟶⟶⟶⟶⟶⟶⟶⟶⟶⟶⟶⟶{ perd }

fist ⟶〔IE〕*pezd—〔zd-d 音轉〕⟶⟶⟶⟶⟶⟶⟶{ ped }

屁 pi ⟶〔上古音〕*pied⟶⟶⟶⟶⟶⟶⟶⟶⟶⟶{ pied }

　　說明：〔IE〕*perd 和〔IE〕*pezd 都表示 "屁（fart）"，
　　　　　"屁—fart—fist" 三詞在語源上音義完全一致。

No.270

fat ⟶〔IE〕*peie —〔簡化〕⟶⟶⟶⟶⟶⟶⟶⟶⟶⟶{ pei }

肥 fei ⟶〔上古音〕*biuer—〔b-p 音轉〕〔簡化〕⟶⟶⟶⟶{ pie }

　　說明：〔IE〕*peie 的原意義爲 "肥、腫（fat，swell）" 同漢語 "肥"
　　　　　字音義基本相同。

No.271

father ⟶〔IE〕* pater—〔詞根化〕⟶⟶⟶⟶⟶⟶⟶⟶{ pat }

papa ⟶〔IE〕*papa —〔詞根化〕⟶⟶⟶⟶⟶⟶⟶⟶{ pap }

父 fu ⟶〔上古音〕*biuag—〔b-p 音轉〕〔簡化〕⟶⟶⟶{ pag }

爸 ba ⟶〔上古音〕*buag—〔b-p 音轉〕〔簡化〕⟶⟶⟶⟶{ pag }

說明："爸，媽"兩詞的發音萬國共通。"爸，papa"基本保持了古音，而"父，father"應該是演化出來的今音（詞頭音由原來的 p-變成了 f-）。參考：看來漢語"古無輕唇音"（即"遠古沒有唇齒音 f"之意），"只有重唇音（即雙唇音 p）"的定律所表明的由 p 音向 f 音演變的情況，在印歐語中也是相當相似的。在語源上，現代英語的 f 音，在印歐語古詞根中往往相應地都是 p 音。另外，請參見漢英對應詞"母—mother"詞條。

No.272

fatigue ⟶fat+（igue 行動）→ 拉丁語 fatis —〔詞根化〕—

fat —〔f-p 音轉〕⟶{ pat }

乏 **fa** ⟶〔上古音〕*biat —〔b-p 音轉〕〔簡化〕⟶{ pap }

　　　說明： 拉丁語 fatis 意義爲"竭盡（exhaustion）"，fatigue 意義爲"竭力而作→疲乏"。漢語"乏"意義爲"竭盡氣力而疲"，漢英之間音義相近。

No.273

favour ⟶〔IE〕*bheue—〔bh-p 音轉〕〔簡化〕⟶{ peu }

福 **fu** ⟶〔上古音〕*piuek—〔簡化〕⟶{ puek }

　　　說明：〔IE〕*bheue 的原始意義一般解釋爲含義比較廣泛的意義"是，存在（be, exist）"。而拉丁語中 favor 意義爲"好意、恩寵、贈物、恩賜、便利"等，同漢語"福"字的意義"神所惠賜的豐足、幸運"較爲相近。參考：英語 fortune（幸運一詞的詞根"fort（〔f-p 音轉〕⟶port）"同"福"字的上古音也比較接近。

No.274

fawn ⟶〔IE〕*pek—〔k-ŋ 音轉〕⟶{ peŋ }

fain ⟶同上⟶{ peŋ }

奉 feng ──→〔上古音〕**biuŋ** ─〔**b-p** 音轉〕〔簡化〕─────────→{ **puŋ** }

　　說明：〔IE〕**pek** 意義爲 "使愉快（make pretty）"。漢語 "奉" 原

　　　　　意義爲 "捧"，"奉承" 一詞是下屬對上司的 "捧場，使之

　　　　　愉快"。"奉" 字在這裏是抽象意義的 "捧場"，實際意義

　　　　　爲 "使愉快"。

No.275

feather ──→〔IE〕**pete**─〔詞根化〕──────────────→{ **pet** }

翡 fei ──→〔上古音〕**piuer** ─〔簡化〕─────────────→{ **per** }

　　說明：〔IE〕**pete** 意義爲 "沖、飛（rush, fly）"。漢語 "翡" 字意

　　　　　義爲 "十分鮮豔的鳥翅"。英語 feather 原意義爲 "鳥翅"

　　　　　（"羽毛" 是後起意義），和 "翡" 字意義基本一致。參考：

　　　　　值得說明意的是，"飛—翡" 兩字上古音發音相似，而英語

　　　　　"fly—feather" 兩詞也同出於一個印歐語古詞根。看來

　　　　　"飛—翡—feather—fly" 這四個詞語源上十分近似。請參見

　　　　　漢英對應詞 "飛—fly" 詞條

No.276

feel ──→〔IE〕**pol**─〔**p-b** 音轉〕─────────────→{ **bol** }

palpate ──→（同上）──────────────────────→{ **bol** }

摸 mo ──→〔上古音〕**mbog** ─〔**mb-b** 音轉〕─────────→{ **bog** }

摩 mo ──→〔上古音〕**mbua** ─〔**mb-b** 音轉〕─────────→{ **bua** }

　　說明：〔IE〕**pol** 意義爲 "觸摸、感受（touch, feel）"。英語 feel

　　　　　的原始意義主要是 "觸摸"，因此 "摸—摹—feel—palpate"

　　　　　在語源上音義比較相近。參考：另外漢語 "捫（上古音

　　　　　mbuen）" 字也是 "觸摸" 之意，如 "捫心自問"，同〔IE

　　　　　〕**pol** 在語音形式上更爲接近。

No.277

female ──→拉丁語 femina─〔詞根化〕─fem─〔f-b 音轉〕────→{ bem }

牝 pin ──→〔上古音〕*bien─〔簡化〕──────────→{ ben }

說明：拉丁語 femina 意義爲 "婦女（woman）"。漢語 "牝" 字僅
僅表示雌性，和現代英語 female 意義相近。請參見漢英對應
詞 "牡─male" 詞條。

No.278

fence ──→中世英語 fens─〔f-p 音轉〕〔s 脫落〕───────→{ pen }

樊 fan ──→〔上古音〕*biuan─〔b-p 音轉〕〔簡化〕──────→{ pan }

防 fang ──→〔上古音〕* biuaŋ─〔b-p 音轉〕〔簡化〕─────→{ paŋ }

說明：中世英語 fens 意義爲 "防禦、圍牆"，意義上同 "樊" 字的
"籬巴，籠子" 意義較近。"樊─防─fence" 三詞基本意義
都是 "防禦、圍牆"，因此是音義一致的對應詞。參考：在
古英語中 fens 用 "beorg" 一詞表達,同漢語 "防（上古音
*biuaŋ）" 字的上古音更爲接近。

No.279

fend ──→〔IE〕*gwhen─〔gwh-h 音轉〕──────────→{ hen }

干 gan ──→〔上古音〕*kan─〔k-h 音轉〕─────────→{ han }

說明：〔IE〕*gwhen 的意義爲 "出擊（strike）"，通過在拉丁語階
段的[gwh─f 音轉]成爲 fendere。漢語中 "干" 同 "犯" 有相
同的義項，都可以解釋爲 "出擊"（有 "干犯" 同說的用
法）。"干" 相當於*gwhen，"犯" 相當於 fendere。漢字 "干"
的甲骨文如同樹杈 "丫" 中間加一橫而成，是出擊（如 "干
犯"）和防守（如 "干戈"，其中 "干" 指盾，是防守武器）
兩用的武器。這樣漢語中 "干" 字有兩個意義：1.有時表示
"出擊"，同 "犯" 字同義；2.有時表示 "防衛"，同 "捍"
字音義一致。另外，英語 defend 是：de（反）+fend（犯）=

"防守"，但在現代英語中該詞常常省略"d-"，單獨的 fend 有時被理解爲"防守"。這樣 fend 便具有"防·犯"這兩個相反的義項。漢語中"防·犯"兩字也一樣，雖意義相反，但語音十分近似。參考：漢語"防衛"又稱"捍（上古音*han）衛"。請參見漢英對應詞"犯——fend"詞條。

No.280

fend ——→拉丁語 fendere—〔詞根化〕——————————→{ fen }

犯 fan ——→〔上古音〕*biuam—〔b-f 音轉〕———————→{ fam }

　　　說明：拉丁語 fendere 意義爲"出擊（strike）"，和"犯"字音義基本一致。拉丁語"de+fende——→defende"意義爲"防衛"，後世詞頭脫落，fend 便單獨表示"防衛"。現代英語中 fend 的派生詞常用的有"defend（防衛），offend（冒犯），fend（防衛）"。拉丁語 fendere（出擊）的進一步詞源是語音上距離頗大的印歐古詞根〔IE〕*gwhen。請參見漢英對應詞"干——fend"詞條。

No.281

field ——→〔IE〕*pele—〔詞根化〕——pel—〔1-n 音轉〕————→{ pen }

畈 fan ——→〔上古音〕* piuan—〔簡化〕————————→{ pan }

　　　說明：〔IE〕*pele 意義爲"平的、鋪開的（flat, spread）"，反映了"大地（field）"的特徵。古漢語"畈（fan）"字留存在方言口語中，表示"田地"，和 field 意義相同。現"畈"字多用於鎮名。

No.282

fine ——→晚期拉丁語 finus—〔詞根化〕—fin—〔f-p 音轉〕——→{ pin }

彬 bin ——→〔上古音〕*pien—〔簡化〕————————→{ pin }

　　　說明：漢語"彬"意義爲"物體排列整齊而美好"，拉丁語 finus 意義爲"美好，純粹（fine, pure）"，意義基本相通。

No.283

finish ──→拉丁語 figere──〔詞根化〕──fig──〔f-p 音轉〕────────→ { pig }

fix ──→（同上）────────────────────────────→ { pig }

畢 bi ──→〔上古音〕*piet──〔簡化〕────────────────→ { pit }

　　　說明：漢語 "畢" 字的字形意義爲 "抓鳥獸的有柄的網"。從 "毫
　　　　　無縫隙全部抓獲，事情確定完了" 之意義而轉義爲 "完
　　　　　了"。拉丁語 "figere" 原意義爲 "事物已固定（sonething fixe,
　　　　　firmly set）" 後轉而成爲 "完了" 之意，漢英的語源意義基
　　　　　本相同，都發展成 "完了" 的意思，真是異曲同工。

No.284

fire ──→〔IE〕*per──〔r-n 音轉〕─────────────────→{ pen }

烽 feng ──→〔上古音〕*piuŋ──────────────────────→{ puŋ }

　　　說明：〔IE〕*per 的意義爲 "火（fire）"。漢語 "烽" 字的意義爲
　　　　　"烽火"，其詞源解釋據藤堂明保氏的說法是：烽同峰皆爲
　　　　　三角形△（據稱烽煙呈現三角形），故稱 "feng"，此說似不
　　　　　可取。上古期，中國的周氏族由西向東發展，"烽" 極可能
　　　　　就是來自西方語言的 "火"（〔IE〕*per）。參考：Hittite 語 pahhur
　　　　　（火）以及梵語 pavaka（火）中皆有 h 或 k 音，基本上和 "烽
　　　　　（上古音*piuŋ）" 字中的-ŋ 尾相對應〔h/k-ŋ 音轉〕。

No.285

flagrant ──→拉丁語 flagrare──〔詞根化〕--flag──〔fl-p 音轉〕────→{ pag }

票 piao ──→〔上古音〕*piog──〔簡化〕──────────────→{ pog }

　　　說明：現代英語 flagrant 一般用於 "芳香" 的意義，但古拉丁語的詞
　　　　　根 "flagr-" 表示 "燃燒（burn）、火舌" 等意義。可能是由於
　　　　　花的 "芳香" 同 "花的盛開" 或者說 "花像燃燒一樣的盛
　　　　　開" 有必然關係而產生的引申義。　漢語 "票" 字現代表示
　　　　　"單據、憑證"，這和 "票" 字的原始意義無關係，是假借

的結果。"票"字的原始意義爲"燃燒"，上半部的"西"
字原爲"要"字，表示讀音；下半部"示"字是"火"字的
訛寫，表示意義。"票——flagrant"原始意義都表示"燃
燒"，音義一致。

No.286

fleet	——〔IE〕*pleud—〔pl-b 音轉〕—————————————————→	{ beud }

筏 fa ——〔上古音〕*biuat—〔t-d 音轉〕〔簡化〕————————————→{ buad }

　　說明：〔IE〕*pleud 的意義爲"移動、漂浮（move, float）"，英語
　　　　　fleet 從"漂浮"演化而來，成爲古英語中的"船"和現代英
　　　　　語的"艦隊"。漢語"筏（*biuat）"同"浮（*biog）"的上
　　　　　古音較爲接近，看來和英語 fleet（船）來源於 flow（浮）一
　　　　　樣，"筏"很可能也來源於"浮"。"筏"是最原始的浮在
　　　　　河上的船。請參見漢英對應詞"浮—漂—float--flow"詞條。

No.287

flick ——→（詞源不詳）flick —〔fl-p 音轉〕————————————→{ pik }

拂 fu ——→〔上古音〕*piuet—〔簡化〕————————————————→{ pet }

　　說明：英語 flick 有"輕輕鞭打"、"輕輕拂去"之意，第二種意義
　　　　　同漢語"拂"字完全相同。

No.288

float ——→〔IE〕*pleud—〔pl-p 音轉〕————————————————→{ peud }

flow ——→（同上）————————————————————————————→{ peud }

浮 fu ——→〔上古音〕*biog—〔b-p 音轉〕————————————————→{ piog }

漂 piao ——→〔上古音〕*piog————————————————————————→{ piog }

　　說明：〔IE〕*pleud 意義爲"移動（moves）"。float, flow 和"漂、
　　　　　浮"字都表示在水中的移動，音義一致。參考：另外和"float"
　　　　　同源的還有"flutter"表示空中的"飄動"。

No.289

flood ──→〔IE〕*pleu*d* ─〔pl-p 音轉〕〔d-n 音轉〕────────→{ peun }

泛 fan ──→[上古音]* biam─〔b-p 音轉〕──────────────→{ piam }

說明：〔IE〕*pleud 意義爲 "流（flow）"，同漢語 "泛濫" 的 "泛"
字音義基本相同。

No.290

flower ──→〔IE〕*bhel─〔bh-p 音轉〕──────────────────→{ pel }

葩 pa ──→〔上古音〕*pag────────────────────────→{ pag }

說明：〔IE〕*bhel 意義爲 "旺盛、盛放（thrive ,bloom）"。
"葩—flower" 語音語義上相當近似。

No.291

fly ──→〔IE〕* pete─〔詞根化〕────────────────────→{ pet }

飛 fei ──→〔上古音〕*piuer─〔簡化〕────────────────→{ per }

說明：〔IE〕*pete 意義爲 "沖，飛（rush, fly）" 和漢語 "飛" 字的
意義基本一致，語音較爲近似。請參見漢英對應詞
"翡—feather" 詞條。

No.292

foam→〔IE〕*spoimo─〔詞根化〕─spoim─〔s 脫落〕〔m-p 音轉〕→{ pop }

froth ──→日爾曼古詞根*frauth─〔fr-p 音轉〕〔簡化〕────→{ paut }

泡 pao ──→〔上古音〕*pog────────────────────→{ pog }

說明：〔IE〕*spoimo 和日爾曼古詞根*frauth 意義都是 "泡（foam）"。
"泡—foam—froth" 三詞在語音形式上都是 "p/f+母音"，基
本相似。（請參見漢英對應詞 "包—bag" 詞條。）

No.293

foil ──→〔IE〕* bher─〔簡化〕──────────────────→{ ber }

薄 bo ──→〔上古音〕*bak────────────────────→{ bak }

箔 bo ──→〔上古音〕*pak─〔p-b 音轉〕──────────→{ bak }

　　　說明：〔IE〕*bher 原意義爲"花開、葉片"之意。漢語"薄"字一
　　　　　　般作形容詞用，作名詞時多寫作"箔"，同英語 foil 意義相
　　　　　　同。參考："箔"字原意義還有"竹簾"之意。

No.294

fold ──→〔IE〕*pel─〔l-n 音轉〕───────────────→{ pen }

翻 fan ──→〔上古音〕*piuan─〔簡化〕─────────────→{ pan }

　　　說明：〔IE〕*pel 的原意義爲"翻（fold）"。fold 同漢語的"翻"
　　　　　　字及翻的結果"番（如翻了兩番=twofold）"字音義皆相近。

No.295

food ──→〔IE〕*pad────────────────────────→{ pad }

feed ──→（同上）───────────────────────→{ pad }

foster ──→日爾曼古詞根*foth ─〔f-p 音轉〕〔th-d〕───────→{ pod }

飯 fan ──→〔上古音〕*biuan─〔b-p 音轉〕〔n-d 音轉〕〔簡化〕──→{ pad }

哺 bu ──→〔上古音〕*bag─〔b-p 音轉〕─────────────→{ pag }

　　　說明：〔IE〕*pad 原意義爲"喂（feed）"，名詞意義爲"food"，同
　　　　　　漢字"飯"的音義基本對應。漢語"哺"字有兩個意義：（1）
　　　　　　"含在嘴裏的食物"，相當於英語"food"；（2）"喂孩子"，
　　　　　　相當於英語"feed"，其基本意義及語音都和〔IE〕*pad 相
　　　　　　似。日爾曼古詞根*foth 意義爲"食物（food）"和英語 food
　　　　　　近源。英語 foster（撫養）同漢語"哺"字在音義上也有相似
　　　　　　性。漢語中養活下一輩稱"撫養"。這同人類用口將食物"哺
　　　　　　育"嬰兒的行爲方式有關 。

No.296

fool ──→〔IE〕*bhel ─〔l-n 音轉〕〔簡化〕────────────→{ ben }

blunt──→(詞源不詳)中世英語 blunt─〔bl-b 音轉〕〔nt-n 音轉〕→{ bun }

笨 ben ──→〔上古音〕*buen─〔簡化〕──────────→{ ben }

> 說明：〔IE〕*bhel 原意義爲 "吹起來的，中空的袋子"。漢語 "笨"
> 字是竹字頭，粗竹子沈重而中空，同英語 fool 的詞源意義可
> 謂是異曲同工。blunt 的原始意義爲 "（人心等的）愚鈍、笨"
> （作爲刀刃等的 "鈍" 的解釋是其後起的意義）。漢語中 "遲
> 鈍" 一詞也表示 "笨" 的意思。

No.297

foot ──→〔IE〕*ped──────────────────→{ ped }

ped ──→（同上）────────────────────→{ ped }

pawn ──→（同上）───────────────────→{ ped }

pace ──→〔IE〕*pete ─〔詞根化〕──────────→{ pet }

步 bu ──→〔上古音〕*bag ─〔b-p 音轉〕────────→{ pag }

> 說明：作爲動詞 "步" 同 pace 意義最爲接近。作爲名詞 "foot—步"
> 皆可丈量長度。ped 作構詞成分同 "foot(腳)" 意義相同（如：
> pedal=踏腳板、peddle=跑擔幫）。pawn 是 "ped〔d-n 音轉〕"
> 的結果，在棋子中作 "步兵" 解釋。請參見漢英對應詞
> "發—pete" 詞條。參考：漢語 "荊（上古音*biuer）" 字意
> 義爲 "斬腳刑"，和 "腳" 有關，語音也同〔IE〕*pete 以及
> 〔IE〕*ped 頗爲近似。

No.298

forehead ──→（fore+）head→〔IE〕* caput─〔詞根化〕──────→{ kap }

額 e ──→〔上古音〕ŋak ─〔ŋ-k 音轉〕──────────→{ kak }

> 說明：〔IE〕*caput 意義爲 "頭（head）"。漢語中同 "額" 近音的
> 還有 "顎（上古音*ŋak）" 字。"額+顎" 基本上符合 "頭"、
> "面" 概念所表示的範圍。

No.299

foreign ⟶古拉丁語*fora—[詞根化]—for—〔f-p 音轉〕————→{ por }

扉 fei ⟶〔上古音〕*piuer—〔簡化〕—————————→{ pur }

　　說明：古拉丁語*fora 意義爲 "門，門闥（door）"，和漢語 "扉"
　　　　　字意義完全一致。"foreign" 意義爲 "扉外的" 即門外的，
　　　　　轉義爲 "外國的"。請參見漢英對應詞 "闥—door" 詞條。

No.300

foster ⟶日爾曼古詞根*foth—〔f-p 音轉〕〔簡化〕————→{ pot }

撫 fu ⟶〔上古音〕*piuag—〔簡化〕—————————→{ pag }

　　說明：日爾曼古詞根*foth 意義爲 "食物（food）" 和英語 food 近源。
　　　　　英語 food 同漢語 "哺" 字也有對應的關係（請參見漢英對應
　　　　　詞 "哺—food" 詞條）。漢語中養活老人稱 "瞻養"，養活下
　　　　　一輩才稱 "撫養"。這同人類用口將食物 "哺育" 嬰兒的行
　　　　　爲方式可能有關。英語 foster 同 food 近源，同樣漢語 "撫—
　　　　　哺" 兩字在詞源語音上也有相似性。"撫—foster" 之間音義
　　　　　相近。

No.301

fragrant ⟶〔IE〕*bhrag—〔bhr-p 音轉〕〔g-k 音轉〕————→{ pak }

馥 fu ⟶〔上古音〕*biuek —〔b-p 音轉〕〔簡化〕————→{ pek }

芳 fang ⟶〔上古音〕*pian—〔ŋ-k 音轉〕〔簡化〕————→{ pak }

　　說明：〔IE〕*bhrag 原意義爲 "嗅聞（smell）"，現代英語 fragrant
　　　　　意義爲 "芬芳的"。語音形式上 "馥—芳—fragrant" 三詞基
　　　　　本一致，詞義也相同。參考：一說漢語中 "芬芳" 從字體解
　　　　　析來看可以解釋爲 "香氣從植物中分散釋放開來" 即 "分
　　　　　放"。但這種解釋可能是 "由音造字，由字釋義" 造成的,不
　　　　　足取。

No.302

fraud—→拉丁語 fraudem—〔詞根化〕—fraud—〔fr-p 音轉〕

〔d-n 音〕〔簡化〕——→{paun}

false ——→拉丁語 fallare—〔詞根化〕—fall—〔f-p 音轉〕〔l-n 音〕→{ pan}

騙 pian ——→〔上古音〕*pian—〔簡化〕————————→{ pan}

說明：拉丁語 fraudem 意義爲 "騙（fraud）"（進一步詞源則不詳），
拉丁語 fallare 意義爲 "欺騙（deceive）"。另外英語 fool（笨）
也表示 "騙" 的意義。"騙—fraud—fool" 三詞語音形式相似，意
義一致。參考："騙" 字有可能由 "諞（pian,上古音*bian）" 字
訛轉而來。

No.303

frequent ——→〔IE〕*bhrek—〔bhr-b 音轉〕〔k-ŋ 音轉〕————————→{ beŋ }

頻 pin ——→〔上古音〕*bien—〔簡化〕————————→{ ben }

說明：〔IE〕*bhrek 意義爲 "塞在一起（cram together）"，frequent
意義爲 "接連的，頻頻的"。漢語 "頻" 字表示 "事物不間
隔地連續發生"，同〔IE〕*bhrek 的意義有一定的相關性,同
現代英語 frequent 意義基本一致。

No.304

friend—→日爾曼詞根 *frijaz —[詞根化] — frij —〔fr-p 音轉〕

[j-d-n 音 轉]————→{ pin }

朋 peng ——→〔上古音〕*peŋ ————————————→{ peŋ}

說明：日爾曼詞根* frijaz 意義爲 "相愛的（beloved）"（一說 friend
的詞尾 nd 是名詞分詞詞尾, 表示 "～的人"）。漢字 "朋" 字
的字形爲兩串同量的貝殼並挂著，意義爲 "同等姿態，並肩
的友人"，可能是由 "比（上古音*pier）" 字的韻尾陽聲化
而來。漢英之間在語源意義的解釋上存在著差異，但語音形
式上和詞義上都頗爲一致。

No.305

fugitive ——→〔IE〕*bheug—〔簡化〕————————————→{ beug }

flee ——→〔IE〕*pleu—〔pl-b 音轉〕————————————→{ b e u }

逋 bu——→〔上古音〕*pueg—〔p-b 音轉〕————————————→{ bueg }

　　　　說明：漢字"逋"意義爲"逃亡"，其上古音同印歐語古詞根〔IE
　　　　　　　〕*bheug 幾乎完全一致。另外，"refuge（逃回）"一詞中也
　　　　　　　含詞根"fuge（逃，逋）"。（英語 flee 也表示"逃走"，但
　　　　　　　其詞源是〔IE〕*pleu，意義爲"漂走（flow）"，同漢英對
　　　　　　　應詞語"漂—浮—flow"相似。"逋—fugitive"、"漂—
　　　　　　　浮—flow"這兩組漢英對應詞之間有較爲相近的近源關係。）

No.306

funeral ——→中古拉丁語 funs—〔f-p 音轉〕〔簡化〕————————→{ pun }

殯 bin ——→〔上古音〕*pien—〔簡化〕————————————→{ pen }

　　　　說明："殯—funeral"都是埋土前將死者入棺安置的儀式。漢語中
　　　　　　　"殯"同"窆"有分別，"窆"爲入棺下土,即"下葬"。請
　　　　　　　參見漢英對應詞"埋—窆—bury"詞條。

No.307

fur ——→〔IE〕*pa————————————————————→{ pa }

fell ——→〔IE〕*pel ————————————————————→{ pel }

film ——→（同上）————————————————————→{ pel }

皮 pi ——→〔上古音〕*biar —〔b-p 音轉〕〔簡化〕————————→{ par}

　　　　說明：〔IE〕*pa 意義爲"哺喂，防衛（feed，protect）"。由"防衛"
　　　　　　　意義演化出來的英語"fur"同漢語字"皮"字音義相似。〔IE
　　　　　　　〕*pel 及英語 fell 意義爲"皮、革（skin, hide）"，同"皮"
　　　　　　　字音義更是一致。同源的 film 在漢語中一般解釋爲"膜
　　　　　　　片"。（請參見漢英對應詞"披—peel"詞條。漢語中"皮"
　　　　　　　和"毛"在音義上似乎也有關聯。）

No.308

gab ⟶〔詞源不詳〕—〔g-k 音轉〕——————————————→{ kab }

嗑 ke ⟶〔上古音〕*kap—〔p-b 音轉〕————————————→{ kab }

　　說明：英語 gab 意義爲 "喋喋不休地說"，原始意義爲 "嘲諷"，
　　　　　詞源不詳。漢語 "嗑" 字有兩個意義：1.嘴上下合閉；2.喋喋
　　　　　不休地說。

No.309

gang ⟶〔IE〕*ghengh —〔ngh-ŋ 音轉〕〔簡化〕——————→{ geŋ }

竄 chuan ⟶〔上古音〕*kiuan—〔k-g 音轉〕〔簡化〕————→{ gaŋ }

　　說明：〔IE〕*ghengh 原意義爲 "去、走（go, voalk）"。英語 "gang"
　　　　　古意義爲 "行路"。漢語的 "竄" 是 "走、亂走" 的意思，
　　　　　如 "竄馬路"。參考：值得注意的是，"去（上古音*kiag）=
　　　　　〔IE〕*ghe"、"竄（上古音* kiuan）=〔IE〕*ghengh"，其
　　　　　中，"去、竄" 韻尾互爲陰陽，而 "〔IE〕*ghe 和〔IE〕*ghengh"
　　　　　韻尾也互爲陰陽。請參見漢英對應詞 "去—go" 詞條。

No.310

gape —〔IE〕*ghai*p* —〔gh-k 音轉〕〔簡化〕—————→{ kap }

gap ⟶（同上）————————————————————→{ kap }

峽 xia ⟶〔上古音〕*hap—〔h-k 音轉〕——————————→{ kap }

　　說明：〔IE〕*ghai*p* 意義爲 "開裂，大開口（gape, yawn）"，英語
　　　　　gap 意義爲 "裂縫，山與山之間的凹口"，同 "峽" 字音義很
　　　　　近似。gap 來源於 gape（張開口）。

No.311

garlic ⟶古英語 gar（+lic）⟶〔IE〕*ghaiso —〔詞根化〕
　　　　　　　　　　　　　—ghais—〔k-g 音轉〕〔簡化〕————→{ kas }

戈 ge ⟶〔上古音〕*kuar—〔簡化〕——————————————→{ kar }

鉤 gou ⟶〔上古音〕*kug————————————————⟶ { kug }

> 說明：〔IE〕*ghaiso 意義爲"刺（stick）"，古英語 gar 意義爲"矛
> 槍"，屬兵器，同漢語兵器"戈、鉤（古一作句）"音義接
> 近。"鉤（句）"同兵器 gar 雖在頭部形狀上有所不同，但都
> 屬於矛槍類。

No.312

gate ⟶〔IE〕*ghed—〔gh-k 音轉〕————————⟶ { ked }

穴 xue ⟶〔上古音〕*huet—[h-k 音轉]〔簡化〕————⟶ { ket }

闕 que ⟶〔上古音〕*kiuat—〔簡化〕————————⟶ { kat }

關 guan ⟶〔上古音〕*kuan—〔n-d 音轉〕〔簡化〕———⟶{ kad }

> 說明：[IE]*ghed 原意義爲"穴（hole）"，而英語 gate 意義爲"門
> 洞"，和漢語"闕"字音義完全相同。漢語"關"字意義爲
> "將門栓插入兩扇門的小洞，將其栓起來"，其中也有"洞"
> 的含義，所以"闕"也稱"門關"。因此，"穴—闕—
> 關—gate"四詞從原意義"洞穴、缺口"到表示"門、關
> 口"，音義兩方面都是一致的，極其酷似。

No.313

gather ⟶〔IE〕*ghedh—〔簡化〕————————⟶ { ged }

會 hui ⟶〔上古音〕*huad—〔h-g 音轉〕〔簡化〕———⟶{ gad }

> 說明：〔IE〕*ghedh 意義爲"集合（unite）"，同漢語"會"字音義
> 完全一致，如出一轍。參考：漢語另有"薈（上古音*huad，
> 草木集中而旺盛）"、匯"（上古音*huer，水迴旋於低處而
> 聚集）"等字同"會"字音義相似，是近源字。

No.314

gauge⟶法蘭克語* galga⟶〔IE〕*ghalgh—〔g-k 音轉〕〔簡化〕⟶{ kag }

規 gui ⟶〔上古音〕*kiueg—〔簡化〕————————⟶ { keg }

說明：〔IE〕*ghalgh 意義爲 "棒，分枝（rod, branch）"。漢語 "規"
意義爲 "圓規（compass）"，是 "兩根棒交叉成分枝狀的器
具"，同 gauge 的詞源意義一致。現代漢語 "規" 和 gauge
相同都有 "標準（規範）" 的意義。參考：同 gauge 的 "計
測器具" 意義相應的漢語爲 "儀（上古音*ŋiar〔ŋ-g 音轉〕→
giar）" 字，同 "規" 字的語音也有些近似。

No.315

gaze ⟶古諾斯語 ga—〔g-k 音轉〕⟶⟶⟶⟶⟶⟶⟶→ { k a }
睽 kui ⟶〔上古音〕*kuer〔簡化〕⟶⟶⟶⟶⟶⟶⟶→ { ker }

說明：古諾斯語 ga 意義爲 "注視（heed）"。漢語 "睽" 字有相反
的兩個意義：（1）目不相視,如 "睽離（背離）" 一詞；（2）
注視,如 "衆目睽睽" 一詞。意義（2）同 "gaze" 意義極爲相
近。

No.316

gene ⟶〔IE〕*gen ⟶⟶⟶⟶⟶⟶⟶⟶⟶⟶→ { gen }
元 yuan ⟶〔上古音〕*ŋiuan—〔ŋ-g 音轉〕〔簡化〕⟶⟶→ { gan }
源 yuan ⟶〔上古音〕*ŋiuan—〔ŋ-g 音轉〕〔簡化〕⟶⟶→ { gan }

說明：〔IE〕*gen 的意義爲 "産生（to give birth to）"。英語 gene
意義爲生命起源的 "基因"。漢語 "元" 字作爲名詞用是 "頭・
首" 的意思；作爲動詞使用時是 "起始" 的意思，和印歐古
詞根〔IE〕*gen 的意義相近。另外，漢語 "源（上古音*ŋiuan）"
字也有 "産生" 意義，一般可以將 "産生於～" 說成 "源於
～"。"元—源—*gen" 音義十分一致。參考：漢語 "根"
字是植物的生命之源（根源），同 "源—元" 在音義上極可能
同源。

No.317

get ⟶〔IE〕*ghe(n)d──〔d-t 音轉〕〔簡化〕─────────────→{ get }

hint →古英語 hentan〔詞根化〕─hent─〔h-g 音轉〕〔nt-t 音轉〕→{ get }

擷 xie ⟶〔上古音〕*het─〔h-g 音轉〕──────────────→{ get }

　　說明:〔IE〕*ghe(n)d 的意義爲 "抓、拿(seize, take)"。漢語 "擷"
　　　　字意義爲用手指 "抓住",進而表示 "採摘"。現代英語 hint
　　　　意義爲 "暗示",來源於古英語 hentan,意義爲 "抓住",進
　　　　一步詞源是否爲〔IE〕*ghe(n)d,不明。所謂 "hint" 就是
　　　　提供可以 "抓住" 的線索。"擷—get—hint" 的原始意義都是
　　　　"抓住",音義一致。

No.318

ghost ⟶〔IE〕* gheis〔簡化〕──────────────────→{ geis }

鬼 gui ⟶〔上古音〕*kiuer─〔k-g 音轉〕〔簡化〕────→{ guer}

懼 ju ⟶〔上古音〕*giuo─〔簡化〕──────────────→{ guo }

　　說明:〔IE〕*gheis 意義爲 "怕,驚(fear, amaze)",和漢語 "懼"
　　　　字音義相似。由〔IE〕*gheis 發展出 ghost(鬼)一詞。漢語
　　　　"鬼" 字同樣也有令人害怕,驚訝的感覺("鬼" 字字形:
　　　　大頭,短腳,形狀飄忽)。"鬼—懼—ghost" 音義完全一致。

No.319

gird ⟶〔IE〕*gher─〔gh-k 音轉〕〔r-n 音轉〕──────→{ ken }

kenk(=gird) ⟶〔IE〕* kenk─〔簡化〕──────────→{ ken }

捆 kun ⟶〔上古音〕* kuen─〔簡化〕──────────→{ ken }

　　說明:〔IE〕*gher 意義爲 "抓、關閉(grasp, enclose)"。〔IE〕* kenk
　　　　在現代英語中沒有相應的詞,意義爲 "捆、綁(gird, bind)",
　　　　同漢語 "捆" 字音義完全相同。英語 gird 和漢語 "捆" 字也
　　　　音義一致。請參見漢英對應詞 "弦—緄—gut—chord" 詞條。

No.320

girdle ⟶ gird（+le）→〔IE〕*gher—〔gh-k 音轉〕〔r-n 音轉〕→ { ken }

衿 jin ⟶〔上古音〕*kiem—〔簡化〕〔簡化〕————————⟶{ kem }

> 說明：〔IE〕*gher 意義爲 "抓、關閉（grasp, enclose）"。gird 意義
> 爲 "紮緊"，girdle 意義爲 "帶子"，同漢語 "衿（衣帶，紮
> 緊）" 字音義完全相同。

No.321

give ⟶〔IE〕*ghebh —〔g-k 音轉〕〔b-p 音轉〕〔簡化〕————⟶{ kep }

給 gei ⟶〔上古音〕*kiep—〔簡化〕————————————⟶{ kep }

丐 gai ⟶〔上古音〕*kad————————————————⟶{ kad }

> 說明：〔IE〕*ghebh 意義爲 "與、受（give，receive）",正反兩種意
> 義集中於一詞（這種現象屬原始語言的概念分化尙未明晰的
> 殘留？)，但在現代英語中主要表示 "與(give)"。漢語 "給"
> 字意義爲 "與，補充"，而 "丐" 字主要表示 "乞討"，
> "給" 和 "丐（受的意思）" 合在一起同 give 的印歐語古詞
> 根〔IE〕*ghebh 意義相吻合。"給—丐—give" 三詞的語源
> 基本上音義一致。

No.322

glim ⟶古諾斯語 glimere—〔詞根化〕—glim—〔gl-g 音轉〕——⟶{ gim }

熒 ying ⟶〔上古音〕*hueŋ —〔h-g 音轉〕〔簡化〕—————⟶{ geŋ }

螢 ying ⟶〔上古音〕*hueŋ —〔h-g 音轉〕〔簡化〕—————⟶{ geŋ }

> 說明：古諾斯語 glimere 意義爲 "昏暗的光亮、小燈"，同漢語 "熒
> （光線、小光點）" 字意義基本一致。由 "熒" 産生 "螢（螢
> 火蟲）" 字。

No.323

globe ⟶拉丁語 globus—〔詞根化〕—glob—〔gl-g 音轉〕——⟶{ gob }

球 qiu ——〔上古音〕*giog—〔簡化〕————————————————→{ gog }

　　說明：拉丁語 globus 意義爲 "球體（sphere）"，同漢語 "球" 字語
　　　　音近似，意義完全一致。

No.324

glue ——〔IE〕*gel—〔g-k 音轉〕————————————————→{ kel }

膠 jiao ——〔上古音〕*kog ————————————————————→{ kog }

　　說明：〔IE〕*gel 意義爲 "結成一團（form into a ball）"。漢語 "膠"
　　　　字的聲旁 "翏（念 liao）" 意義爲 "撚合在一起"。主張漢語
　　　　有複輔音聲母的學說根據聲旁 "翏" 而將 "膠" 的上古音構
　　　　擬成*klog, 同英語 glue 在語音形式上更爲接近。

No.325

go ——〔IE〕*ghe—〔gh-k 音轉〕———————————————→{ ke }

去 qu ——〔上古音〕*kiag —〔簡化〕————————————————→{ kag }

　　說明：〔IE〕*ghe 的原意義爲 "釋放（release）"，同 "離開（leave）"
　　　　的意義較爲相似。漢語 "去" 字原來意義爲 "離（leave）"。
　　　　"去–go" 兩詞都由 "離去" 發展爲現在的 "到（什麼地方）
　　　　去" 之意。參考："往（上古音*hiuaŋ〔h-k 音轉〕〔ŋ-g 音轉
　　　　〕—kiuag）" 字同 "去" 字音義聯繫較強。另外請參見漢英
　　　　對應詞 "竄—gang" 詞條。

No.326

goal ——古英語 gal—〔l-n 音轉〕————————————————→{ gan }

限 xian ——〔上古音〕* han—〔h-g 音轉〕————————————→{ gan }

　　說明：古英語 gal 意義爲 "障礙物（obstacle）"，發展爲中世英語
　　　　gol 意義爲 "境界，限界（boundry, goal）"。現代英語 goal
　　　　的意義 "目標" 是後起意義。漢語 "限" 原意義爲用土堆成
　　　　的地界（土堆成爲障礙物),同 goal 的原始意義較爲一致，語

音形式也相同。

No.327

goat→〔IE〕*ghaido—〔詞根化〕——ghaid—〔gh-k音轉〕〔d-t音轉〕→{ kait }

kid ——→日爾曼古詞根*kidja—〔詞根化〕————————→{ kid }

羖 gu ——→〔上古音〕*kog ————————————————→{ kog }

羔 gao ——→〔上古音〕*kog ———————————————→{ kog }

羯 jie ——→〔上古音〕*kiat————————————————→{ kiat }

　　　說明：〔IE〕*ghaido 的意義爲"山羊（goat）"；日爾曼古詞根* kidja
　　　　　　意義爲"小羊"，英語 kid 意義爲"小山羊"。漢語"羖"字
　　　　　　指"羊"；"羔"字意義爲"小羊"；"羯"指"閹割了的
　　　　　　羊"。"羖—羔—羯—goat—kid"各詞之間語音結構相當一
　　　　　　致，意義雖稍有區別,但也基本一致。

No.328

goblet ——→拉丁語*gob—〔g-k音轉〕——————————————→{ kob }

瓠 gu ——→〔上古音〕*kuag ————————————————→{ kuag }

　　　說明：拉丁語*gob 意義爲"喙、口（beek,mouth）"，英語 goblet
　　　　　　（高腳酒杯）在形狀上杯口和長腳相形之下"杯口"很顯
　　　　　　突，因此稱作*gob（口）。漢語"瓠"形似 goblet,在古代除了
　　　　　　用作"杯子"外還作"量器"用，但在"杯口"很大，發音
　　　　　　和"口（上古音*kug）"字相似等特徵上，同 goblet 一詞異
　　　　　　曲同工。

No.329

god ——→〔IE〕*ghutom—〔詞根化〕——ghut—〔簡化〕———→{ gut }

祈 qi ——→〔上古音〕*gier—〔簡化〕————————————→{ ger }

古 gu ——→〔上古音〕*kag—〔k-g音轉〕————————————→{ gag }

　　　說明：〔IE〕*ghutom 的意義爲"神、祈禱（god, invoke）"。相應

于西方創造萬物的"god",中國傳說中有"盤古開天地"的
說法。"盤古"中"盤"字有"整體、全體"（通盤）的意
義，和"泛"字相通（請參見漢英對應詞"泛——pan"詞
條）；"古"在此爲"神"的意義，"盤古"可理解爲"統攝
萬物的神"，相應於英語"pan--god"兩詞。將上帝稱爲
"god"的地域範圍很廣，直至印度梵語也稱神爲"huta"，
同 god 也是同源的。〔IE〕*ghutom 的另一意義爲"祈禱"
（invoke），和漢語"祈"字音義相通。參考：由神（上蒼、
上帝）處獲得的幸福稱爲"祜（上古音*hag—〔h-k 音轉〕→
｛kag｝，語音接近"古"字）"。

No.330

gold	⟶〔IE〕*ghel—〔gh-k 音轉〕〔l-n 音轉〕⟶	｛ken｝
金 jin	⟶〔上古音〕*kiem—〔簡化〕⟶	｛kem｝

說明：〔IE〕*ghel 原意義爲"閃亮（shine）",gold 意義爲"金"。
漢語"金"字是聲旁"今"字上加了許多點子而成，這些
"點子"似乎表示了塊金的"閃閃發光"的樣子（又有一說
認爲這些點子表示黃金是來源於"砂"中的粒金）。

No.331

good	⟶〔IE〕*ghedh—〔gh-k 音轉〕〔簡化〕⟶	｛ked｝
結 jie	⟶〔上古音〕*ket ⟶	｛ket｝
好 hao	⟶〔上古音〕*hog—〔h-k 音轉〕⟶	｛kog｝

說明：〔IE〕*ghedh 原意義爲"抱團，貼切（unite,fit）"，當然這種
狀態是最"好"的，因此現代英語 good 表示"好"。漢語
"好"字表示"女性抱著孩子的狀態"，同〔IE〕*ghedh 的
原意義"抱團，貼切"十分接近，因此也是最"好"的。從
"抱團，貼切"的意義來看，"〔IE〕*ghedh—結（結合，上
古音*ket）"的音義是相當一致的。也就是說，"good"就是

"結合"，於是是"好"事情。

No.332

gooze ⟶〔IE〕*ghans ─〔簡化〕─────────────────→ { gan }

gander ⟶（同上）─────────────────────────→ { gan }

雁 yan ⟶〔上古音〕*ŋan ─〔ŋ-g 音轉〕─────────────→ { gan }

鵝 e ⟶〔上古音〕*ŋag ─〔ŋ-g 音轉〕〔g-ŋ 音轉〕───────→ { gaŋ }

> 說明：〔IE〕*ghans 意義爲"鵝（gooze）"，英語 gander 意義爲"雄
> 的雁、鵝"。漢語"雁、鵝"的上古音和〔IE〕*ghans 都相
> 當接近它們叫聲的自然音值。

No.333

gorge ⟶拉丁語 gurges─〔g-k 音轉〕〔簡化〕──────→{ gurg }

谷 gu ⟶〔上古音〕*kuk───────────────────→ { kuk }

壑 he ⟶〔上古音〕*hak─〔h-k 音轉〕───────────→ { kak }

> 說明：拉丁語 gurges 意義爲"旋渦"，有"旋渦"便向下凹癟成穴，
> 如同大口，因此引申爲"喉嚨（throat）、山谷（山的大凹口）"
> 等意義。漢語"谷"字原意義爲"從水源的凹塘（"口"）
> 處流出許多水（谷字的上半部"火"表示流出的水，不是
> "火"字）"，同拉丁語 gurges 的意義"旋渦"有意義上的
> 相似之處。另外，山的凹口處稱爲"山谷"，嘴的凹口處稱
> 爲"喉（上古音*kug，同"谷"字發音近似）"，這些都同
> 拉丁語 gurges 意義引申爲"喉嚨、山谷"的情形相同。漢語
> "壑"字同"谷"字音義相近。

No.334

gourd ⟶古法語 cucurbita─〔詞根化〕──cuc────→ { kuk }

瓠 hu ⟶〔上古音〕*huag ─〔h-k 音轉〕〔簡化〕──→ { kug }

瓜 gua ⟶〔上古音〕* kuag─〔簡化〕─────────→ { kug }

說明：古法語 cucurbita 意義爲"瓜科植物的果實"。漢語"瓜"是
　　　泛稱，但在古漢語中作特指時，便是"瓠"（葫蘆）。

No.335

govern ──→希臘語 **kubernan** ─〔詞根化〕───────────────→{ **kub** }

駕 jia ──→〔上古音〕***kag**────────────────────────→{ **kag** }

說明：希臘語 kubernan 原意義爲"掌舵（steer）"，即一種駕駛，
　　　後演化成"管理、統治"等意義。

No.336

gown ──→拉丁語 **gunnam**─〔詞根化〕──────────────→{ **gun** }

garment ──→古法語 **garnir**─〔詞根化〕──────────→{ **garn** }

褂 gua ──→〔上古音〕***kueg** ─〔g-ŋ 音轉〕──────────→{ **keŋ** }

襟 jin ──→〔上古音〕***kiem** ─〔簡化〕─────────────→{ **kem** }

說明：古法語 garnir 意義爲"防衛、警告"以及"上身的外衣類"。
　　　拉丁語 gunnan 意義爲"皮類的上身外衣（fur garment）"。
　　　漢語"褂"也指"上身的外衣類"。另外，漢語"襟"字也
　　　有"擋住（=禁）"之意，和古法語 garnir 的"防衛、警告"
　　　意義相近似。總之，"褂─襟─garment─gown"三詞在音義
　　　上近似。

No.337

grace→拉丁語 **gratus**─〔詞根化〕─**grat**─〔gr-g 音轉〕〔t-n 音轉〕→{ **gan** }

congratulate →(con+)**gratulate**──→拉丁語 **gratus**──→(同上)──→{ **gan** }

慶 qing ──→〔上古音〕***kiaŋ** ─〔k-g 音轉〕〔簡化〕─────────→{ **gaŋ** }

說明：拉丁語 gratus 意義爲"使娛樂（pleasing）"。congratulate 中
　　　　"con"是加強語氣的接頭辭，"gratulate"意義爲"祝快樂
　　　　（wish joy）"。漢語"慶"字意義爲"祝賀快樂、幸運；恩
　　　　賜"等，同"congratulate（慶賀）"、"grace（恩寵，好意，

幸運。現代意義"優美"是後起的意義)"兩詞在語源上意
義頗爲相似。

No.338

grade ——〔IE〕*ghredh—〔ghr-g 音轉〕〔簡化〕————————→{ ged }

級 ji ——〔上古音〕*kiep—〔k-g 音轉〕〔簡化〕————————→{ gep }

　　說明:〔IE〕*ghredh 原意義爲"走(walk)",意義上可能是"一
　　　　步一步(step)"之意進而演化成"分等級,等級"之意。漢
　　　　語"級"字的聲旁"及"意義爲"追趕而抓住"之意,
　　　　"級"意謂"將系線(絲)一段一段追加(及)上去,形成
　　　　位元次,順序"。"級—grade"兩詞在語源意義上具有異曲
　　　　同工之妙。

No.339

grand——→拉丁語 grandem —〔詞根化〕—grand—〔gr-g 音轉〕

　　　　　　　　　　　　　　　　　　　　〔nd-n 音轉〕————————→{ gan }

皇 huang ——→〔上古音〕*huaŋ—〔h-g 音轉〕〔簡化〕————→{ gaŋ }

鴻 hong ——→〔上古音〕*huŋ —〔h-g 音轉〕————————→{ guŋ }

　　說明:拉丁語 grandem 意義爲"大(great)"。漢語"鴻"是大型
　　　　的鳥,漢語"皇"字也有"大的"含義。"皇—鴻—grand
　　　　(大)"三詞在"大"的意義上音義都較爲近似。參考:漢
　　　　字"廣(上古音*kuaŋ)、宏(上古音*hueŋ)"是"寬"的意
　　　　義,都和"大"意義有一定的關聯性,語音上也同"皇、鴻"
　　　　接近。

No.340

grate ——→拉丁語 cratem—〔詞根化〕—crat—〔cr-k 音轉〕————→{ kat }

格 ge ——→〔上古音〕*kak————————————————→{ kak }

　　說明:拉丁語 cratem 意義爲放牧時圍圈用的"籬巴、圍格,障礙物

（hurdle）" 等。漢語 "格" 基本意義爲 "攔住去路的木棒"。"格—grate" 都編制成斜格形，漢英都引申出 "格子" 意義。參考：英語 "grid（火格）" 一詞同 "grate" 也音義相近。

No.341

grave ⟶ 〔IE〕*ghrebh—[ghr-g 音轉]〔bh-m 音轉〕〔簡化〕⟶{ gem }

塋 ying ⟶ 〔上古音〕*hiueŋ—〔h-g 音轉〕⟶ { geŋ }

殮 lian ⟶ 〔上古音〕*gliam—〔簡化〕⟶{ gam }

說明：〔IE〕*ghrebh 意義爲 "挖、埋（dig, burry）"。古英語 grave 意義也爲 "挖、埋"。漢語 "塋" 字意義爲 "圈圍起來的墳地"，同現代英語 grave 意義相同。"殮" 字意義爲 "入棺安置"。"塋—殮—grave" 三詞具體意義不盡一致，但大體意義都是爲死者安置之意，而語音形式上卻相當一致。（注解："殮" 字的上古音*gliam 中聲母 gl-是複輔音聲母同英語 "grave" 的詞源〔IE〕*ghrebh 在語音形式上相近。請參見漢英對應詞 "殯—bury" 詞條。）

No.342

grind ⟶ 〔IE〕*ghrendh—〔ghr-g 音轉〕〔ndh-n 音轉〕⟶{ gen }

研 yan ⟶ 〔上古音〕*ŋan —〔ŋ-g 音轉〕⟶ { gan }

硎 xing ⟶ 〔上古音〕*ŋan—〔ŋ-g 音轉〕⟶ { gan }

說明：〔IE〕*ghrendh 意義爲 "研磨（grind）"，同漢語 "研" 字意義完全一致。漢字 "硎" 是 "磨刀石"，上古時期和 "研" 字發音相同，都和〔IE〕*ghrendh（研磨）音義一致。

No.343

grip ⟶〔IE〕*ghreib —〔ghr-k 音轉〕〔簡化〕⟶{ keb }

grasp ⟶（同上）⟶{ keb }

夾 jia ──→〔上古音〕*kap────────────────────→{ kap }

    說明:〔IE〕*ghreib 和 grip 意義爲"抓住（grip）"。其他同源英語
        辭彙還有"gripe, grope, grab"等，都同漢語"夾"字音義酷
        似。

No.344

groom→盎格魯拉丁語 gromet─〔詞根化〕─grom─〔gr-k 音轉〕──→{ kom }

佒 guan ──→〔上古音〕*kuan─〔簡化〕────────────→{ kan }

    說明:盎格魯拉丁語 gromet 意義爲"下僕（sevrvent）"，用於"僕
        男、馬佒"等。漢語"佒"也是"僕人"的意思，用於"新
        郎佒（原始時代成婚時是男往女家，男性地位低下,下屬馬
        佒）"等。英語"新郎"稱"bridegroom"直譯乃"婚佒"之
        意。

No.345

groove──→日爾曼古詞根*grobo─〔詞根化〕─grob─〔gr-k 音轉〕─→{ kob }

溝 gou ──→〔上古音〕*kug ────────────────→{ kug }

    說明:日爾曼古詞根*grobo 的意義爲"刻劃（grave）"，英語 groove
        意義爲"小溝槽"。同 groove 起源於"刻划"一樣，漢語"溝
        （上古音*kug）·刻（上古音*kek）"兩字之間也存在著意義
        上的關聯和語音上的近似。請參見漢英對應詞"刻──
        carve"及"刮─scratch"詞條。

No.346

guest ──→〔IE〕*ghosti─〔gh-k 音轉〕〔簡化〕─────→{ kos }

客 ke ──→〔上古音〕*kak ────────────────→{ kak }

    說明:〔IE〕* ghosti 原意義爲"陌生人，客人（stranger, guest）"。
        漢語"客"除了"客人"外也表"陌生人"之意（如"笑問
        客人何處來"）。另外,〔IE〕*ghosti 同 ghost（鬼）的詞源〔

IE〕*gheis（意義爲“懼、驚怕”）也十分相近。陌生人總使
人有些陌生怕畏之感。請參見漢英對應詞“鬼—ghost”詞條。

No.347

guilt ⟶古英語 gylt—〔g-k 音轉〕〔簡化〕————————→{ kil }

辜 gu ⟶〔上古音〕*kag ————————————————→{ kag }

　　說明：“辜—gylt”都表示“罪”，音義相近（gylt 的進一步詞源不
　　　　　詳）。

No.348

guitar ⟶希臘語 kithara—〔詞根化〕—kit—〔t-n 音轉〕——→{ kin }

琴 qin ⟶〔上古音〕*giem—〔g-k 音轉〕————————→{ kiem }

　　說明：希臘語 kithara 意義爲“吉他琴（guitar）”，演化爲拉丁語時
　　　　　成 cithara，而在拉丁語中詞頭的“c”字母可以“s”或“k”
　　　　　兩讀。念“s”音則同漢語“瑟”字的字音近似，讀“k”音
　　　　　時同漢字“琴”字音近似。參考：另外 kithara 同日語“koto
　　　　　（琴）”一詞的發音也極爲近似。請參見漢英對應詞
　　　　　“瑟—zither”詞條。

No.349

gulf ⟶〔IE〕*kwelp—〔l-n 音轉〕〔簡化〕————————→{ kuen }

弓 gong ⟶〔上古音〕*kiueŋ—〔簡化〕————————→{ kueŋ }

躬 gong ⟶〔上古音〕*kioŋ ————————————→{ kioŋ }

穹 qiong ⟶〔上古音〕*kioŋ————————————→{ kioŋ }

肱 gong ⟶〔上古音〕*kueŋ————————————→{ kioŋ }

　　說明：〔IE〕*kwelp（或*kwolp）原意義爲“畫弧形（to arch）”，
　　　　　後演化爲 gulf 時意義由“弧形——→胸——→海灣”進行了演
　　　　　變，但“灣”的地理形狀仍具“弧形”含義。漢語中“弓（弧
　　　　　形物），躬（身體成弧形），穹（天或天蓬呈弧形），肱（肘彎

呈弧形）"等字的音義都同〔IE〕*kelp 近似，意義也都與 "弧形" 相關。參考：漢字 "胸（上古音*hiuŋ〔h-k 音轉〕→kiuŋ）" 字同 "弓、躬、穹、肱" 等的語音也頗為近似。

No.350

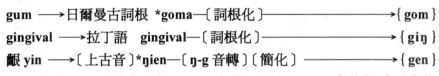

gum ──→日爾曼古詞根 *goma─〔詞根化〕─────────────→{ gom }

gingival ──→拉丁語　gingival─〔詞根化〕────────────→{ giŋ }

齦 yin ──→〔上古音〕*ŋien─〔ŋ-g 音轉〕〔簡化〕─────────→{ gen }

　　說明：日爾曼古詞根*goma 和拉丁語 gingiva 意義都為 "齒齦（gum）"，同漢語 "齦" 字意義相同。"齦—gum—gingival" 三詞意義相同，語音酷似。參考：英語中另有同 gum 同源的 goma（口中的齶部）一詞，"goma—齶" 音義比較接近。

No.351

hair ──→〔IE〕*ker ──────────────────────→{ ker }

毫 hao ──→〔上古音〕*hog─〔h-k 音轉〕──────────────→{ kog }

　　說明：〔IE〕*ker 和漢字 "毫" 都是 "毛" 的意思。參考：日語 "毛" 亦稱 ke。

No.352

hale→日爾曼古詞根*halon─{詞根化}─hal〔h-k 意轉〕〔l-n 意轉〕→{ kan }

hold ──→〔IE〕*kel─〔l-n 意轉〕─────────────────→{ ken }

牽 qian ──→〔上古音〕* ken───────────────────→{ ken }

　　說明：日爾曼古詞根*halon 意義為 "牽扯（hale）"，同漢字 "牽" 音義相通。〔IE〕*kel 意義為 "驅牲口（drive cattle）"。驅牲口的方式可以前拉後推，hold 可能指前拉，因為後起意義中有 "抓住，持有" 之意，所以同漢語 "牽" 字的音義相對應。

No.353

hang ⟶〔IE〕*konk—〔nk-ŋ 音轉〕──────────────⟶{ koŋ }

懸 xuan ⟶〔上古音〕*huan —〔h-k 音轉〕〔簡化〕────⟶{ kan }

挂 gua ⟶〔上古音〕*kueg —〔g-ŋ 音轉〕〔簡化〕────⟶{ keŋ }

系 ji ⟶〔上古音〕*keg—〔g-ŋ 音轉〕─────────⟶{ keŋ }

> 說明：〔IE〕*konk 意義爲"挂（hang）"，同漢語"懸、挂、系"
> 音義基本一致。

No.354

hard ⟶〔IE〕*kar*d*—〔d-n 音轉〕────────────⟶{ kan }

堅 jian ⟶〔上古音〕*ken ──────────────────⟶{ ken }

> 說明：〔IE〕*kard 意義爲"硬（hard）"，同漢語"堅"字音義幾乎
> 完全相同。參考：同"堅"字音義相近的近源字有"艱（上
> 古音*ken）、庚（上古音*kaŋ）、剛（上古音*kaŋ）、硬（上古
> 音*ŋaŋ），緊（上古音*kin）"、固（上古音*kag）等字。

No.355

harsh ⟶中世低地德語 haer⟶〔IE〕*ker──────⟶{ ker }

苛 ke ⟶〔上古音〕*har—〔h-k 音轉〕──────────⟶{ kar }

> 說明：英語 harsh 原意義爲"觸覺、味覺、聽覺的不快感"，來源於
> 中世低地德語"haer（頭髮，即 hair）"。〔IE〕*ker 意義爲
> "剛毛（bristle）"。漢語的"苛"字原意義爲"使喉嚨等發
> 生痛辣感的粗糙摩擦和刺激的草類植物"。在"剛毛"或
> "草類植物"的摩擦感使人不快這一點上"苛—harsh"音義
> 相通。

No.356

haste ⟶〔IE〕*keibh—〔簡化〕─────────────⟶{ keib }

遽 ju ⟶〔上古音〕*kiag ──────────────────⟶{ kiag }

說明：〔IE〕*keibh 的原意義爲 "quick, violence（快、暴力）"，基本意義同 "遽" 字相同。參考：漢語 "遽" 字的上古音*kiag 和同樣表示 "快" 的英語 quick 語音也頗爲近似。請參見漢英對應詞 "活—quick" 詞條。

No.357

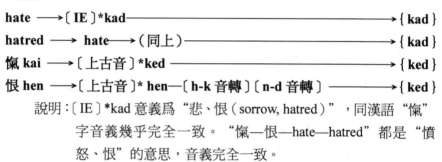

hate ⟶〔IE〕*kad ⟶ { kad }

hatred ⟶ hate ⟶（同上）⟶ { kad }

愾 kai ⟶〔上古音〕*ked ⟶ { ked }

恨 hen ⟶〔上古音〕* hen—〔h-k 音轉〕〔n-d 音轉〕⟶ { ked }

説明：〔IE〕*kad 意義爲 "悲、恨（sorrow, hatred）"，同漢語 "愾" 字音義幾乎完全一致。"愾—恨—hate—hatred" 都是 "憤怒、恨" 的意思，音義完全一致。

No.358

have ⟶〔IE〕*kap ⟶ { kap }

有 you ⟶〔上古音〕*hiueg—〔h-k 音轉〕〔簡化〕⟶ { keg }

具 ju ⟶〔上古音〕*giug —〔g-k 音轉〕〔簡化〕⟶ { kug }

説明：〔IE〕*kap 意義爲 "抓住（grasp）"。"抓住了，佔據了" 就是 "具" 就是 "有"。漢語 "有" 字的字形表示 "一隻手（ナ）抓住了肉（月）"，"具" 字的字形表示 "兩隻手（八）抓住了盛食物的鼎（且）"，"具—有—have" 三詞同樣都是 "抓住而有之" 之意。參考：另外漢語 "據（上古音*kiag）" 字同 "具、有" 兩字音義也很相近。

No.359

hawk ⟶〔IE〕* kap ⟶ { kap }

鶚 e ⟶〔上古音〕*ŋak—[ŋ-g 音轉] ⟶ { gak }

説明：〔IE〕*kap 意義爲 "抓住（grasp）"。"鶚" 是鷹的一種（即

魚鷹）。hawk 是"鷹（eagle）"的又一種稱呼。鷹爪力強，
能抓住各種獵物。請參見漢英對應詞"有—具—have"詞條。

No.360

he ⟶〔IE〕*ki ⟶ { ki }

his ⟶he⟶（同上）⟶ { ki }

her ⟶he⟶（同上）⟶ { ki }

其 qi ⟶〔上古音〕*giag —〔g-k 音轉〕〔簡化〕⟶{ kig }

渠 qu ⟶〔上古音〕*giag —〔g-k 音轉〕〔簡化〕⟶{ kig }

厥 jue ⟶〔上古音〕*kiuat—〔簡化〕⟶ { kit }

　　說明：〔IE〕*ki 原意義爲"這（this）"，屬格形式分化爲"his、her"。
　　　　也就是說，在英語中指稱是用"這個（*ki）人"的語義形式。
　　　　漢字"其（本意"箕"）、渠（本意"水道"）、厥（本意"石
　　　　弓"）"等在表示"他的、那個的"意義時都是假借用法，
　　　　同原來的字義無關，語音、意義和〔IE〕*ki 基本相同。

No.361

health→日爾曼古詞根*hailaz—〔詞根化〕—hail—〔h-k 音轉〕
　　　　　　　　　　　　〔l-n 音轉〕〔簡化〕⟶{ kan }

健 jian ⟶〔上古音〕*gian—〔g-k 音轉〕〔簡化〕⟶{ kan }

　　說明：日爾曼古詞根*hailaz 意義爲"健、全（health whole）"，同
　　　　"健"字的音義吻合。

No.362

heart ⟶〔IE〕* kerd —〔簡化〕⟶{ ked }

core ⟶古法語 coer—〔簡化〕⟶{ kor }

courage ⟶（同上）⟶{ kor }

核 he ⟶〔上古音〕*keg ⟶{ keg }

　　說明：英語 courage 一詞直至 17 世紀以前主要表示"心"，兼表"心

情、勇氣"，此詞來源於 core（核）一詞（"心"者乃人體之"核"之謂）。〔IE〕*kerd 意義爲"心（heart）"。英語中"core（核）—courage（核心）—heart（心）"意義相關，而漢語中"核心"兩字也結合爲一詞，充分顯示"核—心"兩字在意義上是相當關聯的。

No.363

hedge ——→〔IE〕* kagh—〔g-ŋ〕〔簡化〕————————————→{ kaŋ }

haw ——→（同上）—————————————————————————→{ kaŋ }

垣 yuan ——→〔上古音〕*kiuan—〔簡化〕———————————→{ kan }

說明：〔IE〕*kagh 原意義爲"柵欄，抓住（fence, catch）"。英語 haw 原始意義是"圍牆"，現代解釋爲"山楂"。漢語"垣"意義爲"圍牆"，同〔IE〕*kagh 的"柵欄"意義一致。參考：挖起的土堆成土牆"垣"，留下的溝便成"壕（上古音 *kog）"。值得注意的是："壕"字的上古音*kog 在發音上很接近〔IE〕*kagh，"壕"字的現代音很接近現代英語的 haw。請參見漢英對應詞"塘—dyke"詞條。

No.364

heel ——→〔IE〕*kenk —〔-k 脫落〕——————————————→{ ken }

跟 gen ——→〔上古音〕* ken———————————————————→{ ken }

說明：〔IE〕*kenk 意義爲"腿關節（leg joint）"。漢語的"跟"指"腳跟"是腳和小腿間的關節。漢英之間音義幾乎沒有區別。

No.365

helm ——→〔IE〕*kel———————————————————————→{ kel }

盔 kui ——→〔上古音〕*kueg—〔簡化〕——————————————→{ keg }

說明：〔IE〕*kel 意義爲"蓋（cover）"，"頭盔"是蓋住頭頂的起保護作用的帽子。漢語"盔"字有兩個意義：（1）頭盔、（2）

凹形鉢頭。其中意義（1）同 helm 音義相近（凹形鉢頭倒叩便成頭盔）。

No.366

hence ⟶〔IE〕*ki*n* ⟶ { kin }

whence ⟶〔IE〕*kwo*n*—〔簡化〕⟶ { kon }

爰 yuan ⟶〔上古音〕*hiuan—〔h-k 音轉〕〔簡化〕⟶ { kan }

說明：〔IE〕*kin 意義爲"這（this）"，是抽象的指示代名詞。hence 意義爲"從此、於是"。漢語"爰"字意義爲"於是、在此"，同 hence 意義基本一致。如"爰（=hence）書其事以告"。當用作疑問語氣時相當於"whence（何處，哪里）"，如"爰（whence）其適歸？"。請參見漢英對應詞"今—hence"詞條。

No.367

hence ⟶〔IE〕*ki*n* ⟶ { kin }

今 jin ⟶*kiem—〔簡化〕⟶ { kim }

說明：〔IE〕*kin 意義爲"這（this）"，也是第三人稱 he 的詞源（對著別人說"這個人"，即"他"的意思），在時間上表示"此時此刻"，相當於漢語"今"字的本義。漢語"今"的字形意義爲"用蓋子（人）蓋住的物件（フ）"，即意義爲"這"。參考：在表示"現在"這一時間上，印歐語言大多在〔IE〕*ki 後都有"-n"（即韻尾陽聲），如：荷蘭語爲"heen"，德語爲"hin"等。

No.368

herd ⟶〔IE〕*kerdh—〔dh-n 音轉〕⟶ { kern }

group ⟶日爾曼古詞根* kruppaz —〔詞根化〕— krup —

〔kr-r 音轉〕〔p-m 音轉〕⟶ { kum }

群 qun ⟶〔上古音〕*giuen—〔g-k 音轉〕〔簡化〕————————→{ kuen }

說明：〔IE〕*kerdh 意義爲 "列、畜群（row, herd）"。日爾曼古詞
根*kruppaz 意義爲 "圈（curve）"。所謂 "一群人=group"
就是一個圈子，漢語 "群、圈" 也是音義上相互近源的字。
漢語 "群" 字原指 "羊自己圈成了一團"，同 herd 一詞意義
基本一致。

No.369

hide ⟶ 〔IE〕*keu————————————————————→{ keu }

革 ge ⟶〔上古音〕*kek————————————————→{ kek }

說明：〔IE〕*keu 原意義爲 "遮蓋（cover）"。英語中有二個 "hide"
都來源於〔IE〕*keu：（1）hide（獸皮）= "革"、（2）hide
（隱藏）= "蓋"。漢語 "革" 字一般指帶有頭部的整張的獸
皮。漢語 "革"、"蓋" 兩字的語音也有些近似（從某種意
義上來說，獸皮就是用來 "蓋住" 獸身的）。

No.370

high ⟶〔IE〕*keug ————————————————————→{ keg }

高 gao ⟶〔上古音〕*kog————————————————→{ kog }

亢 kang ⟶〔上古音〕*kaŋ—〔ŋ→g 音轉〕————————→{ kag }

說明：〔IE〕*keug 原意義爲 "弧形、山丘"，有往上凸起的含義，
發音同 "高" 字上古音十分接近。漢語 "高" 字意義爲 "在
臺地上的建築物的聳立"，也有往上凸起的含義。參考：另
外漢語中 "喬（高的，上古音*giog），橋（高弧形的渡木，上
古音*giog），驕（背脊高的馬，上古音*kiog），傲（上古音*ŋog）
等字同 "高" 都是同源的系列字，字義上都同〔IE〕*keug 所
具有的 "往上凸起" 的含義相一致，語音也頗爲近似。

No.371

hill ⟶〔IE〕*kel—〔l-n 音轉〕────────────────⟶{ ken }

丘 qiu ⟶〔上古音〕*kiueg —〔g-ŋ 音轉〕〔簡化〕──────⟶{ keŋ }

岡（崗）gang ⟶〔上古音〕* kaŋ ─────────────────⟶{ kaŋ }

　　說明：〔IE〕*kel 意義爲 "突起，山丘（prominent, hill）"。"突起"
　　　　　實際上就是高起來，因此漢英兩語都存在同樣情況：
　　　　　"high—hill"，"高—崗" 之間在音義上顯示出近源關係。
　　　　　參考：〔IE〕*kel 的 "突起（prominent）" 意義同漢語 "起
　　　　　（上古音*kieg）" 字音義近似。特別是 "起" 字中的 "已"
　　　　　本來表示 "彎曲著往上拱"，其結果便是 "丘、岡" 的形狀。
　　　　　請參見漢英對應詞 "高—亢—high" 詞條。

No.372

hire ⟶希臘語 kuros—〔詞根化〕────────────────⟶{ kur }

雇 gu ⟶〔上古音〕* kag─────────────────────⟶{ kag }

　　說明：希臘語 kuros 原意義爲 "確定權，保證"。漢語 "雇" 字原意
　　　　　義爲 "將鳥（隹）放入籠裏關上門（戶）飼養"，有 "確保
　　　　　無誤" 之意。"雇—kuros" 音義相近，並都同漢語 "固（上
　　　　　古音*kag）" 也音義相近。

No.373

history ⟶希臘語 histor—〔詞根化〕——hist〔st-t 音轉〕───⟶{ hit }

慧 hui ⟶〔上古音〕*hued—〔h-h 音轉〕〔簡化〕──────⟶{ hed }

　　說明：希臘語 histor 意義爲 "智慧、知道（wise, knowing）"，演化
　　　　　成 history 意義爲 "歷史"，即明鑒歷史是最智慧的行爲。請
　　　　　參見漢英對應詞 "慧—wit" 詞條。參考：還有一說認爲希臘
　　　　　語 histor 來源於表示 "看（=see）" 的印歐語古詞根〔IE〕
　　　　　*weid。

No.374

hit ──→日爾曼古詞根*hitjan─〔詞根化〕─hit〔h-k 音轉〕──────→｛kit｝

擊 ji ──→〔上古音〕* kek────────────────────────→｛kek｝

說明：日爾曼古詞根*hitjan 意義爲"遇（meet）"，"hit"意義爲
"遇上，撞擊"。漢語"擊"字也有"相遇"之意，如"目
擊、肩摩轂（gu）擊"等。

No.375

hoe ──→〔IE〕*kau────────────────────────→｛kau｝

钁 jue ──→〔上古音〕*kiuak─〔簡化〕────────────────→｛kuak｝

說明：〔IE〕*kau 的意義爲"砍、打（hew, strike）"。英語 hoe 意
義爲"钁"。"钁─hoe"的語源意義可能都是"砍打"。現
代漢語"钁"稱"鍬（qiao）"或"鎬（gao）"。

No.376

hog ──→塞爾特語*hukk─〔簡化〕──────────────────→｛huk｝

豨 xi ──→〔上古音〕*hier─〔簡化〕──────────────────→｛her｝

說明：塞爾特語*hukk 意義爲"豬、閹割了的雄豬"。漢語"豨"字
意義爲"體大的野豬"，意義上有些許差別。"豨─hog"語
音上近似。參考：一說*hukk 的詞源來源於印歐語古詞根〔IE
〕*su 意義爲"pig（豬）"，但語音上的關聯性不詳。

No.377

hoist ──→（詞源不明）hoist─〔h-k 音轉〕[s 脫落]〔簡化〕───→｛kot｝

揭 jie ──→〔上古音〕*kiad─〔簡化〕─────────────────→｛kad｝

說明：hoist 意義爲"將船帆等掛到空中"（詞源不詳），同漢語"揭
（高高挂起）"字意義相同，語音相似。

No.378

hole ⟶〔IE〕*kel —〔l-n 音轉〕─────────────────⟶{ ken }

孔 kong ⟶〔上古音〕*kuŋ──────────────────⟶{ kuŋ }

口 kou ⟶〔上古音〕*kug —〔g-ŋ〕───────────────⟶{ kuŋ }

坑 keng ⟶〔上古音〕*kaŋ ──────────────────⟶{ kaŋ }

　　說明:〔IE〕*kel 意義爲 "蓋（cover）"，現代英語 hole 意義爲 "孔"。
　　　　　"孔—口—坑—hole" 的音義較爲相似。參考：〔IE〕*kel
　　　　　的意義解釋同以其爲詞源的 hole 的意義不一致，可能是由
　　　　　於："孔" 的中間都是 "空" 的，而 "空的" 一般都是週邊
　　　　　包住的，所以和 "蓋（cover）" 在意義上相通。

No.379

hollow ⟶日爾曼古詞根*hulaz—〔詞根化〕—hul—〔h-k 音轉〕→{ kul }

杇 xiao ⟶〔上古音〕*hiog —〔h-k 音轉〕〔簡化〕────────⟶{ kog }

　　說明：漢字 "杇" 意義爲 "空虛，木頭腐朽出了空洞"。日爾曼古
　　　　　詞根*hulaz 意義爲 "空洞（hole）"，音義比較相近。請參見
　　　　　漢英對應詞 "孔—口—hole" 詞條。

No.380

homo ⟶〔IE〕*dhghem —〔dh 脫落〕〔gh-k 音轉〕───────⟶{ kem }

human ⟶ 同上──────────────────────⟶{ kem }

坤 kun ⟶〔上古音〕*kuen—〔簡化〕──────────────⟶{ ken }

漢 han⟶〔上古音〕*han—〔h-k 音轉〕───────────────⟶{ kem }

　　說明：英語 homo 的意義爲 "人（man）"，但 homo 的詞源印歐古
　　　　　詞根〔IE〕*dhghem 的意義卻爲 "土地（earth）",同漢字 "坤
　　　　　（大地）" 音義相似。這也可能是西方原始宗教認爲 "人是
　　　　　由神用泥土製作成的" 原因。另外，漢語的 "漢（上古音
　　　　　*han）" 字也表示 "人（漢子）" 和 "漢民族"，和 "坤—
　　　　　homo" 音義近似。"漢民族" 的 "漢" 究竟起源與 "漢河"

之名，還是漢語言中早已存在著表示人的"漢（漢子）"，待解。請參見漢英對應詞"地—homo"詞條及"謙—humble"詞條。

No.381

homo ⟶〔IE〕*dhghem—〔簡化〕————————————→{ dhg }

地 di ⟶〔上古音〕*dieg —〔簡化〕——————————→{ dig }

　　說明：〔IE〕*dhghem 的意義爲"土地（earth）"，其字頭輔音部分（dhgh）同漢語"地"字的上古音*dieg 極爲相似，音義相通。請參見漢英對應詞"坤 — 漢 — homo — human"詞條。

No.382

hook ⟶〔IE〕*keg————————————————→{ keg }

鈎 gou ⟶〔上古音〕*kug————————————————→{ kug }

　　說明：〔IE〕*keg 意義爲"鈎（hook）"。漢語中"鈎"同"勾"是同音同義詞（請參見漢英對應詞"勾—cross"詞條）。〔IE〕*keg 也同拉丁語 cruc（cross 的古形）音義相近，屬近源關係。

　　參考：另外"鉅（上古音*giag）"字也同"鈎"字音義相近。

No.383

hope ⟶古英語 hopian—〔詞根化〕〔h-k 音轉〕————————→{ kop }

yearn ⟶〔IE〕*gher—〔gh-k 音轉〕—————————→{ ker }

冀 ji ⟶〔上古音〕*kieg—〔簡化〕——————————→{ keg }

希 xi ⟶〔上古音〕*hier—〔簡化〕〔h-k 音轉〕—————→{ ker }

　　說明：〔IE〕*gher 表示"喜、求（like, want）"。古英語 hopian 表示"希望"，但進一步詞源不明，一說同英語 hop（跳躍）一詞有關，即"跳起來希求某事"，不詳。汉字"冀·希"都表示"希望、希求"。"冀 — 希 — year — hope"的語源詞根音義一致。

No.384

horn ⟶古愛爾蘭語 congan—〔詞根化〕—cong—〔ng-k 音轉〕→{ kok }

角 jiao ⟶〔上古音〕*kuk ————————————————————→{ kuk }

　　　說明："角—horn"都是"獸角"的意思。漢語"角"還表示物體的
　　　　　　"棱角",英語則是用和"horn"同源的 corner 一詞。參考：
　　　　　　"corner〔n-l 音轉〕——→corler",同漢語的"旮旯（gala）"
　　　　　　一詞的發音極爲近似。

No.385

horse ⟶〔IE〕*kers————————————————————→{ kers }

hurry ⟶hurl(詞源不詳)—〔h-k 音轉〕〔l-n 音轉〕————→{ kurn }

趕 gan ⟶〔上古音〕*kan ————————————————→{ kan }

　　　說明："hurry, hurl"都意義爲"猛進,突進（飛跑）"。漢字"趕"
　　　　　　意義爲"動物將尾巴挺直象個木杆（幹）,飛速前進（走）"
　　　　　　（可能這種解釋是"由音造字,由字生意"的牽強附會）,因
　　　　　　此在"飛跑"意義上漢英之間完全相同。另外,英語 horse(馬)
　　　　　　來源於印歐古詞根〔IE〕*kers（意義爲"快跑—run"）,同
　　　　　　hurry,hurl 在詞源音義上頗爲相似。參考：漢語"遑（上古音
　　　　　　*huaŋ〔h-k 音轉〕〔簡化〕→kaŋ）"字有兩意"（1）閒暇、
　　　　　　（2）匆忙",意義相反。其中意義（2）同"趕"字音義近
　　　　　　似。

No.386

house ⟶〔IE〕* keu⟶〔IE〕* keudh—〔dh-n 音轉〕————→{ keun }

館 guan ⟶〔上古音〕* kuan—〔簡化〕————————————→{ kuan }

　　　說明：〔IE〕* keu 的原意義爲"蓋（cover）",這同漢語"館"字
　　　　　　的本字"官"字的寶蓋頭"宀"的意義一致。〔IE〕*keudh 是
　　　　　　〔IE〕*keu 的派生形式,原意義爲"藏（hide）",這同"館"
　　　　　　內能聚衆的作用相通。概而言之"館"字是具有"覆蓋、圍

起來"意義的房子，同〔IE〕*keu 和〔IE〕*keudh 的原意義相一致。參考：漢語"蓋（上古音*kab）"字同"館（上古音*kuan）"字的語音形式也有相近之處。

No.387

hover ──→中世英語 hover──〔詞根化〕────hov〔h→k 音轉〕──→{ kov }

翺 ao ──→〔上古音〕*ŋog──〔ŋ→k 音轉〕──────────→{ kog }

　　說明："翺"與"hover"在詞義上完全一致，都表示"高高地飛翔"。參考：漢語中"翺"同"高"語音上相近。

No.388

hubbub→古英語 whobub ──〔詞根化〕──whob──[wh-h 音轉]

　　　　　　　　　　　　　　　　　　〔b-m 音轉〕──────→{ hom }

hoot ──→中世英語 houten──〔詞根化〕──hout──〔t-n 音轉〕─────→{ houn }

哄 hong ──→〔上古音〕*hueŋ──〔簡化〕─────────────→{ huŋ }

轟 hong ──→〔上古音〕*huŋ ──〔h-h 音轉〕───────────→{ huŋ }

　　說明："哄─轟─hoot─hubbub"都"發出巨大聲響"。除了 hubbub 單純表"騷動的轟轟聲"，其他三詞都有"以巨大聲音驅趕（轟走、哄走）"之意，漢英之間音義相同。

No.389

huge ──→古法語 hoge──〔h-k 音轉〕〔簡化〕──────────→{ kog }

巨 ju ──→〔上古音〕*giag──〔g-k 音轉〕〔簡化〕─────────→{ kag }

　　說明：古法語 hoge 原意義爲"高度、山丘(height, hill)"。漢語"巨"字是方形測量器具，上下兩邊可測量高度。漢語中"巨（*giag）、高（*kog）"兩字本身音義也有些近似，而英語的 huge（巨）就是從 hoge（高）衍化而來的，漢英之間語源情況十分相似。

No.390

humble ⟶〔IE〕*ghomo—〔詞根化〕—ghom—〔gh-k 音轉〕⟶{ kom }

謙 qian ⟶〔上古音〕*kam ⟶{ kam }

說明：〔IE〕*ghomo 原意義爲"地上（earth, soil）"，由"地上"
演化成"卑賤的，謙遜的"。漢語"謙"字是周易六十四卦
之一，意義爲"艮下坤上"即"地上"之意，進而也表示"謙
讓他人"。"謙—humble"兩詞語音形式近似,語義也異曲同
工。

No.391

hunger →〔IE〕*kenk—〔簡化〕⟶{ ken }

饑 ji ⟶〔上古音〕*kier—〔r-n 音轉〕〔簡化〕⟶{ ken }

餓 e ⟶〔上古音〕*ŋar—〔ŋ-k 音轉〕〔r-n 音轉〕⟶{ ken }

饉 jin ⟶〔上古音〕*gien—〔g-k 音轉〕〔簡化〕⟶{ ken }

說明：〔IE〕*kenk 的意義爲"遭受饑渴（suffer from hunger or
thirst）"。漢字"饑·餓"都表示"沒有吃的、肚子空"；
"饉"表示"食物少"，三字和〔IE〕*kenk 音義相近，但
"饑·餓"不包含〔IE〕*kenk 的"口渴"的含義。參考：另
外"饑"字也表示"食物少"。

No.392

hurt ⟶古法語 hurter—〔詞根化〕——hurt[簡化]⟶{ hut }

害 hai ⟶〔上古音〕* had ⟶{ had }

說明：古法語 hurter 意義爲"敲、撞（knock，collide）。漢語"害"
原意義爲"損壞，遏止（"宀"蓋住意、"害"表示頭。即
蒙住頭不讓成長之意）"，同古法語 hurter 的"相撞"的意
義有些近似。參考：漢語"壞(上古音*huer，穿洞而潰之意)"
字同 hurt 的音義也有些相近。

No.393

husk ——→ 哥特語 hus ——→〔IE〕*keu*k*——[簡化]————————————→ { kek }

殼 ke ——→〔上古音〕* kuk ———————————————————————→{ kuk }

糠 kang ——→〔上古音〕*kaŋ—[ŋ-k 音轉]——————————————→ { kak }

    說明：哥特語 hus 意義爲 "房子（house）"，其詞源〔IE〕*keu 意義
    爲 "蓋（covr）"。漢語 "糠" 字的原字是 "康" 字，意義爲
    "硬殼"，和 husk 意義完全相同，即 "覆蓋" 在米上的硬殼。
    參考：漢語 "殼（=husk）" 字的 "遮蓋" 之意同 "家（上古
    音*kag)、廈（上古音*hag)、蓋（上古音*kab）" 等字的音義
    十分相近。另外，英語 crust（外殼）來源於〔IE〕*kreus（意
    義爲 "結殼—form a crust"）。請參見漢英對應詞
    "館—house" 詞條。

No.394

image ——→拉丁語 imago —〔詞根化〕————————————————→{ im }

影 ying ——→〔上古音〕*iaŋ —〔簡化〕————————————————→{ iŋ }

    說明：拉丁語 image 意義爲 "肖像，（鏡中的）映射（portrait,
    likeness）"。漢語 "影" 字原意義爲 "日光照射（日）出的
    有明暗（彡）的形象（京，表示讀音。一般多指 "陰影"）。
    "影—image" 音義基本一致。

No.395

image ——→拉丁語 imago—〔i 脫落〕—mago—〔詞根化〕————→{ mag }

夢 meng ——→〔上古音〕*miueŋ—〔ŋ-k 音轉〕〔簡化〕————————→{ meg }

    說明：拉丁語 imago 的動詞意義是 "造像、想像（portrait, image）"。
    漢語 "夢" 字指 "睡眠中的幻象"，作動詞使用時也指 "想
    像（不以夢劇亂知謂之靜--《荀子·解蔽》）"。一般說來，
    "夢" 的 "想像" 義多用於消極，並且特指化（特指睡眠
    中），imago（想像）多用於積極意義，並且泛用。參考：漢

語"謀（上古音*miueg）"和"夢"字在語音上有"陽入對轉"關係，帶有積極的"想像方策、策略"的意義。請參見漢英對應詞"謀—meditate"詞條。

No.396

in ⟶〔IE〕*en————————————————————→{ en }

湮 yin ⟶〔上古音〕*ien—〔簡化〕————————→{ en }

　　說明：〔IE〕*en 意義同 現代英語"in"完全一樣。漢語"湮"字表示"沈入水中"，在"於~中"這一意義上同"in"意義一致（只是"湮"爲動詞，"in"爲介詞或副詞）。

No.397

incline ⟶（in+）cline⟶〔IE〕*klein—〔kl-k 音轉〕————→{ ken }

傾 qing ⟶〔上古音〕*kiueŋ—〔簡化〕————→{ keŋ }

　　說明：〔IE〕*klein 意義爲"傾斜（lean）"，同漢語"傾"字音義相當一致。

No.398

ingot→(in+)got→〔IE〕*gheud—{ g-k 音轉〕〔d-n 音轉〕〔簡化〕—→{ keun }

灌 guan ⟶〔上古音〕*kuan————————————→{ kuan }

溉 gai ⟶〔上古音〕*keg —〔g-ŋ 音轉〕————————→{ keŋ }

　　說明：〔IE〕*gheud 意義爲"潑（pour），澆（cast）"，同漢語"灌、溉"意義基本一致。

No.399

inter ⟶（in+）ter⟶〔IE〕*tere—〔詞根化〕————→{ ter }

插 cha ⟶〔上古音〕*tsap —〔簡化〕————————→{ tap }

　　說明：〔IE〕*tere 的意義爲"跨過（cross over）"，並引申爲"貫穿（=漢語"插"字）"以及"轉移（=漢字"轉"字）"等。請參見漢英對應詞"轉—傳—trans"詞條。

No.400

jackal ——→波斯語 shagal—〔詞根化〕————————————→{ shag }

豺 chai ——→〔上古音〕*dzeg ——————————————→{ dzeg }

　　說明：波斯語 shagal 可能來自古梵語 sṛgala（但不詳），語音上和漢
　　　　　語"豺"字的上古音音感相似。

No.401

jag ——→中世英語 jaggen—〔詞根化〕——————————→{ jag }

錯 cuo ——→〔上古音〕*tsak——————————————→{ tsak }

　　說明：這裏是"犬牙交錯"的"錯"，原意義爲"鋸齒類的不規則
　　　　　形狀的物體相互重疊、交叉"。英語 jag 單純指"鋸齒類的不
　　　　　規則形狀"。漢英兩詞之間音義基本一致。

No.402

jealous→中世拉丁語*zelosum—〔詞根化〕— zel —〔l-t 音轉〕——→{ zet }

嫉 ji ——→〔上古音〕*dziet—〔dz-z 音轉〕〔簡化〕————————→{ zet }

　　說明：中世拉丁語 zelosum 同漢語"嫉"字意義相同，都意義爲"嫉
　　　　　妒"。參考：zelosum 首先進入古法語時爲 gelos 同漢語"忌
　　　　　（上古音*gieg）"字音義相似，皆以"g-"音開始，進入英
　　　　　語後才成爲"jealous"。

No.403

joy ——→〔IE〕* gau————————————————→{ gau }

喜 xi ——→〔上古音〕*hieg —〔h-g 音轉〕——————————→{ gieg }

娛 yu ——→〔上古音〕*ŋuag —〔ŋ-g 音轉〕—————————→{ guag }

　　說明：〔IE〕*gau 意義爲"愉快（rejoice）"，同漢語"喜‧娛"字音
　　　　　義近似。

No.404

jumble ⟶（詞源不詳）jumble—〔詞根化〕⟶ { jum }

羼 chan ⟶〔上古音〕*tsan⟶ { tsan }

> 說明："jumble" 原意義爲 "騷騷然地擠進擠出及騷然的聲音"，演
> 化爲 "摻和" 之意。漢語的 "羼" 字意義爲 "摻和"，從字
> 形上可以看出原意義爲 "很多的羊擁擠在一起相互擠縫
> 鑽"，同 jumble 的原始意義基本一致，語音也近似。

No.405

key ⟶古英語 caeg —〔g-k 音轉〕⟶{ kaek }

鑰 yao ⟶〔上古音〕*giak—〔g-k 音轉〕⟶ { kiak }

> 說明：古英語 caeg 同 "鑰（鑰匙）" 在音義上幾乎完全相同。參考：
> 表示 "鑰匙" 的漢語還有 "鍵（上古音*gian）" 字，可能是
> "鑰" 字的 "入陽對轉" 的派生結果。

No.406

kick ⟶（詞源不明）kick⟶{ kik }

蹶 jue ⟶〔上古音〕*kiuat —〔簡化〕⟶ { kit }

> 說明："蹶 –kick" 都是 "踢" 的意思,語音相近、意義相同。

No.407

kill ⟶（詞源不明）kill ⟶{ kil }

quell ⟶〔IE〕*gwel —〔g-k 音轉〕〔簡化〕⟶ { kel }

殛 ji ⟶〔上古音〕*kiek —〔簡化〕⟶{ kek }

> 說明：〔IE〕*gwel 原意義爲 "刺（pierce）"，和漢語 "遇刺" 的 "刺"
> （殺害）意義相同。漢語 "殛" 意義爲 "殺害"（多簡寫作
> "極" 字，如：極刑）。在 "殺害" 意義上 "殛—kill—quell"
> 三詞音義相同。

No.408

king ⟶ 古英語 cyne（+ing 表性質名詞尾）—〔簡化〕 ────────→ {kin}

君 jun ⟶〔上古音〕*kiuen —〔簡化〕 ─────────────────→ {kun}

王 wang ⟶〔上古音〕*hiuaŋ —〔h-k 音轉〕〔簡化〕 ─────────→ {kaŋ}

皇 huang ⟶〔上古音〕*hiuaŋ —〔h-k 音轉〕 ──────────────→ {kaŋ}

    說明：古英語 cyne 原意義爲 "生來高貴的人"。漢語 "君" 字的字
形表示 "在天地（ノ）間用手（ヨ）協調並發號施令（口）
的人"，"王" 字的字形表示 "立于天地（二）之間的人
（十）"，"皇" 字的字形表示 "第一位真正鼻（白）祖的
大王（王）"。"君—王—皇— king" 四詞發音上十分近似
之外，在 "高貴的人" 的意義上也是完全一致的。

No.409

knapsack→knap（+sack）→低地德語 knappen—〔詞根化〕—
            knap—〔kn-n 音轉〕〔p-m 音轉〕 ───────→{nam}

饢 nang ⟶〔上古音〕*naŋ────────────────────→{naŋ}

    說明：英語 knapsack 原意義爲 "放糧食的袋子"，其中 knap 在德語
和荷蘭語中爲 "吃、咬（eat, bite）" 之意。漢語 "饢" 字作
爲動詞解釋意義爲 "一個勁地向嘴裏塞食物"，同 knap 的原
始義基本相同；另外作爲名詞則解釋爲 "一種烤製成的面
餅"，音義同印度食品 "nan" 完全一致（據說漢族的 "饢"
食品由維吾爾族傳來）。

No.410

knit ⟶ knot——〔IE〕*gen—〔n-t 音轉〕 ─────────────→ {get}

結 jie ⟶〔上古音〕*ket—〔k-g 音轉〕 ──────────────────→ {get}

    說明：〔IE〕*gen 意義爲 "壓成一團（compress into a ball）"，比較
接近漢語打結的 "結" 字意義。請參見漢英對應詞 "結—
好—good" 詞條。

No.411

knob ⟶ 日爾曼古詞根 *knub—〔kn-k 音轉〕─────────⟶{ kub }

果 guo ⟶〔上古音〕*kuar—〔簡化〕───────────⟶{ kur }

髁 ke ⟶〔上古音〕*kuar—〔簡化〕────────────⟶{ kur }

　　說明：日爾曼古詞根*knub 意義爲 "壓成小圓球體（compress into a ball）"，現代英語 knob 用作表示 "樹枝上的小結頭、門的手把、小煤塊" 等，都有 "小圓球" 之意。漢語中 "果" 字和以 "果" 字爲聲旁的 "顆（圓的頭）、踝（腳根圓骨頭）、髁（膝蓋的圓骨頭）" 等字也都有 "小圓球" 之意。

No.412

knock ⟶ 日爾曼古詞根*knuk—[kn-k 音轉]────────⟶{ kuk }

叩 kou ⟶〔上古音〕*kug ─────────────────⟶{ kug }

敲 qiao ⟶〔上古音〕*kog ─────────────────⟶{ kog }

　　說明：日爾曼古詞根*knuk 意義爲 "knock（敲）" 同漢語 "叩、敲" 的上古音相當一致。"叩—敲—knock" 音義完全一致。

No.413

knot ⟶ [IE]*gen—〔g-k 音轉〕〔n-d 音轉〕──────⟶{ ked }

圪塔 geda ⟶〔上古音〕*ketdat—〔td-d 音轉〕〔簡化〕───⟶{ ked }

　　說明：〔IE〕*gen 意義爲 "壓成小球 compress into a ball"。演化出的英語 knot 同漢語 "圪塔" 發音也頗爲近似。漢語還寫作 "疙瘩、紇褡" 等。英語還有同源詞 "knoll, knead, knit, knop, knob, knap, knuckle 等。

No.414

kwe（=and） ⟶〔IE〕* kwe ───────────────⟶{ kwe }

和 he ⟶〔上古音〕*huar—〔h-k 音轉〕──────────⟶{ kuar }

　　說明：〔IE〕*kwe 意義爲 "和（and）"，在英語中沒有相對應于這個印歐語古詞根的詞。拉丁語中有 seaqui-（和）等。漢語 "和"字原意義表示 "柔和" 等意，但在口語中借用來表示 "與"的意義，同〔IE〕*kwe 音義相對應。參考：另外漢語 "還（hai）"、"與（上古音*hiag）" 等字同〔IE〕*kwe 也明顯地具有音義對應的關係。

No.415

lactic ⟶〔IE〕*g（a）lag—〔簡化〕────────────────⟶ { glag }

酪 lao ⟶〔上古音〕*glak──────────────────⟶ { glak }

　　說明：〔IE〕*g（a）lag 和漢字 "酪" 都表示 "乳液（milk）"。儘管漢語 "酪" 字現在念 lao，已沒有字頭音 "g-"，但從 "酪"字的聲旁 "各" 可以判斷出原始字音有 g-音，和 lactic 的詞源*g（a）lag 有頭音 g-的情況如出一轍。"乳液" 是人類及生物界最原始、最重要的生活要素，漢字和印歐古詞根表現得如此相似，很難說是後來發生的相互之間的借詞，應該說是人類未分化成各種族之前就產生的共同的文化遺產。

No.416

lag ⟶（詞源不明）lag ──────────────────⟶ { lag }

落 la ⟶〔上古音〕*lak ─────────────────⟶ { lak }

　　說明：英語 lag 意義為 "最後的（人或物）、慢騰騰落在後面"。其詞源不明，一說英國地方的兒童在遊戲時將數位 "first, secod……last" 說成 "fog, seg,……lag"，即其中 last 訛為 lag，成其詞源。又一說為北歐語言中，把 "一群割麥人中最後一個" 稱為 "lagman" 是其詞源。漢語 "落" 字念 luo 意義為 "掉下來"，而念 la 則指 "速度掉在後面" 之意，同 "lag"音義一致。

No.417

lamp ⟶〔IE〕*lab—〔b-m 音轉〕────────────────→{ lam }

爛 lan ⟶〔上古音〕*glan—〔g 脫落〕──────────────→{ lan }

說明：〔IE〕*lab 的意義爲 "燦爛、亮、焚（shine, light, burn）"。 英
語 lamp 表示 "燈火"。漢語 "爛" 字有兩個不相關聯的意
義：1.形體酥軟發腐（腐爛）；2.鮮明光亮（燦爛）。第二個意
義和印歐古詞根〔IE〕*lab 相同。

No.418

languish ⟶〔IE〕*leg—〔g-ŋ 音轉〕──────────────→{ leŋ }

slack ⟶（同上）────────────────────────→{ leŋ }

懶 lan ⟶〔上古音〕*lan ────────────────────→{ lan }

說明：〔IE〕*leg 意義爲 "懶洋洋（slack, languid）"，同漢語 "懶"
字意義完全一致，因此 "懶—languish—slack" 是音義相當一
致的對應詞。

No.419

laugh ⟶〔IE〕*kleg—〔kl-k 音轉〕────────────────→{ keg }

噱 jue,xue ⟶〔上古音〕*giak—〔g-k 音轉〕〔簡化〕────→{ kak }

說明：〔IE〕*kieg 意義爲 "大叫、發出音響（cry, sound）"，現代
英語 laugh 意義爲 "大笑"。漢語 "噱" 字兼具〔IE〕*kieg
和 laugh 的意義，其原始意義爲 "張開大口，咯咯地大笑"
（ "噱" 的 "戲弄、嘲弄（如噱頭）" 是後起的意義）。

No.420

lawn ⟶〔IE〕*lendh—〔dh-n 音轉〕──────────────→{ len }

London ⟶古英語 lund—〔d-n 音轉〕──────────────→{ lun }

林 lin ⟶〔上古音〕*liem—〔簡化〕──────────────→{ lem }

說明：〔IE〕*lendh 意義爲 "土地、杜鵑花樹，草原（land, heath,
praire）"。在歐州大陸末開化之前 "林、地" 兩種概念似乎

並未分化得很清楚。lawn 意義爲 "林間的空地、草地" ，其更古形式的塞爾特語 laund，則意義爲 "長滿樹木的林地" 。另外， "london thorpe" 意義爲 "林旁的村落" 。其中 london 意義爲 "林旁的" ，來源於古英語 lund，意義爲 "小樹林，雜樹林（grove, copse）" 。因此英國首都 "倫敦（London）" 一說意義爲 "樹林的" ，實在和漢語 "林的（lin de）" 的發音十分近似。參考：還有一個英語辭彙 lumby 意義爲 "林中的農場" 。

No.421

lay ⟶〔IE〕*legh—〔簡化〕⟶{ leg }

law ⟶（同上）⟶{ leg }

列 lie ⟶〔上古音〕*liat—〔簡化〕⟶{ lat }

例 li ⟶〔上古音〕*liad—〔簡化〕⟶{ lat }

律 lyu⟶〔上古音〕*liuet—〔簡化〕⟶{ let }

說明：〔IE〕*legh 原意義爲 "橫躺，放下（lie, lay）" ，漢語 "列" 同英語 lay 都表示 "橫向擺放" 。漢語 "例" 字表示 "擺放在那裏的東西稱爲 "先例" 。英語 law 的意義是 "明確擺放在那裏的規則" ，語源上和 "例" 字音義相通。漢字 "律" 的字面意義爲 "人的行爲（彳）要根據明確寫（聿= "筆" 的意思）在那裏的規則" ，因此在 "擺在那裏的" 意義上同〔IE〕*legh 及其衍生詞 law 異曲同工，音義相近。參考：另外同 "律" 字近源的 "率（上古音*liuet,把物件湊整齊）" 字也有 "擺放" 的含義。

No.422

lead ⟶〔IE〕*leit—〔t-n 音轉〕⟶{ lein }

rule ⟶〔IE〕*reg—〔g-ŋ 音轉〕⟶{ leiŋ }

領 ling ⟶〔上古音〕*lieŋ⟶{ lieŋ }

說明：〔IE〕*leit 意義爲 "先導、死（go forth, die）"，〔IE〕*reg
意義爲 "領、統治（lead, rule）"。漢語 "領" 字除了頭頸的
"領（如：引領而望）" 外，還表示：1. "率領"，同 lead
的詞源〔IE〕*leit 音義相近；2.統治，如 "領地、領主" 的
"領"，同 rule 的詞源〔IE〕*reg 音義相近。

No.423

league ⟶	〔IE〕*leig ⟶	{ leig }
侶 lyu ⟶	〔上古音〕*liag ⟶	{ liag }

　　說明：〔IE〕*leig 的意義爲 "綁住（bind）"。英語 League 表示 "同
盟、聯合"，常被翻譯成 "～連"。漢語 "侶" 字是 "同夥"
的意思，和 "league" 音義相通。據藤堂明保氏的說法，"侶"
和 "旅" 是同源字，據此，"～league" 也可以譯成 "～
旅"。參考：漢語 "僚（上古音*log）" 字同 "侶——league"
在音義上的關聯性也頗強。

No.424

leak ⟶	〔IE〕*leg ⟶	{ leg }
leach ⟶	（同上）⟶	{ leg }
漏 lou ⟶	〔上古音〕*lug ⟶	{ lug }
瀝 li ⟶	〔上古音〕*lek—〔k-g 音轉〕⟶	{ leg }
濾（漉）lyu ⟶	〔上古音〕*liag—〔簡化〕⟶	{ lag }

　　說明：〔IE〕*leg 原意義爲 "滴答（dribble, trickle）"。漢語 "漏"
字表示 "雨水（雨）從房頂（尸）滴答著漏下來"；"瀝"
字表示 "水珠一滴滴地連續地滴下來"；"濾" 字和 leach 一
樣表示 "過濾"（過濾過程中水是滴答滴下來的）。"漏—
瀝—濾—leak" 確確實實是音義相當一致的一組漢英對應詞。

No.425

leave ⟶ 〔IE〕*leip—〔簡化〕————————————————→ { lep }

離 li ⟶ 〔上古音〕*liar—〔簡化〕————————→ { lar }

　　說明：〔IE〕*leip 原意義爲 "定停、堅持（stick, adhere）"，leave
　　　　　的語義由印歐語古詞根*leip 的 "固定於某地點" 發展成爲
　　　　　"留下（某物）"，進而變成 "留下（某物）而離去"。意
　　　　　義的中心由 "留" 而逐漸趨於相反意義的 "離"。有趣的是
　　　　　漢語的 "離" 字古今意義之間也同樣出現了這種意義相反的
　　　　　變化，如："離騷" 的原意義爲 "被騷愁纏繞（stick）"、
　　　　　"離座" 原意義爲 "並排坐著"，而如今 "離" 字的意義已
　　　　　發展成爲 "離去、離開" 了。

No.426

leper ⟶ 〔IE〕*lep————————————————————→ { lep }

癘 li ⟶ 〔上古音〕*liad —〔簡化〕————————→ { lad }

　　說明：〔IE〕*lep 意義爲 "脫皮、魚鱗(peel, scel)"。"癘—leper"
　　　　　音義相似，都指皮膚疾病 "麻風病"，漢語也稱 "癩病"。

No.427

libation ⟶ 〔IE〕*lei ————————————————→ { lei }

酹 lei ⟶ 〔上古音〕* lued—〔簡化〕————————→{ led }

　　說明：〔IE〕*lei 意義爲 "潑走（to flow）"。libation 意義爲 "向神
　　　　　獻酒"，同漢語 "酹" 字的 "向地灑酒以祭神靈" 的意義基
　　　　　本相同。

No.428

light ⟶ 〔IE〕*leuk—〔k-ŋ 音轉〕〔簡化〕————————→ { leŋ }

luster ⟶ （同上）————————————————————→ { leŋ }

亮 liang ⟶ 〔上古音〕*liaŋ —〔簡化〕————————→ { laŋ }

朗 lang ⟶ 〔上古音〕*laŋ————————————————→ { laŋ }

說明：〔IE〕*leuk 意義爲“亮，炳然（light, bright）”，同漢語“亮、
　　　朗”意義完全相同，語音形式也相似。“亮—
　　　朗—light—luster”是音義一致的漢英對應詞。另外，漢字“爛
　　　（上古音*glan）”音義也較接近這組對應詞。請參見漢英對
　　　應詞“炳—明—白—bright”詞條。

No.429

light──→日爾曼古詞根*leughtjan─〔詞根化〕─ leuh ─〔h-g 音轉〕
　　　　　　　　　　　　　　　　　　〔簡化〕────────→ { leg }
燎 liao ──→〔上古音〕*liog─〔簡化〕──────────────→ { log }
瞭 liao ──→〔上古音〕*log──────────────────────→ { log }

說明：日爾曼古詞根*leughtjan 的意義爲“燃燒、光亮”，涵蓋了漢
　　　語的“燎”字的原始意義“發火（點火）”以及“瞭”字的
　　　原始意義“以目觀火（明亮、明確）”。另外，由*leughtjan
　　　衍生出來的 light 一詞的起初意義爲“黎明、天亮了”。漢語
　　　“黎（上古音*ler）”一般解釋爲“青黑色”，“黎明”解釋
　　　爲“天亮前的青黑色光亮”，但“黎”字在這裏有可能和
　　　light 一樣本身表示的就是“天亮”。

No.430

link ──→〔IE〕*kleng─〔k 脫落〕〔簡化〕───────────→ { leŋ }
聯 lian ──→〔上古音〕*lian─〔簡化〕──────────────→ { lan }
連 lian ──→〔上古音〕*lian─〔簡化〕──────────────→ { lan }

說明：〔IE〕*kleng 意義爲“彎、轉（bend turn）”，“k-”脫落演
　　　化成 link，意義爲“系成一串”。在“相系成串”意義上
　　　“聯—連—link”三詞音義一致。參考：按漢語複輔音聲母的
　　　理論來看，漢字“連”字中含“車（上古音*kiag）”字，其
　　　上古音也有可能構擬成爲“*klian”。

No.431

liquid ⟶〔IE〕*wleik—〔w 脫落〕〔k-g 音轉〕〔簡化〕————————→{ leg }

流 liu ⟶〔上古音〕*liog—〔簡化〕————————————————→{ log }

> 說明：〔IE〕*wleik 的意義爲 "流（flow）"，同漢語 "流" 字意義
> 一致，語音也極相似。英語 liquid 的現代意義是 "液體"，來
> 源於 "流（flow）" 的意義。另外，英語辭彙 flow 來源於同
> 樣是 "流" 的意義的印歐古詞根〔IE〕*pelu，如果*pelu 去除
> p-音，即 flow 去除 f 音成爲*low 的話，和漢語 "流" 字讀音
> 也極爲相像。

No.432

list ⟶〔IE〕*leizd—〔zd-t 音轉〕———————————————→{ leit }

row ⟶〔IE〕*rei ————————————————————————→{ rei }

列 lie ⟶〔上古音〕*liat————————————————————→{ liat }

> 說明：〔IE〕*leizd 原意義爲 "邊，小條子（border, strip）"，發展
> 成邊緣合在一起的 "排列"。〔IE〕*rei 原意義爲 "刮，撕
> （scratch tear）"。漢語 "列" 字原意義爲 "用刀割開並排在
> 一起"，同 row 的詞源幾乎完全一致。而 "排列在一起" 的
> 意義則同 list 的詞源意義相似。

No.433

lock ⟶日爾曼古詞根*lukan—〔詞根化〕————————————→{ luk }

鐐 liao ⟶〔上古音〕*log—〔g-k 音轉〕————————————→{ lok }

> 說明：日爾曼古詞根*lukan 的意義爲 "關閉、鎖上（close,enclose）"，
> 英語辭彙 lock 有：1.鎖；2.鎖上兩個意義。漢語 "鐐" 字有：
> 1.白銀；2.腳鎖（腳鐐）兩個意義。"*lukan——鐐（*log）"
> 在音義上十分近似。有趣的是 "手銬" 英語是 cuff,同漢字
> "梏（手銬）" 字音義也很相近。因此，"手銬腳鐐" 的 "梏‧
> 鐐" 和英語的 "cuff/lock" 兩詞同音同義。請參見漢英對應詞

"桔—cuff" 詞條。

No.434

logic ⟶ 〔IE〕*leg—〔g-ŋ 音轉〕─────────────⟶ { leŋ }

logue ⟶logic⟶（同上）──────────────────⟶ { leŋ }

論 lun ⟶〔上古音〕*luen—〔簡化〕──────────────⟶ { len }

倫 lun ⟶〔上古音〕*liuen—〔簡化〕─────────────⟶ { len }

理 li ⟶〔上古音〕*lieg—〔g-ŋ 音轉〕〔簡化〕─────────⟶ { leŋ }

說明：〔IE〕*leg 意義爲 "放在一起、說（bring togther, speak）"。
漢語 "理" 意義爲 "紋理，事物的條理" 同 logic 的詞義相
同；"論" 意義爲 "順著事物的條理而說" 同 logue 詞源意義
"說（speak）" 相近，因此 logic 和 logue 的關係同 "理" 和
"論" 的關係相同。漢語 "倫" 意義爲 "紋理、人與人之間
的條理"。

No.435

long ⟶〔IE〕*dlongho—〔詞根化〕→dlong—〔dl-d 音轉〕───⟶ { daŋ }

長 chang ⟶〔上古音〕diaŋ—〔簡化〕──────────────⟶ { daŋ }

說明：〔IE〕*dlongho 意義爲 "長（long）"。表示 "長" 的意思在
希臘語中爲 "dolikhos"、在梵語中是 "dirgha"，都以 "d"
音開始,和漢語 "長" 字的上古音一致。"長—long" 都是語
言中最古老的辭彙,漢語和印歐語古詞根如此地相對應,說明
了漢語和包括英語在內的印歐語在語源上確實具有近源關
係。

No.436

look ⟶古高地德語 luogen—〔詞根化〕──luog—〔簡化〕⟶ { log }

睞 lai ⟶〔上古音〕*leg ─────────────────⟶ { leg }

說明：英語 look 的詞源是古德語 luogen 及古薩克遜語 lokon,和漢
語 "睞" 字在音義兩方面都相當一致。參考：另外漢語中同

　　　　　"睞"近源的字還有"覽（上古音*lam）、瞭（上古音*log）"
　　　　等。

No.437

loot ⟶〔IE〕*reup —〔r-l 音轉〕〔簡化〕─────────⟶ { lup }

擄 lu ⟶〔上古音〕*lag─────────────────⟶ { lag }

　　　說明：〔IE〕*reup 意義爲"擄掠（snatch）"，同"擄"字的"掠奪
　　　　　　而去"的意義基本一致。請參見漢英對應詞"掠—rape"詞
　　　　　　條。

No.438

lotus ⟶閃語 lotos—〔詞根化〕—lot〔t –n 音轉〕─────⟶ { lon }

蓮 lian ⟶〔上古音〕*lan────────────────⟶ { lan }

　　　說明：閃語 lotos 意義爲"蓮"（在希伯來語中"lot"意義爲"myrrh
　　　　　　（沒藥）"屬一種香料），和漢語"蓮"字音義一致。參考：
　　　　　　一般在釋義時將漢字"蓮"解釋爲"各株蓮體之間都是相連
　　　　　　的,所以叫"蓮"，這可能是"由音造字,由字生義"的結果。

No.439

love ⟶〔IE〕*leubh—〔bh-m 音轉〕───────────⟶ { leum }

libido ⟶（同上）──────────────────⟶ { leum }

lief ⟶（同上）──────────────────⟶ { leum }

戀 lian ⟶〔上古音〕*liuan—〔簡化〕──────────⟶ { luan }

　　　說明：〔IE〕*leubh 意義爲"關心、希求（care of, desire, love）"，
　　　　　　同漢語"戀"字所表示的心裏活動基本一致，音義相通。libido
　　　　　　意義爲"愛的潛能"，lief 意義爲"愛戀的"。

No.440

lug ⟶古英語 luggen —〔詞根化〕──────────────⟶ { lug }

拉 la ⟶〔上古音〕*lap────────────────────→ { lap }

　　說明：lug（luggen）和漢語"拉"字意義相同，都表示用手拉。挪
　　　　　威語 lugge（拉）的詞源也和英語 lug 相似。另外，現代英語
　　　　　"拉"多用"pull"一詞。pull 詞源不詳，但同漢語"拉
　　　　　（*lap）"字的語音形成輔音換位元的形式"lap（拉）：pul"。

No.441

lupus ⟶拉丁語 lups─〔詞根化〕──lup〔p-m 音轉〕────→{ lum }

狼 lang ⟶〔上古音〕*laŋ────────────────→{ laŋ }

　　說明：英語 lups 現意義爲"狼瘡"，系借用拉丁語"lupus"一詞。
　　　　　拉丁語 lupus 意義爲"狼（wolf）"，同漢語"狼"字音義極
　　　　　爲相近。

No.442

macaque ⟶班圖語 makako─〔詞根化〕────────→{ makak }

獼猴 mi·hou ⟶〔上古音〕*mier·hug─〔h-k 音轉〕〔簡化〕──→{ mekug }

　　說明：班圖語 makako（獼猴）是通過葡萄牙語進入歐州語言的，其
　　　　　中 ma 爲複數名詞的複數接頭辭，kako 意義爲"猴"（參見
　　　　　漢英對應詞"猴—kako"詞條）。班圖語中 makako 指一群猴
　　　　　子，而在漢語中"獼猴"指稱一種"大猴子"。"獼
　　　　　猴—macaque"音義基本一致，說明了人、猴都來源於非洲，
　　　　　具有共同的來源。

No.443

magic ⟶〔IE〕*magh─〔簡化〕────────────→{ mag }

magus ⟶（同上）──────────────────→{ mag }

巫 wu ⟶〔上古音〕*miuag ─〔簡化〕───────→{ mag }

魔 mo ⟶〔上古音〕*muar ─〔簡化〕────────→{ mar }

　　說明：〔IE〕*magh 意義爲"巨力的（have great power）"，古代有

magian 族（取意"巨力"）。英語 magic 來源於拉丁語 magice（巫術），同漢語"巫"字音義一致。梵語中有"mara（魔）"一詞，同"〔IE〕*magh（巨力的）"可能有淵源關係。參考：一說漢語"魔"字是由梵語"mara"音譯過來。另外與〔IE〕*magh 近似的〔IE〕*mag 意義爲"大（great）"。

No.444

male ——→拉丁語 mas ————————————————————→{ mas }

牡 mu ——→〔上古音〕*mog————————————————→{mog}

說明：拉丁語 mas 意義爲"雄的（mate）"（但進一步的詞源不明）。聲母"m-"用於人稱上，如："媽、母、mother，mat"都表示雌性，但用在性別上則表示雄性，如："牡（mu）、male"。與之相反，聲母"p-（f-）"在人稱上表示雄性，如"爸、父（上古音*biuag）、papa，father（古音爲*pater）"都是雄性，而用在性別上則表雌性，如："牝（pin），female"等，漢英之間同樣地呈現出相反交差的情況。

No.445

mama ——→〔IE〕*ma————————————————————→{ ma }

mum ——→（同上）————————————————————→{ ma }

mother ——→〔IE〕*mater〔詞根化〕————————————→{mat}

母 mu ——→〔上古音〕*mueg —〔簡化〕————————→{meg}

媽 ma ——→〔上古音〕*mag—————————————————→{mag}

說明：〔IE〕*ma 和〔IE〕*mater 都是"母親（mather）"意義，和漢語的"母、媽"音義基本一致。母稱"ma"，父稱"pa"可以說是萬國共通的（可能只有極少數人群將 ma 和 pa 的意義對調），這跟人類的同一起源以及嬰兒起初發音能力很弱只有雙唇部位能發輔音音素有關。有人認爲，嬰兒發育初期只能發最易發音的〔p〕、〔m〕，所以母稱"ma"，父稱"pa"

的萬國共通也就並不奇怪，不足以證明人類有共同母語。不過這種觀點是不堪一擊的。因爲以此理來推論的話，在概率上本該有 50%的民族語言以"pa"音表示"爸"意，而另外的 50%的民族語言以"pa"音表示"媽"意才對。反之"ma"音也亦然。然而在歷史上並未有過 50%"pa"表"爸"的民族使另外 50%"pa"表"媽"的民族消亡的事實。因此，母稱"ma"父稱"pa"的萬國共通恰恰證明了人類語言一定有共同的起源。請參見漢英對應詞"父—father"詞條。

No.446

man ⟶日爾曼古詞根*mann—〔簡化〕───────→{ man }
民 min ⟶〔上古音〕*mien—〔簡化〕───────→{ men }

　　說明：英語 man 和日爾曼古詞根*mann 原初都指"人、大衆"，同漢語"民"字意義基本一致,後來特指化專指"男人"。參考：英語 people（詞源不明），可能來自 Etroscan 語，表示"民衆"。

No.447

many ⟶〔IE〕*mengh--〔m-b 音轉〕〔ng-n 音轉〕〔簡化〕──→{ ben }
multiply ⟶〔IE〕* mel—〔m-b 音轉〕〔l-n 音轉〕────→{ ben }
繁 fan ⟶〔上古音〕* biuan —〔簡化〕──────→{ ban }

　　說明：〔IE〕* mengh 意義爲"豐富、許多（rich, many）"，〔IE〕*mel 意義爲"強、大（strong，great）"。漢語"繁"意義爲"茂盛，繁茂、繁衍"，字意上等於"many+multiply"。

No.448

march ⟶〔IE〕*merg──────────→{ merg }
武 wu ⟶〔上古音〕*miuag—〔簡化〕──────→{ muag}

說明：〔IE〕*merg 的意義爲 "疆界、邊界（boundry, border）"。英語 march 一詞現意義爲 "進軍"，原始意義爲 "用腳踩出印記（mark out with footprints）"，詞源進一步來源於印歐古詞根〔IE〕*merg（意義爲 "邊界—border"）。漢語 "武" 字的原意義不是 "武力" 而是 "舉著戈（武字上半部）踏著腳（止，武字的下半部）往前進軍" 的意思，同 march 意義相同。"武—march" 音義對應，語源上異曲同工。請參見漢英對應詞 "陌——mark" 詞條。

No.449

mare ⟶〔IE〕*marko—〔詞根化〕————————————→{ mak }

馬 ma ⟶〔上古音〕*mag—〔g-k 音轉〕————————————→{ mak }

說明：英語 mare（雌馬）來源於泛稱的馬的印歐古詞根〔IE〕*marko（意義爲 "馬—horse"），同漢語 "馬（*mag）" 字音義十分一致，簡直像一對孿生兄弟。參考：英語 horse（雄馬）的詞源爲印歐古詞根〔IE〕*kers（意義爲 "跑—run"）。

No.450

marine ⟶〔IE〕*mori—〔簡化〕————————————→{ mor }

海 hai ⟶〔上古音〕*meg————————————→{ meg }

說明：〔IE〕*mori 的原意義爲 "海（sea）"。漢語 "海" 字的聲旁是 "每"（*mueg）字,按藤堂明保氏的說法，上古 "海" 的讀音原來應該爲 "m" 音開頭，後來 "m" 音變成隻從鼻子出氣、聲帶不振動的 m 音，進而變成了 "h" 音，整個字在中古念成 "*hei" 音。英語 "sea（海）" 是後來起源於日爾曼內部的詞，原始形爲 "*saiwiz"，同印歐語古詞根〔IE〕*mori（海）沒有聯繫。漢語 "溟（上古音*meŋ）" 字仍然表示 "海"，可能是海的上古音的 "入陽對轉" 的繼承。

No.451

mark ⟶ 〔IE〕*merg ─────────────────────⟶ { merg }

陌 mo ⟶〔上古音〕*mbuak—〔mb-m 音轉〕〔k-g 音轉〕────⟶ { muag }

　　說明：〔IE〕*merg 的意義爲 "疆界、邊界（boundry, border）"。古
　　　　　英語 mark 仍表示 "邊境"，後來因疆界需要標誌才引申爲現
　　　　　代的 "標上符號" 的意義。漢語 "陌" 字的意義爲 "田間的
　　　　　東西向小道"，有 "田界" 的含義。"陌—mark" 音義極爲
　　　　　吻合。"陌" 字用 "百" 作聲旁，同英語的 path（小道）亦
　　　　　有語音上的近似之處。請參見漢英對應詞 "武——march" 詞
　　　　　條。

No.452

market ⟶拉丁語 mercari—〔詞根化〕—merc〔簡化〕─────⟶ { mek }

貿 mao ⟶〔上古音〕*mog ─────────────────⟶ { mog }

　　說明：拉丁語 mercari 的意義爲 "商貿（merchandise）"，和漢語
　　　　　"貿" 字音義酷似。英語 market 和 merchant 都來源於拉丁語
　　　　　mercari。另外，這一拉丁語似乎和另一個印歐古詞根〔IE〕
　　　　　*merg（ "邊境" —英語中有 mark 一詞，原始意義爲 "境
　　　　　界"）有關係。一般漢語 "貿" 也指部落間或異地間的商業
　　　　　行爲。請參見漢英對應詞 "陌—mark—march" 詞條。

No.453

marry ⟶〔IE〕*mari—〔詞根化〕—mar—〔r- n 音轉〕────⟶ { man }

婚 hun ⟶〔上古音〕*muen—〔簡化〕──────────────⟶ { men }

　　說明：〔IE〕*mari 意義爲 "少婦（young women）"，其中 "mar"
　　　　　在拉丁語中又意義爲 "男人（man）"，同漢語 "民（上古音
　　　　　*mien）" 音義相近。漢語 "婚" 字原寫作 "昏"，念
　　　　　"*muen"。唐代爲避李世民之諱改作 "婚"。參考：又一說
　　　　　古代婚禮多在黑夜舉行，故稱 "婚"。

No.454

Mars ──→拉丁語 mars─〔簡化〕──────────────────→{ mar }

禡 ma ──→〔上古音〕*mag ──────────────────→{ mag }

　　　說明：拉丁語 Mars 是羅馬神話中的“戰神”，後表示“火星”（即
　　　　　　火星在英語中被稱作“戰神之星”），但進一步詞源不詳。在
　　　　　　希臘語中 marnasthai（戰鬥）一詞看來與 Mars 詞源也比較接
　　　　　　近。漢語“禡”是出征前祭祀軍神的活動。“禡─Mars”在
　　　　　　“戰神、軍神”的意義上有一定的音義關聯性。參考：軍祭
　　　　　　在日語中叫做 matsuri，也以“ma”開頭。

No.455

match ──→日爾曼古詞根*mak──────────────→{ mak }

medium ──→ mid──→日爾曼古詞根 *medjaz ─〔詞根化〕──→{ med }

middle ──→（同上）──────────────────→{ med }

媒 mei ──→〔上古音〕*mueg ─〔簡化〕──────────→{ meg }

伻 mou ──→〔上古音〕*miog ─〔簡化〕──────────→{ mog }

　　　說明：日爾曼古詞根*medjaz 意義爲“中間”，medium 意義爲“媒
　　　　　　介、介於中間的物體”。漢語“媒”是介於男女中間的說情
　　　　　　人（媒妁）。另外，日爾曼古詞根*mak 意義爲“匹配（fit）”，
　　　　　　同“媒、伻（相等）”的音義更爲一致。英語“match”來源
　　　　　　於日爾曼古詞根*mak，同“做媒”意義比較相近。

No.456

matter ──→拉丁語 materia─〔詞根化〕──────────→{ mat }

material ──→（同上）──────────────────→{ mat }

物 wu ──→〔上古音〕*miuet─〔簡化〕──────────→{ met }

　　　說明：拉丁語 materia 表示“物”，有“原材料”的含義。漢語“物”
　　　　　　字表示形形色色的客觀的物體。直至今日上海話的“物”讀
　　　　　　若“mat”同 matter 語音甚近。參考：一說 materia 進一步來

源於 "mater（＝mother,母）" 一詞。而在漢語中 "母（上古
音*miueg）" 字同 "物（上古音*miuet）" 字語音也頗爲近似。

No.457

maze ⟶古英語 masuan—〔詞根化〕─────────────────⟶{ mas }

迷 mi ⟶〔上古音〕*mer─────────────────────────⟶{ mer }

　　說明：古英語 masian 意義爲 "混亂（confuse）"（進一步的詞源
　　　　　不詳），同漢語 "迷亂" 的 "迷" 字意義基本一致。

No.458

mead ⟶〔IE〕*medhu —〔詞根化〕— med〔d-t 音轉〕────⟶{ met }

mel ⟶〔IE〕*melit —〔詞根化〕──mel — 〔l-t 音轉〕──⟶{ met }

mildew ⟶mil(＋dew)（同上）────────────────────⟶{ met }

蜜 mi ⟶〔上古音〕*miet—〔簡化〕────────────────⟶{ met }

　　說明：〔IE〕*medhu 意義爲 "蜂蜜、蜂蜜酒（honey,mead）"，〔IE
　　　　　〕*melit 意義爲 "蜂蜜（honey）"，都同漢語 "蜜" 字音義
　　　　　近似。mead 意義爲 "蜂蜜酒"；mel 意義爲 "蜂蜜"；mildew
　　　　　意義爲 "蜜滴"。請參見漢英對應詞 "蜂—bee" 詞條。參
　　　　　考：另外，一說漢語 "美（上古音：miuer）" 字原始意義爲
　　　　　"甘甜"，同對應詞 "蜜—mel" 關聯性強，後發展爲 "美
　　　　　麗" 的意思。中國人自古以 "甘甜爲美，羊大爲美"。請參
　　　　　見漢英對應詞 "賣—美—beauty" 詞條

No.459

meditate ⟶〔IE〕*med────────────────────────⟶{ med }

謀 mou ⟶〔上古音〕*miueg—〔簡化〕──────────────⟶{ meg }

　　說明：〔IE〕*med 的意義爲 "尋求適當的措施（to take appropritate
　　　　　measure）"，主要指思考、謀求。英語 meditate 意義爲 "默
　　　　　想、思考"。漢語 "謀" 字有 "策劃、思考" 之意，兼具〔IE〕

　　　　　*med 和英語 meditae 兩者的含義。

No.460

meet ⟶〔IE〕*mod—〔m-b 音轉〕〔d-n 音轉〕————————→{ bon }

逢 feng ⟶〔上古音〕* biuŋ —〔簡化〕————————————→{ buŋ }

　　說明：〔IE〕*mod 意義爲"會，集（meet, assemble）"和漢語"逢"
　　　　　字意義一致。

No.461

meotod(=fate)⟶古英語 meotod—〔詞根化〕—meot—〔t-n 音轉〕→{ meon }

命 ming ⟶〔上古音〕*mieŋ ————————————————→{ mieŋ }

　　說明：fate（命運）一詞在古英語中一般使用同樣意義的"meotod"
　　　　　一詞，meotod 和漢語"命"字一樣表示"宿命"，音義相似。

No.462

merge ⟶〔IE〕*mezg—〔簡化〕————————————————→{ mez }

沒 mo ⟶〔上古音〕*muet—〔簡化〕————————————→{ met }

　　說明：〔IE〕*mezg 意義爲"下挖，投入（dig ,plunge）"，同"沒
　　　　　（進入水中=投入）"字意義比較相似。現代的"沒—merge"
　　　　　則意義完全相同。

No.463

mesh ⟶〔IE〕*mezg—〔簡化〕————————————————→{ meg }

目 mu ⟶〔上古音〕*miuk—〔簡化〕————————————→{ muk }

　　說明：〔IE〕*mezg 意義爲"編織、打結（knit）"，mesh 作爲名詞
　　　　　意義爲"網目（網眼）"，也就是"綱舉目張"的"目"。
　　　　　"目—mesh"音義基本上是一致的。

No.464

micro ⟶ 〔IE〕*smik—〔s 脫落〕─────────────→ { mik }

minute ⟶ 〔IE〕* mei ─────────────────→ { mei }

微 wei ⟶ 〔上古音〕*miuer —〔簡化〕──────→ {muer}

　　說明：〔IE〕*smik 和〔IE〕*mei 都表示"小（small）"，漢字"微"
　　　　　表示"小而不顯眼，一點點"，漢英之間音義相同。英語另外
　　　　　還有"mini, miniature（都表示：小，小型）"兩詞同
　　　　　"微—micro—minute"在語源上比較相似。

No.465

midge ⟶〔IE〕*mug —〔g-ŋ 音轉〕──────────→{ muŋ }

蠓 meng ⟶〔上古音〕* moŋ────────────────→{ moŋ }

　　說明：〔IE〕*mug 意義爲"蚊、蠅（gnat, fly）"，漢語"蠓"意義
　　　　　爲"一種小蚊子"，基本意義漢英相同。請參見漢英對應詞
　　　　　"蚊—mosquito"詞條。

No.466

mill ⟶ 〔IE〕* mel────────────────────→ { mel }

mull ⟶ （同上）───────────────────→ { mel }

磨 mo ⟶〔上古音〕* mua r—〔簡化〕──────→{ mar }

摩 mo ⟶〔上古音〕* muar—〔簡化〕───────→{ mar }

　　說明：〔IE〕*mel 意義爲"磕碎、研磨（crush, grind）"，同漢語"磨"
　　　　　字幾乎同音同義。另外漢語"揣摩（仔細思考）"中"摩"
　　　　　字有"磨（琢磨）"的含義，而英語也同樣使用和 mill 同源
　　　　　的 mull，將"仔細思考"說成"mull over"。單獨的 mull 意
　　　　　義爲"垃圾（rubbish）"，是"磨損了的廢物"的意思，也
　　　　　和"磨"字相關。參考：英語 meal（餐膳）也和 mill 同源，
　　　　　原表示"粗磨的穀物"。而漢語"米（上古音*mer）"字更
　　　　　是用大棒"十"在磨米，因此"mill—meal—米"音義完全相

似。

No.467

millet ⟶〔**IE**〕***mel** ——————————————————————→{ mel }

糜 mei ⟶〔上古音〕***miar**—〔簡化〕————————————————→{ mar}

　　說明："糜子—millet"都表示"黍"。millet 的詞源〔IE〕*mel 原
　　　　　意義爲 "磕碎、研磨（crush, grind）"，漢語"糜（糜黍）"
　　　　　字的上古音*miar 同"磨"字的上古音*muar 也十分相似，可
　　　　　能同黍類穀物需研磨後才能食用有關。請參見漢英對應詞
　　　　　"磨—摩—mill—mull"詞條。

No.468

mire ⟶〔**IE**〕***meu**——————————————————————→{ meu }

湄 mei ⟶〔上古音〕***miuer**—〔簡化〕————————————————→{ muer}

　　說明：〔IE〕*meu 意義爲"潮濕（damp）"，現代英語 mire 意義爲
　　　　　"沼澤"。漢語"湄"字意義爲"河岸水草交接處（水草交
　　　　　爲湄《爾雅》）"，同"潮濕·沼澤"在意義上有接點。漢語
　　　　　mei 音多與"潮濕"相關（如"沒·黴·梅"等字），"湄"
　　　　　字亦然。

No.469

mis- ⟶〔**IE**〕***mei**——————————————————————→{ mei }

謬 miu ⟶〔上古音〕***miog**—〔簡化〕————————————————→{ mio }

　　說明：〔IE〕*mei 意義爲"變化、轉移（chang, move）"，mis-作爲
　　　　　接頭辭表示"謬誤、不"之意。漢語"謬"表示"紋理不合，
　　　　　有差錯"，同"mis-"意義有近似點。

No.470

mist ⟶〔**IE**〕***meig**——————————————————————→{ meig }

霧 wu ⟶〔上古音〕*miug ─────────────────────⟶{ miug }

> 說明：從現有的資料來看，mist 的最早意義是"難解的事物"，而
> 其詞源的印歐語古詞根〔IE〕*meig 又解釋爲"撒尿
> （urinate）"，似乎同"霧"的概念缺乏關聯。但從"霧"的
> 上古音*miug 和〔IE〕*meig 的發音來看語音上十分相似，而
> 且〔IE〕*meig 發展出來的 mist 的今義又同"霧"字意義完
> 全相同。

No.471

moor ⟶〔IE〕*maro—〔詞根化〕──────────────⟶{ mar }

漠 mo ⟶〔上古音〕*mak ─────────────────⟶{ mak }

> 說明："漠—moor"都表示"荒地"，語音也極爲相似。但 moor
> 的詞源〔IE〕*maro 意義爲"濕地（damp）"，而漢語"漠"
> 字的古義爲"沙地"，即如"漠"字字形所示"氵（水）莫
> （無）"（即沒有水），在這一點上意義有些差異。

No.472

moor ⟶低地德語 moren—〔詞根化〕──────────────⟶{ mor }

錨 mao ⟶〔上古音〕*miog─────────────────⟶{ miog }

> 說明：moor 來源於低地德語 moren（錨），進一步的詞源不詳，同漢
> 語"錨"字音義基本相同。

No.473

morn ⟶〔IE〕*merk —〔k-g 音轉〕〔簡化〕──────────⟶{ meg }

暮 mu ⟶〔上古音〕*mag ─────────────────⟶{ mag }

> 說明：〔IE〕*merk 意義爲"光線搖曳（flicker）"。morn 由"黎明
> 太陽出來時的光線搖曳"而引申成爲"早晨"之意。漢語
> "暮"字原寫作"莫"，表示"太陽在四根草中間搖曳，天將
> 暗"。其實在"暮"和"晨"的時間裏太陽都是在草木之中

的,光線也都暗而搖曳的，但漢語和印歐語言所表示的時間段卻恰恰相反。不過，黎明前天尙未正式明亮起來時，古時稱"昒（hu,上古音*miuet）"。將〔t-n 音轉〕成爲*miuen，同英語 morn 的音義都極爲酷似。參考：漢語"晝—夜、手—足、拔—撥"等反義詞，語音結構相似、意義相反。這是語言形成在概念尙未分化清楚的懵懂時代痕迹。這說明漢語的形成時期又是在各語言中相對比較早，是歷史上領先的語言，所以這種現象才出現並保留較多。

No.474

morph ——→希臘語 morph—〔簡化〕————————————→		{ mof }
form ——→morph 的語音倒裝。同上————————————→		{ mof }
貌 mao ——→〔上古音〕*mog————————————————→		{ mog }

　　說明：希臘語 morph 的意義爲"形式、形狀（form, shape）"，同漢語"貌"字音義近似。英語 form（形式、形狀）的詞源：希臘語 morph——→morphe——→拉丁語 morma——→formam——→英語 form。

No.475

mort ——→〔IE〕*mert—〔簡化〕————————————→		{ met }
歿 mo ——→〔上古音〕*muet—〔簡化〕————————→		{ met }

　　說明：〔IE〕* mert 意義爲"擦去，死（rub away, die）"，英語 mort 意義爲"死"，mortal 意義爲"不免於死的——凡界（因爲天界無死）"。漢語"歿"意義爲"死"，一般解釋爲語音上通"沒"（沈入於水面下），但在"消失"這一含義上和〔IE〕*mert 的"擦去（rub away）"意義是相通的。語音上，"歿（上古音*muet）"和〔IE〕*mert 可謂是一模一樣的孿生兄弟。參考：漢字"亡（上古音*miaŋ）"。請參見漢英對應詞"沒—merge"詞條。

No.476

mortise ──→阿拉伯語 mortazz─〔詞根化〕────────────→{ mort }

卯 mao ──→〔上古音〕*mog────────────────→{ mog }

　　說明：阿拉伯語 mortazz 原意義爲 "弄緊（made fast, fasten）"。漢
　　　　　語 "卯" 名詞意義是 "接榫頭的凹穴部"，動詞意義是 "把
　　　　　榫頭對進凹穴部並弄緊"（同 "冒（上古音*mog）" 字的詞
　　　　　源意義有些相似）。"卯─mortise" 兩詞音義相似。

No.477

mosquito ──→〔IE〕*mu ───────────────→{ m u }

蚊 wen ──→〔上古音〕*miuen─〔簡化〕──────────→{ muen }

　　說明：〔IE〕*mu 意義爲 "蚊、蠅（gnat, fly）"，同漢語 "蚊" 字意
　　　　　義完全相同。可能 "嗡嗡" 這種蚊子飛行的聲音，漢英古代
　　　　　都聽成 "mn、mu" 之音。

No.478

moth ──→〔IE〕*math ─〔th-n 音轉〕──────────→{ man }

螟 ming ──→〔上古音〕*meŋ─────────────→{ meŋ }

　　說明：〔IE〕*math 意義爲 "蟲（worm）"。漢語 "螟" 指一種小稻
　　　　　蟲，意義比〔IE〕*math 的 "蟲" 語義要狹窄一些。

No.479

mould ──→古諾斯語*mugla ─〔詞根化〕──────────→{ mug }

myco- ──→〔IE〕*meug────────────────→{ meug}

黴 mei ──→〔上古音〕*meug─────────────→{ meug}

醭 bu ──→〔上古音〕*puk─[p-m 音轉]──────────→{ m u k }

　　說明：〔IE〕*meug 原意義爲 "細小，滑溜（slimy, slippery）"，但
　　　　　接頭詞 "myco-" 意義爲 "菌類、黴菌"，同 "黴" 字意義一
　　　　　致。古諾斯語*mugla 意義爲 "黴"。漢語 "醭" 字同 "黴"

字意義相同。參考：另外漢語 "黴（mei,上古音*mued）" 字
也表示 "黴"，其上古音同 "mould" 發音幾乎一致。

No.480

mouth ⟶〔IE〕*men—————————————⟶{ men }

吻 wen ⟶〔上古音〕*miuen—〔簡化〕————————⟶{ men }

　　說明：〔IE〕*men 的意義爲 "突出（to project）"，mouth 意義爲
　　　　　"口"。一般，鳥獸的口部總是突出的。漢語 "吻" 字一般
　　　　　指口唇，當然就是口的突出的部分。"接吻" 就是口部 "突
　　　　　出" 的部分（口唇）的相觸。mouth 的詞源和 "吻" 字音義相
　　　　　當一致。

No.481

move ⟶〔IE〕* meua*t*—〔m-p 音轉〕〔簡化〕————⟶{ puat }

撥 bo ⟶〔上古音〕*puat———————————⟶{ puat }

　　說明：〔IE〕* meuat 的原意義爲 "推開（push away）"，同 "撥動"
　　　　　的 "撥" 的意義較爲相近。和 move 同源同意義的立陶宛語
　　　　　mauti 等都是以 t 結尾,和漢語 "撥" 字的韻尾一致。(move 的
　　　　　語尾 v 音應該是來源於〔IE〕*meuat 中的 u 音，而真正的語
　　　　　尾 t 脫落。）

No.482

mum —————————————————————⟶{ mum }

默 mo ⟶〔上古音〕*mek—〔k-ŋ 音轉〕—————⟶{ meŋ }

　　說明：英語 mum 是擬聲詞。閉嘴不願說話，常由鼻子發出 "m" 音
　　　　　來表示。另外同 mum 近源關係的 mummer 一般表示 "啞劇演
　　　　　員"，也表示 "嘰嘰咕咕不敢大聲說清楚的人"。
　　　　　"默—mum" 音義近似。

No.483

murk ⟶古諾斯語 myrkr—〔k-g音轉〕〔簡化〕⟶{ myg }

晦 hui ⟶〔上古音〕*mueg—〔簡化〕⟶{ meg }

昧 mei ⟶〔上古音〕*mued —〔簡化〕⟶{ med }

　　說明：古諾斯語 myrkr 的意義爲"黑暗（dark）"。希臘語單詞 mauros
　　　　（黑的）與之意義相近，但詞源關係不明。漢語"晦·昧"
　　　　意義爲"黑暗"，同 myrkr 音義酷似。特別是"晦*mueg"字
　　　　的-g 尾進行〔g-ŋ 音轉〕成*mueŋ，則同"明"字的發音極爲
　　　　相近，"晦·明"可能是一對通過音轉形成的反義詞。而印
　　　　歐古詞根 IE*bhreg（明亮）同古諾斯語 myrkr（黑暗）之間則
　　　　是詞頭的[b-m 音轉]的關係。請參見漢英對應詞"炳—明—
　　　　白—bright"詞條。

No.484

mushroom ⟶拉丁語 mussirio—〔詞根化〕⟶{ mus }

蘑 mo ⟶〔上古音〕*muar—〔簡化〕⟶{ mur }

　　說明：拉丁語 mussirio 意義爲"蘑"。漢語"蘑姑"是"蘑"的一
　　　　種。"蘑—mushroom"音義基本一致。

No.485

myrio ⟶希臘語 myrioi—[詞根化]——myr—[r-n 音轉]⟶{ min }

萬 wan ⟶〔上古音〕*miuan—〔簡化〕⟶{man}

　　說明：希臘語 myrioi 意義爲"十千（ten thousand）"，同時具有"數
　　　　不清（countless）"的含義。漢語"萬"也表示"十千"或"數
　　　　不清"（如："萬物"）。參考：數位中漢英之間具有語源上
　　　　的音義近似性的有"萬—myrio"、"十—ten"、
　　　　"五—quinque"、"對（二）—two—dia"，請參見各對應
　　　　詞條。另外，一說希臘語 myrioi 來源於印歐語古詞根〔IE〕
　　　　*meu 意義爲"濕（damp）"，但意義上的相關聯繫難以解釋。

No.486

mystery ——→希臘語 muein—〔簡化〕————————————→{ men }

瞑 ming ——→〔上古音〕*meŋ ——————————————→{ meŋ }

密 mi ——→〔上古音〕*miet—〔t-n 音轉〕〔簡化〕—————→{ men }

　　說明：mystery（秘密）來源於希臘語 muein（意義爲 "閉上眼睛—to close the eyes"），詞源上沒有 "秘密" 的意思，音義都和漢語 "瞑" 字相同（其進一步的詞源一說是印歐古詞根〔IE〕*mu，意義不詳，不可取）。漢語 "密（上古音*miet）、秘（上古音*pier）" 字都有 "深藏" 之意，同希臘語 muein 有一定的音義上的關聯性。另外同 "瞑—密—mystery" 音義相近的有 "閟、閉、宓" 等字。

No.487

near ——→古諾斯語 near ——————————————————→{ near }

邇 er ——→〔上古音〕*niar ——————————————————→{ niar }

昵 ni ——→〔上古音〕*niet ——————————————————→{ niet }

　　說明：古諾斯 naer 意義爲 "近，較近（near, nearer）"，漢語 "邇" 字意義爲 "近"；"昵" 字意義爲 "接近（親昵，即親近之意）"，"邇—昵—near" 是音義完全相同的漢英對應詞。

No.488

neat ——→〔IE〕*neit————————————————————→{ nei }

霓 ni ——→〔上古音〕*ŋer————————————————————→{ ŋer }

日 ri ——→〔上古音〕*niet—〔簡化〕————————————→{ net }

　　說明：〔IE〕*neit 意義爲 "閃亮、刺激（shine, to be excited）"，在 "閃亮" 意義上同漢字 "霓、日" 具有音義的共同性。現代英語的 neat 表示 "亮淨" 之意。參考：在日語中 "霓" 稱 nidi，也同英漢對應詞 "霓—日—neat" 在音義上相對應。

No.489

neck ⟶〔IE〕*ken─────────────────────⟶{ ken }

緊 jin ⟶〔上古音〕*kien─〔簡化〕───────────⟶{ ken }

頸 jing ⟶〔上古音〕*kieŋ─〔ŋ-n 音轉〕〔簡化〕───⟶{ ken }

> 說明:〔IE〕*ken 原意義爲義爲 "受壓迫、受壓迫物(comprss, some
> thing comprssed)",英語 neck 意義爲 "頭頸"(頭頸處一
> 般較細,同 "受壓而變細" 在意義上或許有些關聯)。在 "壓
> 迫" 意義上〔IE〕*ken 同漢語 "緊" 字十分相似。

No.490

need ⟶〔IE〕*nau─────────────────────⟶{ nau }

需 xu ⟶〔上古音〕* niug─〔簡化〕──────────⟶{ nug }

> 說明:〔IE〕*nau 的原來意義爲 "累竭了、死(be exhausted, death)"。
> 漢字 "需" 的字形意義爲 "被雨水(雨)浸透並柔軟(而)
> 下來"。英語中是因 "累竭了" 而擴大爲 "需要" 補給,而
> 漢語中是 "柔軟下來" 因此 "需要" 依靠。英漢之間 "累竭
> 了" 和 "柔軟下來" 在意義上有一定的相似性,
> "需—need" 是一對漢英之間異曲同工,殊途同歸的對應詞
> 好例子。

No.491

night ⟶〔IE〕*nekwt─〔簡化〕───────────⟶{ nek }

夜 ye ⟶〔上古音〕*diag─〔d-n 音轉〕〔簡化〕───⟶{ nag }

> 說明:〔IE〕*nekwt 意義爲 "夜(night)",同漢語 "夜" 字上古音
> 有些近似。參考:漢語 "夜" 的上古音,同反義詞的 "晝(上
> 古音*tiog)" 相當相似。請參見漢英對應詞 "晝—day" 詞條。

No.492

nim ⟶〔IE〕*nem ────────────────────⟶{ nem }

numb──→同上────────────────────────────→{ nem }

拈 nian ──→〔上古音〕*nem ──────────────────→{ nem }

> 說明：〔IE〕*nem 的意義爲 "分派、取（assign, take）"。在 "取"
> 的意義上同漢語 "拈（用手指夾取）" 字的意義較爲相同。
> "numb" 一詞意義爲 "失去知覺"，可能源於 "知覺被取
> 走"；"nim" 一詞現代詞義爲 "小偷"，原始意義爲 "拈
> 取"，同 "拈" 字音義相同，如同孿生。

No.493

nip ──→古諾斯語 hnippa─〔詞根化〕──hnip─〔h 脫落〕────→{ nip }

鑷 nie ──→〔上古音〕*niap─〔簡化〕──────────────→{ nip }

> 說明：古諾斯語 hnippa 的詞義爲 "刺（prod）"，同漢語 "鑷" 字
> 音義極爲酷似。一說古諾斯語 hnippa 的進一步詞源爲印歐古
> 詞根〔IE〕*ken（意義爲 "鑷—pinch"），但此說從語音上來看
> "hnip—*ken" 的聯繫性比較缺乏，難以爲信。（實際上印歐
> 古詞根〔IE〕*ken 的音義比較接近漢語 "鉗（上古音*giam）·
> 拑" 字。請參見漢英對應詞 "拑—clip—clamp" 詞條。）

No.494

nook ──→中世英語 nok ────────────────────→{ nok }

隅 yu ──→〔上古音〕*ŋiug─〔ŋ-n 音轉〕〔簡化〕────────→{ nug }

> 說明：中世英語 nok 意義爲 "隅角"，同漢語 "隅" 字幾乎音義完
> 全相同。參考："隅—nook" 多指凹進的角，而英語 corner
> 多指凸出的角。corner 同 horn 一詞同源，請參見漢英對應詞
> "角—horn" 詞條。

No.495

nourish ──→〔IE〕*nau ──────────────────→{ nau }

nurse ──→拉丁語 nutrie ─〔簡化〕───────────────→{ nut }

乳 ru ⟶〔上古音〕*niug—〔簡化〕 ————————————————⟶{ nug }

説明：英語 nurse（乳母）來源於拉丁語 nutrire（意義爲"哺育—to nourish"）。漢語"乳"字的本義不是"乳液（milk）"，而是"哺育"。左邊的"孚"意義爲"用手撫捪嬰兒"，右邊的"乙"的意義一説爲"乙鳥"即燕子，表示"燕子授子"的古代傳説。"乳—nutrire"在"哺育"意義上完全一致。另外，〔IE〕*nau 的原意義爲"吸吮（suck）"，同"哺乳"在意義上關聯性很強。參考：漢語"孺（上古音*niug）"字意義爲"被哺育"的嬰兒。

No.496

nuh（=yet）⟶日爾曼古詞根*nuh—〔h-k 音轉〕————————————⟶{ nuk }

而 er ⟶〔上古音〕* nieg—〔g-k 音轉〕〔簡化〕————————⟶{ nek }

説明：日爾曼古詞根*nuk 意義爲"而，還（yet）"（但同英語的 yet 似乎沒有直接的詞源關係）。相當於"yet"的其他日爾曼語有：荷蘭語"nog"，古弗利西亞語"noch"，Golhic 語"nauh"等，都同漢語"而"的上古音十分地近似。

No.497

ocean→希臘語 okeanos—〔詞根化〕—okean—〔o脱落〕〔k-g 音轉〕→{ gean }

洋 yang ⟶〔上古音〕*giaŋ————————————————————⟶{ giaŋ }

瀛 ying ⟶〔上古音〕*gieŋ —〔g-k 音轉〕————————————⟶{ gieŋ }

説明：希臘語 okeanos 原意義爲"環地之大河或大水（the great river encompassing the earth）"，作爲"大海，大洋"的意思同"地中海（the Mediterranean sea）"一詞相對立、相區分來使用的。漢語"瀛"字表示安寧的大海。"洋—瀛—ocean"三詞的音義基本上是相似的。

No.498

out ——〔IE〕*ud —〔d-t 音轉〕————————————→{ ut }

越 yue ——→〔上古音〕*hiuat—〔h 脫落〕〔簡化〕————————→{ at }

　　　說明：〔IE〕*ud 意義爲 "向上、出界（up, out）"，同漢語 "越"
　　　　　　字意義完全一樣（如翻山越嶺）。

No.499

owl ——→中世英語 hule—〔h-k 音轉〕—————————————→{ kul }

梟 xiao ——→〔上古音〕*kog ————————————————→{ kog }

鴞 xiao ——→〔上古音〕* hiog—〔h-k 音轉〕—————————→{ kog }

　　　說明： "owl—梟—鴞" 都指 "貓頭鷹"。owl 一說來源於印歐語古
　　　　　　詞根〔IE〕*owl 意義爲 "嚎叫（howl）"，同漢語 "鴞" 字
　　　　　　中的 "號" 的意義相同。參考：漢語 "嗥（=嚎, hao,上古音
　　　　　　*hog）、叫（上古音*kog）" 同 "梟—鴞" 的語音也基本一致。

No.500

pace ——→ 〔IE〕*pete —〔詞根化〕————————————→{ pet }

fathom ——→（同上）——————————————————→{ pet }

發 fa ——→〔上古音〕* piuat —〔簡化〕————————————→{ pat }

　　　說明：漢語出發的 "發" 字的上半部的形旁 "癶" 表示 "兩腳伸
　　　　　　開"。〔IE〕*pete 意義爲 "伸展（stretch）"。pace 是兩腳伸
　　　　　　展，意義爲 "一步、步調、梯階"。fathon 是兩臂伸展，意義
　　　　　　爲 "伸展的兩臂，臂尺（即以臂寬量長度）"。
　　　　　　 "發—pace—fathom" 在 "伸展、伸開" 意義上語源意義相
　　　　　　同，且語音也近似。請參見漢英對應詞 "步—pace" 詞條。

No.501

pact ——→〔IE〕*pak—〔p-b 音轉〕——————————————→{ bak }

dispatch ——→ （dis+）patch→拉丁語 pacciare—〔詞根化〕—

pac—〔p-b 音轉〕─────────→{ bak }

縛 fu ──→〔上古音〕*biuak—〔簡化〕───────→{ bak }

　　說明：〔IE〕*pak 意義爲"縛緊（fasten）"。pact 意義爲"條約、
　　　　　條款"，所謂"條約"就是具有"束縛力"的條文。
　　　　　"縛—pact—patch"是一組音義十分近似的對應詞。由此看
　　　　　來，英語 dispatch 一詞的詞源意義就是"解縛→派去"。參
　　　　　考：另外漢語"繃（beng,包紮，上古音*beŋ〔ŋ-k 音轉〕→bek）"
　　　　　字同漢英對應詞"縛—pact"在語源上有較強的近似性。

No.502

pair ──→〔IE〕*pere —〔詞根化〕──────────→{ per }

compare ──→（com+）拉丁語 par ───────────→{ par }

peer ──→（同上）─────────────────→{ par }

比 bi ──→〔上古音〕*pier—〔簡化〕─────────→{ per }

　　說明：漢語"比"字原爲"二人並立而相比較"之意。〔IE〕*pere
　　　　　原意義爲"相配"，拉丁語 par 意義爲"相等（equal）"，
　　　　　都有"將二物並排"之意。（另外漢語"配"、"匹"、"駢"
　　　　　等字都是"比"的近源字，音義相近。）

No.503

pall ──→拉丁語　pallium—〔詞根化〕────────→{ pal }

布 bu ──→〔上古音〕*pag──────────────→{ pag }

　　說明：拉丁語 pallium 原意義爲"布衣"，詞根發音同"布"字近似，
　　　　　意義也有關聯。

No.504

palm ──→〔IE〕* pel —〔p-b 音轉〕〔l-n 音轉〕──────→{ ben }

paw→日爾曼古詞根*pauta—〔詞根化〕— paut〔p-b 音轉〕

　　　　　　　　　　　　　　　　〔t-n 音轉〕───→{baun}

蹯 fan ──→〔上古音〕*biuan──〔簡化〕──────────────→{ ban }

> 說明:〔IE〕* pel 原意義爲 "平,普(flat, spread)"。palm 指 "手掌、動物的足" 等。paw 是有爪的獸蹄。漢字 "蹯" 表示 "野獸的腳掌"。雖有手掌和腳掌之分,"蹯" 基本上和 palm 同意義。是掌,當然伸開了就是 "平" 的,同〔IE〕*pel 意義 "平,普" 有一定的相關性。另外,漢英對應詞 "步—ped" 同 "paw" 也有音義上的相似性。請參見漢英對應詞 "步—ped" 詞條。

No.505

pan ──→〔IE〕*pant──〔簡化〕──────────────→{ pan }

遍 bian ──→〔上古音〕*pian──〔簡化〕──────────→{ pan }

泛 fan ──→〔上古音〕*piam──〔簡化〕──────────→{ pam }

> 說明:〔IE〕*pant 原意義爲 "全部的(all)",同 "遍" 字意義近似。"遍—泛—pan" 是音義相當一致的對應詞。在電器中名牌 "panasonic" 其實譯成 "遍(pan)聲牌" 或 "泛(pan)聲牌"(即 "所有的聲音都能傳送給你")會更爲恰當而確切些。另外,"Pan-America"(全美國航空之意)被譯成 "泛美航空" 則是很好的譯名。

No.506

pan ──→拉丁語 panna──〔詞根化〕──────────→{ pan }

畚 ben ──→〔上古音〕*puen──〔簡化〕──

> 說明:英語 pan 是平底鍋,漢語 "畚" 也平底,區別在於 "畚" 有蓋,爲草編容器。抽象的形狀概念上 "畚—pan" 基本相同。作 "畚箕(dustpan)" 用時 "畚" 也沒有蓋。

No.507

pantry ──→〔IE〕*pa*d*──〔d-n 音轉〕──────────→{ pan }

飯 fan ──→〔上古音〕*biuan──〔b-p 音轉〕〔簡化〕───→{ pan }

說明：〔IE〕*pad 的意義爲 "哺食（feed）"。英語 pantry 意義爲 "食
　　　品室"，其字頭 "pan" 同漢語 "飯" 字音義極相當一致。請
　　　參見漢英對應詞 "哺—food—feed" 詞條。

No.508

parch ⟶中世英語 parche—〔che-g 音轉〕〔簡化〕————————→{ pag }
炮（炰）pao ⟶〔上古音〕*pog————————————————→{ pog }

　　說明：parch 意義爲 "炮製（幹炒、焙乾）"，同漢語 "炮（也寫作
　　　　"炰"）" 字音義完全相同。

No.509

park ⟶日爾曼古詞根* parrak—〔詞根化〕————————————→{ par }
圃 pu ⟶〔上古音〕*pag————————————————————→{ pag }

　　說明：日爾曼古詞根*parrak 意義爲 "圈圍起來的大庭園或狩獵園"
　　　　（現在 park 表示 "公園"）。漢語 "圃" 意義爲 "圈圍起來的
　　　　苗園"（如 "苗圃，茶圃" 等），同 park 的古義在 "圍起來的
　　　　園子" 這一點上完全相同。請參見漢英對應詞 "屏—park" 詞
　　　　條。

No.510

part ⟶〔IE〕*parti〔詞根化〕——part—〔簡化〕————————→{ pat }
別 bie ⟶〔上古音〕*biat—〔b-p 音轉〕————————————→{ pat }
判 pan ⟶〔上古音〕*puan—〔n-t 音轉〕〔簡化〕————————→{ pat }
分 fen ⟶〔上古音〕*piuen—〔n-t 音轉〕〔簡化〕————————→{ pat }

　　說明：〔IE〕*parti 原意義爲 "允許分給"。漢語 "別" 字原意義爲
　　　　"用刀插入骨關節將其分開"。在 "分" 的意義上
　　　　"別—part" 音義一致。參考：其實語言在漢字造字之前就早
　　　　已形成，"別" 字的真正語源就是語音爲*biat，意義爲 "分
　　　　開"，而與 "刀" 與 "關節" 是無關的,這些都是造字時找出

來的屬性。另外"別"字的上古音*biat 的韻尾 t 變成 n（即〔t-n 音轉〕）便與"分"、"判（切開）"兩字的字音相近,呈現同源的關係。

No.511

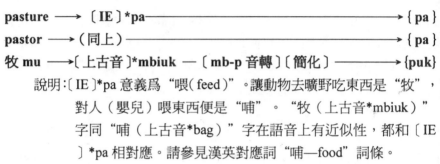

pasture ⟶ 〔IE〕*pa —————————————————→ { pa }

pastor ⟶（同上）————————————————————→ { pa }

牧 mu ⟶〔上古音〕*mbiuk —〔mb-p 音轉〕〔簡化〕————→ {puk}

　　說明:〔IE〕*pa 意義爲 "喂(feed)"。讓動物去曠野吃東西是 "牧",對人（嬰兒）喂東西便是 "哺"。"牧（上古音*mbiuk）" 字同 "哺（上古音*bag）" 字在語音上有近似性,都和〔IE〕*pa 相對應。請參見漢英對應詞 "哺—food" 詞條。

No.512

patch ⟶戈爾語 pettia—〔詞根化〕————————————→ { pet }

piece ⟶（同上）————————————————————→ { pat }

補 bu ⟶〔上古音〕* pag ——————————————————→{ pag }

　　說明：漢語 "補" 字原意義爲 "衣服破口處添上一塊"。英語 "patch" 和 "piece" 原意義爲 "一塊（布等）",作動詞用時同漢語 "補" 字意義一致。參考：漢語 "布（上古音*pag）" 字同 "補" 字的上古音也相同。

No.513

patella ⟶拉丁語 ped—{ d-n 音轉 }————————————→{ pen }

髕 bin ⟶〔上古音〕*bien —〔b-p 音轉〕〔簡化〕————————→{ pen }

　　說明：拉丁語 ped 意義爲 "步、足（foot）"（同漢語 "步" 字的詞源相近,請參見漢英對應詞 "步—foot" 詞條）。patella 是 "髕骨" 的意思。"髕骨" 是腳中最重要的關節骨之一,行走（步）時不可或缺。漢語 "髕骨" 從 "步骨" 演化而來（？）。

No.514

pave ⟶〔IE〕* peu ─────────────────────────⟶{ peu }

撲 pu ⟶〔上古音〕*puk────────────────────⟶{ puk }

    說明：〔IE〕*peu 意義爲 "割，打擊（cut, strike）"，pave 的原意義
      爲 "往下打擊"，接近于鋪路時的壓平動作。漢字 "撲" 字
      現表示 "全身投向某方向"，但原意義爲 "短促的打擊"，
      如 "撲打，相撲" 等。英語 pave 意義爲 "鋪路"，由 "撲打"
      意義延伸而來。

No.515

pay ⟶拉丁語 pac ──〔IE〕*pag（或*pak）───────────⟶{ pag }

付 fu ⟶〔上古音〕* piug —〔簡化〕────────────⟶{ pug }

賠 pei ⟶〔上古音〕*bueg—〔b-p 音轉〕〔簡化〕──────⟶{ peg }

    說明：拉丁語 pac 和〔IE〕*pag（或*pak）意義爲 "縛緊、和睦（fasten，
      ppeace）"（請參見漢英對應詞 "縛—睦—peace" 詞條）。pay
      的原意義爲 "將金錢交付（=縛）他人，取悅他人"，其古義主
      要是 "賠償"。而 "付" 字同〔IE〕*pag（=縛）的音義亦甚
      爲相近。

No.516

peace ⟶〔IE〕*pak—〔p-b 音轉〕───────────────⟶{ bak }

睦 mu ⟶〔上古音〕*mbiuk—〔mb-b 音轉〕〔簡化〕──────⟶{ buk }

    說明：〔IE〕*pak 意義爲 "縛緊（fasten）"，而 peace 的意義 "和平"
      來源於 "相互湊緊了" 之意（相互間沒有離間之縫隙，就和
      平了）。漢語 "睦" 字的聲旁 " " 表示 "將土湊緊（聚集）
      成陸" 之意，而 "睦" 字也有 "許多人湊緊（聚集）在一起相
      互親近，和好地生活" 之意。"睦—peace" 都有 "湊緊" 之
      意，語源上音義都相通。請參見漢英對應詞 "縛—pact" 詞條。

No.517

peak ──→古英語 pician─〔詞根化〕──→pic─〔k-ŋ 音轉〕────→{ piŋ }

峰 feng ──→〔上古音〕*piuŋ─〔簡化〕───────────────→{ puŋ }

說明：古英語 pician 意義爲 "刺（prick）"，而 peak 的含義是 "刺
入雲天的山峰"。與 peak 一詞同源的還有 "pike（矛槍、鶴
嘴）" 更具有 "刺" 的含義。漢語 "峰" 字同 "鋒（上古音
*piuŋ）" 字發音相同，"鋒" 同 "槍，矛" 一樣和 "刺" 有
意義上的關聯。請參見漢英對應詞 "鋒─point" 詞條。

No.518

peel ──→〔IE〕*pilo─〔詞根化〕────────────────→{ pil }

pare ──→古法語 parer─〔詞根化〕──────────────→{ par }

披 pi ──→〔上古音〕*piar─〔簡化〕─────────────→{ par }

說明：〔IE〕*pilo 原意義爲 "毛（hair）"，作動詞爲 "披掉毛（deprive
of the hair）"，而漢語 "披" 字同 "皮" 字近源。看來 "披
掉表層" 是同 "去掉皮毛" 的概念相關聯的。古法語 parer 意
義爲 "準備披掉（perpare peel）"。漢語 "披（斜著切開）"
字也常寫作 "批"（上古音*per,如：從肉上批下皮來）。請參
見漢英對應詞 "皮—fur—fell—film" 詞條。

No.519

pen ──→〔IE〕* bend─〔b-p 音轉〕〔nd-n 音轉〕────→{ pen }

paddock→中世紀拉丁語 parricus─〔詞根化〕→par─〔r-n 音轉〕→{ pen }

屏 ping ──→〔上古音〕*beŋ ─〔b-p 音轉〕──────────→{ peŋ }

說明：中世紀拉丁語 parricus 意義是 "圍牆"。由圍牆而產生 "被圍
起來的小牧場" 和 "園地（park）" 等意義。英語 pen 意義爲
"牲畜欄杆"，其詞源〔IE〕*bend 意義爲 "突起點（protruding
point）"，這同起初用壘石來阻隔牲口有關。漢語 "屏" 字
原意義爲 "壘起土石隱蔽中間"，同〔IE〕*bend 意義相同，

語音也近似。請參見漢英對應詞"圃—park"詞條。

No.520

pendent →拉丁語 pendere—〔詞根化〕—pend—〔nd-d 音轉〕——→{ ped }

pendant —→（同上）————————————————→{ ped }

佩 pei —→〔上古音〕*bueg—〔b-p 音轉〕〔簡化〕————→{ peg }

珮 pei —→〔上古音〕*bueg—〔簡化〕————————→{ peg }

　　說明：拉丁語 pendere 意義爲"挂（hang）"。漢語"佩"表示"懸
　　　　　挂著的下垂布條"、"珮"表示"挂在腰間的墜玉"。此二
　　　　　字都既有"系"又有"挂"的含義。"佩—珮—pendent"基
　　　　　本意義一致,語音近似。

No.521

petal —→〔IE〕*pata—〔詞根化〕— pet —〔t-n 音轉〕————→{ pen }

瓣 ban —→〔上古音〕*ben—〔b-p 音轉〕————————→{ pen }

　　說明：〔IE〕*peta 原意義爲"伸展，放開"，英語 petal 意義爲"花
　　　　　瓣"。漢語"瓣"字原意義爲"瓜（指苞蕾）用辛（即刃物）
　　　　　來破開"。參考：用"言語"破開爲"辯"，用"刀"破開
　　　　　爲"辨"即"辦理"）。因而"瓣—petal"都是"破開，放
　　　　　開"的結果。參考："瓣—petal"同"分（上古音
　　　　　*biuen）—part"似乎也有較近的語源關係。

No.522

phoenix→希臘語 phoinix—〔詞根化〕—phoin—[ph-p 音轉]〔簡化〕→{ poin }

鳳 feng —→〔上古音〕*biuem—〔b-p 音轉〕〔簡化〕————→{puem}

　　說明：希臘語 phoinix 比較多義,有"不死鳥，棗椰、腓尼基、紫色、
　　　　　深紅色（the phoenix, date palm, Pheonician, purple, crimso）"
　　　　　等意義。一說由於不死鳥的羽毛色彩（深紅色）如同棗椰之
　　　　　色的緣故而由棗椰這種植物名稱 phoenix 得名。但相反由於棗

椰這種植物的顏色如同不死鳥的羽毛色彩（深紅色）而由不
死鳥 pheonix 得名的可能性也不能排除。究竟 pheonix 的詞源
是源於不死鳥還是源於棗椰，不詳。按理說,中國傳說中出現
的"鳳"同埃及神話中的"不死鳥"應該不會是偶然性地語
音近似，因此第二種源於不死鳥的可能性更大些。

No.523

picture ──→〔IE〕*peig──────────────────────────→{ peig }

斧 fu ──→〔上古音〕*piuag ─〔簡化〕──────────────→{ piag }

　　　　說明：〔IE〕*peig 的意義爲"割、標描（cut, mark）"。英語 picture
　　　　來源於拉丁語，詞源意義是"用工具在石壁上刻畫並描
　　　　繪"，屬於古石器時代的"繪畫"之意。漢語"斧"字原寫
　　　　作"父"。後"父"字轉用爲"父親"之意，又另造了
　　　　"斧"字。"斧"的古原字"父"的下半部"乂"意義爲
　　　　"手"，上半部的兩點"八"，一爲"斧頭"、一爲"敲擊
　　　　物件"，即"斧"字表示"用手拿著斧頭在石壁之類的物件
　　　　上敲打刻畫"，同 picture 的詞源意義在音義兩方面十分類似。

No.524

piece ──→戈爾語 pettia─〔詞根化〕──pet─〔t-n 音轉〕────→{ pen }

flake ──→中世英語 flake ─〔fl-p 音轉〕〔k-ŋ 音轉〕──────→{ paŋ }

片 pian ──→〔上古音〕*pan──────────────────────→{ pan }

　　　　說明：戈爾語 pettia 和中世英語 flake 都表示"破片（fragment）"
　　　　的意義，同漢語"片"字意義相同。參考：漢語"片"字音
　　　　義同"破（上古音*puar）"字詞源也較爲近似。

No.525

pigeon ──→〔IE〕*pip──────────────────────────→{ pip }

鵓 bo ──→〔上古音〕*buet─〔b-p 音轉〕〔簡化〕──────→{ pet }

說明：〔IE〕*pip 的意義爲"吡吡地叫（peep）"。漢語"鵓"即"鵓
鴣"，英文稱"野鴿（wild pigeon）"。"鵓鴣"作爲不可分
割的連綿詞在發音上酷似英文 pigeon 的發音："鵓鴣〔上古
音〕*buetkog （→petgog→ petgong）→pigeon"。

No.526

pile ⟶〔IE〕*pilo—〔詞根化〕—pil—〔l-t 音轉〕⟶ { pit }

髮 fa ⟶〔上古音〕*piuat—〔簡化〕⟶ { pat }

說明：〔IE〕*pilo 意義爲"頭髮（hair）"。現代英語 pile 指"柔軟
的羽毛、綿毛、毛"和漢語"髮"字音義相近。

No.527

pity ⟶拉丁語 pietatem—〔詞根化〕——piet—〔t-n 音轉〕⟶ { pien }

憫 min ⟶〔上古音〕*mbien—〔mb-p 音轉〕⟶ { pien }

說明：拉丁語 pietatem 意義爲"憫（piety, pity）"。"憫—pity"音
義基本一致。

No.528

plague ⟶〔IE〕*plak—〔pl-p 音轉〕⟶ { pak }

拍 pai ⟶〔上古音〕*pak⟶ { pak }

撲 pu ⟶〔上古音〕*puk ⟶ { puk }

說明：〔IE〕*plak 的意義爲"打（strike）"。英語 plague 的現代意
義爲"疫病"，是由"打擊—→受傷—→詛咒—→疫病"發
展而來。歷史上"疫病"是人類社會所受的僅次於戰爭的
"打擊"。漢語"拍·撲（現代意義爲"向前倒下"，原始
意義爲"拍打"）"字同印歐古詞根〔IE〕*plak 在音義上都
極爲吻合。

No.529

pleat ——→拉丁語 plicare—〔詞根化〕——plic—〔pl-p 音轉〕———→{ pik }

plait ——→（同上）—————————————————————→{ pik }

襞 pi ——→〔上古音〕*piek—〔簡化〕————————————→{ pik }

　　　說明：拉丁語 plicare 意義爲 "折、褶（fold）" ，plait 和 pleat 意義
　　　　　　爲 "衣服上的褶折" ，同漢語 "襞" 字意義完全相同，語源
　　　　　　上的語音也近似。

No.530

plenty ——→拉丁語　plenus—〔詞根化〕—plen—〔pl-p 音轉〕——→{ pen }

full ——→〔IE〕*pele—〔詞根化〕—pel—〔l-n 音轉〕————————→{ pen }

fill ——→（同上）————————————————————————→{ pen }

豐 feng ——→〔上古音〕*pioŋ—〔簡化〕—————————————→{ poŋ }

滿 man ——→〔上古音〕*mbuan—〔mb-p 音轉〕〔簡化〕————→{ pan }

　　　說明：拉丁語 plenus 意義爲 "豐富（abund）" ，〔IE〕*pel 意義爲
　　　　　　"注滿（fill）" 。漢語 "豐、滿" 二字意義和拉丁語 plenus
　　　　　　及[IE]*pel 基本相同。

No.531

plow ——→日爾曼古詞根*plogaz—〔詞根化〕—plog—〔pl-p 音轉〕→{ pog }

plough ——→（同上）———————————————————————→{ pog }

刨 pao ——→〔上古音〕*pog(？)———————————————————→{ pog }

　　　說明： "plow, plough" 是同一詞的不同拼寫法，名詞意義爲 "犁" ，
　　　　　　動詞意義爲 "刨地（犁地）" ，同漢語 "刨" 字音義基本相
　　　　　　同。

No.532

plump ——→中世低地德語 plump —〔pl-p 音轉〕〔mp-m 音轉〕——→{pum}

podge ——→（詞源不詳）podge—〔詞根化〕—pod—〔d-n 音轉〕〔簡化〕→{ pon }

胖 pang ──→〔上古音〕*puan─〔簡化〕────────────────→{ pan }

說明：中世低地德語 plump 意義爲 "笨、鈍、大塊的（blunt, obtus, blockish）"。podge（=pudge）意義爲 "長得圓墩墩的人"。漢語 "胖" 字原意義爲 "切成兩半的祭肉" 或 "平向拉開如盤狀（如：心寬體胖）"，念 "pan"。在俗語中 "胖" 字表示長得肥，念 "pang"。請參見漢英對應詞 "肥—fat" 詞條。

No.533

plus ──→〔IE〕*pele─〔詞根化〕────────────────→{ pel }

付 fu ──→〔上古音〕*piug─〔簡化〕────────────────→{ pug }

說明：〔IE〕*pele 的意義爲 "注滿（fill）"。英語 plus 一詞有 "加上、付上、正極的（充實的一極）" 等意義，其中 "加上、付上" 意義和漢語 "付" 字音義相通。請參見漢英對應詞 "豐—滿—plenty—full—fill" 詞條。

No.534

point ──→〔IE〕*pung────────────────────→{ puŋ }

van ──→古法語 avant─〔詞根化〕─van─〔v-b 音轉〕────→{ ban }

鋒 feng ──→〔上古音〕*piuŋ─〔簡化〕─────────────→{ puŋ }

說明：〔IE〕*pung 原意義爲 "刺（prick）",van 意義爲 "先頭（如：前衛=vanguard）"。漢語 "鋒，　" 兩字都意義爲矛頭或刀劍的 "最先頭的尖端處"，都與 "刺" 的意義有一定的關聯。參考：漢語 "砭（bian,刺,上古音*piam）" 字同 point 在音義上也比較近似。

No.535

pole ──→〔IE〕*pak ─〔p-b 音轉〕〔k-ŋ 音轉〕────────→{ baŋ }

bar ──→拉丁語 barra─〔詞根化〕─ bar〔r-n 音轉〕────→{ ban }

棒 bang ──→〔上古音〕*buŋ────────────────────→{ buŋ }

說明：漢語 "棒" 字通常情況意義爲須雙手捧起的大棍，因此一般認爲 "棒—捧—奉" 三者有同源關係。拉丁語 barra 意義爲 "橫木"，作 "酒吧" 解釋是因爲酒台前有 "橫木"，作 "法廷" 意義用是因爲法廷用 "橫木" 作檻杆之故。〔IE〕*pak 意義爲 "收緊（fasten）"。"棒—pole" 用來作椿子或柱子總有 "頂住、頂緊" 之意，同〔IE〕*pak 的意義 "收緊（fasten）" 相通。請參見漢英對應詞 "綁—bind"、"縛—pact" 等詞條。

No.536

ponury ⟶拉丁語 penria—〔詞根化〕⟶{ pen }

貧 pin ⟶〔上古音〕*bien—〔b-p 音轉〕〔簡化〕⟶{ pen }

說明：拉丁語 penuria 意義爲 "需要、不足（want, scarcity）"，和漢語 "貧" 字音義相通。該拉丁語的進一步詞源不詳。現代英語 penury 意義爲 "貧困、缺乏"。

No.537

pool ⟶西日爾曼古詞根*polaz —〔詞根化〕⟶{ pol }

陂 bei ⟶〔上古音〕*piar—〔簡化〕⟶{ par }

說明：漢語 "陂" 字意義爲 "池塘"（另還有 "坡" 的解釋),同 pool 意義相同。（pool 的最終詞源不明確，一說是〔IE〕*bhel,爲 "glimmer=閃亮" 之意。）

No.538

poor ⟶〔IE〕*pau⟶{ pau }

菲 fei ⟶〔上古音〕*piuer—〔簡化〕⟶{ pur }

薄 bao ⟶〔上古音〕* bak—〔b-p 音轉〕⟶{ pak }

說明：〔IE〕*pau 原意義爲 "小，少"。漢語 "薄" 字亦有 "（厚度）小"、"（量）少" 之意（如 "薄片"，"薄酬"）。英語 poor 現在意義 "貧、瘠"，漢語也有 "我家底子薄"、"一塊薄田" 等說法。"薄—poor" 基礎意義完全一致。漢語 "菲" 字

也表示"薄"，其上古音*piuer 的發音同現代英語 poor 相當
一致。

No.539

port ──→〔IE〕* per*t* ─────────────────────────→{ pert }

ford ──→（同上）──────────────────────────────→{ pert }

埠 bu ──→〔上古音〕*bueg─〔b-p 音轉〕──────────────→{pueg}

　　說明：〔IE〕*pert 原意義爲"交出（passag）"（可以說"交出"是
　　　　　"埠"的具體功能）。漢語"埠"是"碼頭"的意思。〔IE〕
　　　　　*pert 同漢語"埠"字語音近似。參考：英語 port／ford 語義
　　　　　相近，兩者之間發生了〔p-f 音轉〕和〔t-d 音轉〕。

No.540

potent ──→〔IE〕*poti─〔詞根化〕──→pot─〔t-n 音轉〕───→{ pon }

power ──→（同上）──────────────────────────────→{ pon }

柄 bing ──→〔上古音〕*pinŋ─〔簡化〕─────────────────→{ paŋ }

　　說明：〔IE〕*poti 的原意義爲"有力的（powerful）"。從〔IE〕*poti
　　　　　演化出來的 potent 解釋爲"1、有勢力的；2、松葉杖（T 字
　　　　　形有握柄的拐杖）"，同漢語"柄（握柄，權勢）"字意義
　　　　　極爲相似。在"權勢"一義上 power 同"柄"字更爲接近。

No.541

pour ──→中世英語 pouren─〔詞根化〕─ pour ─〔簡化〕────→{ por }

spatter ──→（詞源不明）spatter─〔詞根化〕─spat─〔s 脫落〕──→{ pat }

潑 po ──→〔上古音〕*puat─〔簡化〕────────────────→{ pat }

　　說明：pour 意義爲"澆、潑"。spatter 的詞根 spat 意義爲"崩、噴
　　　　　（burst, spout）"。"潑─spatter─pour"基本音義一致。參
　　　　　考：另外，漢語"沛（pei,水大量湧現，上古音*pad），霈（pei,
　　　　　下大雨，上古音*pad）"兩字也同"潑─spatter─pour"呈音

義相近的關係。

No.542

powder ⟶〔IE〕* pel—〔l-n 音轉〕————————————⟶{ pen }

粉 fen ⟶〔上古音〕* piuen—〔簡化〕————————————⟶{ pen }

　　說明：〔IE〕*pel 意義爲 "塵，粉（dust, flour）"，和漢語 "粉" 字
　　　　　的語音形式相似，意義完全一致。

No.543

praise ⟶拉丁語 pretium—〔詞根化〕—pret—〔pr-p 音轉〕⟶{ pet }

褒 bao ⟶〔上古音〕*pog ————————————⟶{ pog }

　　說明：英語 praise 同 price 都源於拉丁語 pretium（價值）一詞，即一
　　　　　事物 "包含" 的價值。漢語 "褒" 字同 "包" 字是同源系列
　　　　　的字（褒就是將包含的表露出來，進行讚揚）。英語 praise，
　　　　　price 都以 "p+母音" 的語言形式構詞，同 "包" 系列的字相
　　　　　一致。請參見漢英對應詞 "包—bag" 詞條。

No.544

prepare ⟶（pre+）pare⟶〔IE〕*pere—〔詞根化〕————⟶{ per }

備 bei ⟶〔上古音〕*biueg—〔b-p 音轉〕〔簡化〕————⟶{pueg}

　　說明：〔IE〕*pere 原意義爲 "獲得，備好"，同漢語 "備" 字音義基
　　　　　本一致。

No.545

publish ⟶拉丁語 publicare—〔詞根化〕—pub—〔b-m 音轉〕⟶{pum}

頒 ban ⟶〔上古音〕*puen—〔簡化〕————————————⟶{ pun }

　　說明：漢語 "頒" 字作動詞意義爲 "分發與眾人"。拉丁語 publicare
　　　　　原意義爲 "公開"，同漢字 "頒" 字原意義頗爲近似。

No.546

pull→古英語 pullian—〔詞根化〕—pul—〔p-b 音轉〕〔l-n 音轉〕→{ bun }

拔 ba ──→〔上古音〕*bat—〔t-n 音轉〕─────────────→{ ban }

扳 ban ──→〔上古音〕*ban ───────────────────→{ ban }

　　說明：漢語"拔"字（拉過來）和"撥"字（推回去）動作方向反
　　　　　但發音相近，而英語的 pull 和 push 也同樣是動作方向相反而
　　　　　語音卻相似，值得注意。另外，英語 pull 一詞兼含"拔"和
　　　　　"扳"兩個含義，漢語中"拔"和"扳"在語源上的語音形式
　　　　　也頗爲近似。

No.547

pulse ──→〔IE〕*pel ──────────────────────→{ pel }

搏 bo ──→〔上古音〕*pak ─────────────────→{ pak }

排 pai ──→〔上古音〕* ber—〔b-p 音轉〕──────────→{ per }

　　說明：〔IE〕*pel 意義爲"擠、擊（thrust, strike）"，同"搏（原意
　　　　　義同拍）"字的字義相似，同"排"字意義更爲接近。一般
　　　　　將來源於〔IE〕*pel 的"pulse"譯成"脈搏"，其實原意義
　　　　　更接近於單獨的"搏(=拍)"字。參考："脈，上古音*mbek"
　　　　　同"搏"字的語音也很相似。請參見漢英對應詞
　　　　　"拍—plague"詞條。

No.548

purify ──→〔IE〕*peue—〔簡化〕──────────────→{ pue }

祓 fu ──→〔上古音〕*piuet—〔簡化〕──────────→{ puet }

　　說明：〔IE〕*peue 意義爲"純化、淨化（purify, cleanse）"，purify
　　　　　的最初意義是"爲產後的婦女舉行淨化儀式"。漢語"祓"
　　　　　字意義爲"用齋戒沐浴等方法淨身以清除災孽"。
　　　　　"祓—purify"兩詞在音義兩方面基本一致。

No.549

pus ⟶〔IE〕*pur─────────────────────────→{ pur }

瘭 biao ⟶〔上古音〕*piog────────────────────→{piog}

　　說明：漢語"瘭"字意義爲"膿（汁）"。如"瘭疽（手指頭化膿
　　　　　發燒的病）"。英語"pus"意義也是"膿汁"，作構詞詞素
　　　　　時的詞形爲"pyo"，同漢語"瘭"字完全同音。如"瘭疽"
　　　　　（pyogenics）。

No.550

push ⟶拉丁語 pellere─〔詞根化〕──pel─〔l-t 音轉〕───→{ pet }

撥 bo ⟶〔上古音〕*puat─〔簡化〕──────────→{ pat }

　　說明："撥"字在"反撥"一詞中的意義是"推回去"，這是撥字
　　　　　的原意義，同英語 push 一詞意義基本一致。

No.551

put ⟶古英語 putian─〔詞根化〕───────────→{ put }

撲 pu ⟶〔上古音〕*puk──────────────────→{ puk }

　　說明：古英語 putian 意義爲"擠、刺、打"，同漢語"打撲、楚撲
　　　　　（棒打）"的"撲"字音義基本一致。現代英語"put"意義
　　　　　爲"放、置"，是後起的意義。

No.552

putrid ⟶〔IE〕*pu──────────────────────→{ pu }

foul ⟶（同上）──────────────────────→{ pu }

腐 fu ⟶〔上古音〕*biug─〔b-p 音轉〕────────→{pug}

　　說明：〔IE〕*pu 意義爲"爛、朽（rot, decay）"，同漢語"腐"字
　　　　　意義如出一轍。英語 foul 意義爲"髒"，和 putrid（化膿）同
　　　　　源。

No.553

quadrangle →quadr（+angle）→〔IE〕*kwetwer—〔詞根化〕——→{ kuet }

square ——→（ex+）quadrate—（同上）————————————→{ kuet }

季 ji ——→〔上古音〕*kied—〔d-t 音轉〕————————————→{ kied }

矩 ju ——→〔上古音〕*kiuag—〔簡化〕——————————————→{ kuag }

　　　　說明：〔IE〕*kwetwer 意義爲 "四（four）"，如英語 quadrangle 意
　　　　　　　義爲 "四角形"；quadrant 意義爲 "四分圓"。漢語 "季" 字
　　　　　　　表示 "一年四分" 和 quadrant 音義極爲相似；"第四" 也稱
　　　　　　　"季"（如伯叔仲季）。另外，漢語 "矩（古寫作巨）" 字表
　　　　　　　示測量用的四邊形的工具，一般四邊形也稱 "矩形"。拉丁
　　　　　　　語 "直尺、正方形" 稱 quadra,和漢語 "矩" 字的音義十分相
　　　　　　　似。"季—矩—quadr" 是語源相近的一組對應詞。

No.554

quaere ——→拉丁語 quaerere—〔詞根化〕—quaer—〔簡化〕————→{ ker }

quest ——→（同上）————————————————————→{ ker }

詰 jie ——→〔上古音〕*kiet—〔簡化〕——————————————→{ ket }

　　　　說明：拉丁語 quaerere 意義爲 "問、尋（ask，seek）"，進一步的
　　　　　　　詞源不詳。漢語 "詰" 是 "追問"（不留餘地地問）。
　　　　　　　"詰—quaere—quest" 是一組音義極爲近似的漢英對應片語。

No.555

queer ——→低地德語 queer—〔簡化〕————————————————→{ ker }

奇 qi ——→〔上古音〕* giar—〔g-k 音轉〕〔簡化〕————————→{ kir }

怪 guai ——→〔上古音〕*kuer—〔簡化〕——————————————→{ ker }

　　　　說明：低地德語 queer 原意義爲 "偏離中心的（off-centre）"。漢語
　　　　　　　"奇" 字的字形表示 "人（大）彎躬曲背（可）而偏離中心，
　　　　　　　不平衡" 之意，同 "off-centre" 意義上如出一轍。"奇—
　　　　　　　怪—queer" 都表示 "偏離常識，不可思議" 之意，音義酷似。

No.556

quick ⟶〔IE〕*gwei───────────────────→{ guei }

活 huo ⟶〔上古音〕*huat─〔h-g 音轉〕──────────→{ guat }

　　說明：〔IE〕*gwei 意義爲 "活（live）" 。英語 quick 原意義爲 "活
　　　　　著" ，也表示 "不是死沈沈而是迅速的" 之意。漢語 "活"
　　　　　字的字形意義爲 "水的活動" ，但表示的實際意義爲 "活
　　　　　著、靈活" ，特別是 "靈活" 的 "活" 兼具 "迅速" 之意。
　　　　　在 "活著、靈活" 的意義上 "活—quick" 的語源音義完全一
　　　　　致。參考：另外漢語 "快（上古音*kuad）、霍（上古音*huak）、
　　　　　驅（上古音*kiug）" 等字同 "quick" 的音義也很相近。

No.557

quiet ⟶〔IE〕*kwei───────────────────→{ kwei }

闋 que ⟶〔上古音〕*kuet ─────────────────→{ kuet }

闃 qu ⟶〔上古音〕*kuek ─────────────────→{ kuek }

　　說明：〔IE〕*kwei 意義爲 "靜，休息（quiet, rest）" 。漢語 "闃"
　　　　　字表示 "安靜（如：寥闃、闃無一人）" 。漢語 "闋"字表示
　　　　　 "休息、停止" 。在停止意義上，同由 quiet 發展出來的 quit
　　　　　（停止）音義相同。 "闋—闃—quiet" 音義基本一致無異。

No.558

quill ⟶低地德語 quiele─〔簡化〕───────────→{ kel }

翮 he ⟶〔上古音〕*hek─〔h-k 音轉〕──────────→{ kek }

　　說明：英語 quill 意義爲 "中空的軸，羽毛管" 。漢語 "翮" 指 "羽
　　　　　毛根部（也就是羽毛管的部分）" ，同 quill 意義相似。英語
　　　　　quill 現在只留下 "羽毛筆" 的意義，意義上特指化了。

No.559

quilt ⟶拉丁語 culcitam─〔詞根化〕─cul─〔l-n 音轉〕───→{ kun }

衾 qin ──→〔上古音〕*kiem──〔簡化〕─────────────────→{ kem }

說明：拉丁語 culcitam 意義爲 "床墊，長枕頭（matress, bolster）"，
主要指 "羊毛墊被，蓋被"（進一步的詞源可能來源於〔IE
〕*kwelek 意義爲 "梱、捆"）。漢語 "衾" 原指 "睡衣" 也
兼指 "蓋被"。"衾──quilt" 在音義上有一定的相似性。

No.560

quinque ──→拉丁語 quinque─〔qu-g 音轉〕〔nqu-g 音轉〕────→{ gig }

五 wu ──→〔上古音〕*ŋag ─〔ŋ-g 音轉〕──────────────→{ gag }

說明：拉丁語 quinque 意義爲 "五（five）"。在語音形式上
"五──quinque" 比較相似。參考：數位中漢英之間具有語源
上的音義近似性的有 "萬──myrio"、"十──ten"、
"五──quinque"、"對（二）──two──dia"，請參見各對應
詞條。

No.561

quite ──→中世英語 quite─〔t-n 音轉〕〔簡化〕──────────→{ kin }

很 hen ──→〔上古音〕* hen─〔h-k 音轉〕────────────→{ ken }

怪 guai ──→〔上古音〕* kuer─〔r-n 音轉〕〔簡化〕─────→{ ken }

說明：漢語 "怪" 在口語中表示 "很，完全"（在 "怪" 字的古義
中無此意義，因此使用 "怪" 字只是一種假借用法），同英語
"quite" 音義幾乎一致。中世英語 quite 的原意義爲 "已付
的、自由的、無義務的（paid, freed, quit）"，同副詞意義 "very,
wholly" 的語意關聯不明。

No.562

raccon ──→北美印第安語 arahkun ─〔a 脫落〕〔詞根化〕- r -
akh─〔簡化〕─────→{ rak }

lynx ──→希臘語 lugx─〔gx-g 音轉〕────────────────→{ lug }

狸 li ⟶〔上古音〕*mlieg—〔m 脫落〕〔簡化〕─────────────⟶{ leg }

> 說明：raccon 指"浣熊"，lynx 指"山貓"，漢字"狸"指"獾、狐"一類（如狸貓），各指略有不同，但都是原始民族日常生活中所遇到的山林中的動物。各詞間語音相似，可能是在漫長的歷史長河中所指（指稱）逐漸發生了變化。

No.563

rag ⟶〔IE〕*reu—〔r-l 音轉〕──────────────────⟶{ leu }

縷 ⟶〔上古音〕*liug──────────────────────⟶{ liug }

> 說明：〔IE〕*reu 意義爲"撕破、粉碎(tear out, smash)"。"縷—rag"都有"破爛的布頭"之意（如"襤褸"）。

No.564

rain ⟶〔IE〕*reg —〔g-ŋ 音轉〕──────────────⟶{ reŋ }

霖 lin ⟶〔上古音〕* liem—〔簡化〕────────────⟶{ lem }

淋 lin ⟶〔上古音〕*liem—〔簡化〕─────────────⟶{ lem }

零 ling ⟶〔上古音〕*leŋ──────────────────⟶{ leŋ }

> 說明：〔IE〕*reg 意義爲"濕淋(moist)"。漢語"霖"字意義爲"長時間的雨"（如"春霖"）。漢字"淋·零"意義爲"不斷地滴淌"。"霖—淋—零—rain"四詞的語源音義十分相近。

No.565

range ⟶古法語 rangier—〔詞根化〕—rang ──────────⟶{ raŋ }

巒 luan ⟶〔上古音〕*luan—〔簡化〕────────────⟶{ lan }

> 說明：古法語 rangier 和 rank 一樣意義都爲"排成一排"。漢字"巒"原寫作" "，表示"群山（山）像粘連在一起的線頭（ ）連續成排"。在"連續、延續"意義上"巒— range"兩詞在音義兩方面都頗爲相似。請參看漢英對應詞"連—link"詞條。

No.566

rape ⟶〔IE〕*rep ⟶ { rep }

掠 ⟶〔上古音〕*liak —〔簡化〕⟶ { lak }

　　說明：〔IE〕*rep 和英語 rape 都意義爲 "掠奪（shatch）" ，同漢語
　　　　　"掠" 字音義相似。請參見漢英對應詞 "擄—loot" 詞條。

No.567

re- ⟶拉丁語 re ⟶ { r e }

屢 lyu ⟶〔上古音〕*liug—〔簡化〕⟶ { lug }

　　說明：拉丁語 re 的原始語義現已不太明確，主要用於拉丁語—法語
　　　　　語支的接頭詞。在現有的意義中包含 "再、反復" 的含義，
　　　　　同漢語 "屢" 字語義較爲接近。

No.568

rebutt ⟶（re+）butt ⟶〔IE〕*bhau—〔簡化〕⟶ { bau }

駁 bo ⟶〔上古音〕*pok—〔p-b 音轉〕⟶ { bok }

　　說明：漢字 "駁" 的字形意義爲 "斑紋散亂的馬"，進而有 "散亂"
　　　　　意。但作爲 "反駁" 的意義解釋時同此意義似乎沒有關聯。
　　　　　因此 "反駁" 之意的 "駁" 只是假借音。〔IE〕*bhau 原意義
　　　　　爲 "用頭或角，頂撞反擊" ，即 "反（re）駁（butt）" 。
　　　　　"駁—butt" 是音義基本一致的對應詞。

No.569

reed ⟶古英語 hreod ⟶〔IE〕*kreut—〔k-h 音轉〕〔簡化〕⟶{ hrut }

蘆 lu ⟶〔上古音〕*hlag ⟶{ hlag }

　　說明：〔IE〕*kreut 原意義爲 "蘆葦（reed）,但進一步的詞源意義可
　　　　　能有搖（shake）和顫（tremble）的含義。在語音上漢英兩者
　　　　　的古音都具有相近似的複輔音 "kr-" 和 "hl-" 。

No.570

regard →古法語(re+)gard—〔g-k 音轉〕〔d-n 音轉〕〔簡化〕——→{ kan }

看 kan ——→〔上古音〕*kan————————————————→{ kan }

見 jian ——→〔上古音〕*kan————————————————→{ kan }

觀 guan ——→〔上古音〕*kuan—〔簡化〕————————→{ kan }

監 jian ——→〔上古音〕*kam————————————————→{ kam }

> 說明：古法語 gard 意義爲"觀看（watch）"，同漢語"看、見、監、觀"以及"瞰（上古音*kam）、覬（上古音*gien）、闞（上古音*kam）"等字音義基本相同。

No.571

rend ——→〔IE〕*rendh —〔ndh-t 音轉〕————————→{ ret }

reap ——→〔IE〕*rei————————————————————→{ rei }

裂 lie ——→〔上古音〕*liat—〔簡化〕————————————→{ lat }

> 說明：〔IE〕*rendh 意義爲"撕裂（tear up）"，〔IE〕*rei 意義爲"刮、撕（scratch, tear）"。漢語"裂"字意義爲"用刀割裂"。"裂—rend—reap"三詞在語源上音義極其相似。

No.572

report ——→(re =back+)port——→〔IE〕*per————————→{ per }

報 bao ——→〔上古音〕*pog————————————————→{ pog }

> 說明：〔IE〕*per 原意義爲"帶給（bring into）"，同漢語"報"的原意義"報應，報答"頗爲接近。而"報"字的引申意"報導"則同英語 report 一詞的意義完全一致。

No.573

rhomb ——→ 希臘語 rhombos —〔詞根化〕—rhomb—〔mb-m 音轉〕〔簡化〕——→{ rom }

菱 ling ——→〔上古音〕*lieŋ—〔簡化〕————————————→{ leŋ }

說明：希臘語 rhombos 意義爲 “紡錘、菱形（ spinning top, lozenge）”。漢語 “菱” 字表示植物菱角有很多的 “棱角”（ “菱—棱” 音義相近）。而菱角的形狀則用以表示特定的 “菱形”，同 rhombos 意義相同。

No.574

rib ⟶〔IE〕*rebh—〔簡化〕─────────────────⟶{ reb }

肋 le ⟶〔上古音〕*lek─────────────────────⟶{ lek }

說明：〔IE〕*rebh 意義爲 “房頂（roof over）”。漢語 “肋” 指胸部的條狀肋骨。在條狀意義上 “肋—rib” 相通。

No.575

ridge⟶日爾曼古詞根*hrugiaz—〔詞根化〕—hrug—〔h 脫落〕⟶{ rug }

呂 lyu⟶〔上古音〕*liag—〔簡化〕────────────────⟶{ lag }

嶺 ling ⟶〔上古音〕*lieŋ—〔ŋ-g 音轉〕〔簡化〕──────⟶{ leg }

說明：英語 ridge 和日爾曼古詞根*hrugiaz 原意義都爲 “背脊骨”，同漢語 “呂” 字的原意義 “背脊骨” 完全相同。特別是按複輔聲母構擬上古音時 “呂” 字上古音爲*gliag，和日爾曼古詞根*hrug（〔h-g 音轉〕→grug）的語音極爲相似。ridge 還表示 “山嶺，細長的隆起”，和漢語 “嶺” 字意義相同。

No.576

ring⟶〔IE〕*（s）krengh—〔skr-k 音轉〕〔gh 脫落〕─────⟶{ ken }

hoop ⟶〔IE〕*keub—〔b-m 音轉〕〔簡化〕────────⟶{ kem }

圈 quan ⟶〔上古音〕*giuan—〔g-k 音轉〕〔簡化〕────⟶{ kan }

環 huan ⟶〔上古音〕*huan—〔h-k 音轉〕〔簡化〕────⟶{ kan }

說明：〔IE〕*（s）krengh 及〔IE〕*keub 意義都爲 “卷，繞（carve, round）”，同漢字 “圈·環” 意義相同。“hoop” 一般譯成 “圈”。 “環” 字指 “圈形的玉”，現代漢語中 “環，圈” 兩字通用。參考：另外 “寰（上古音*huan）” 字指 “圈內的

（世界）"，如"寰字"，也同"圈、環"字音義相近；漢語"箍（上古音*kuag）"字表示的也是"圈形"物件。請參見漢英對應詞"輪—ring"詞條。

No.577

ring ——→〔IE〕*（s）krengh — 〔sk 脫落〕〔gh 脫落〕————→{ ren }

輪 lun ——→〔上古音〕*liuen—〔簡化〕————————————→{ len }

說明：〔IE〕*（s）krengh 的意義爲"圈子（something curved）"。漢語"輪"字的原始意義是"圈子（如車輪）"，後引申爲"原平狀的盤子（如日輪）"。印歐古詞根〔IE〕*（s）krengh 的頭音skr-在語言發展中保留r音，成爲rengh時同漢語"輪"字對應，如果保留 k 音成爲 kengh 時則同漢字"圈、環"對應。漢字"輪、圈、環"都表示"圓環狀"。請參見漢英對應詞"圈—環—ring"詞條。

No.578

ripple ——→rip(詞源不明)—〔p-m 音轉〕————————————→{ rim }

漣 lian ——→〔上古音〕*lian—〔簡化〕——————————————→{ lan }

潋 lian ——→〔上古音〕*liam—〔簡化〕————————————→{ lam }

說明：英語 rip 表示水中的"微小波紋"，意義同"漣、潋"相同。rip 的詞源不明。

No.579

roar ——→〔IE〕*reut—〔簡化〕————————————————→{ ret }

唳 li ——→〔上古音〕*lad—〔d-t 音轉〕——————————→{ lat }

說明：〔IE〕*reut 的意義爲"吼叫（bellow）"。該詞根在很多語言中帶有尾音-t（立陶宛語 riet、梵語 rayati 等）。汉语"唳"字指鶴·雁的鳴叫（鶴唳、嘹唳-雁叫等）。

No.580

roe→日爾曼古詞根*raixon—〔詞根化〕—raix—〔x-k 音轉〕〔簡化〕→{ rak }

鹿 lu ⟶〔上古音〕*luk——————————————→{ luk }

　　說明：roe 是鹿的一種。日爾曼古詞根*raixon 一說更進一步源于印歐
　　　　　故詞根〔IE〕*rei（意義爲"斑點—fleck"）,是否可能與鹿體
　　　　　的斑點有關，不詳。參考：漢語中稱斑點很多也說"陸離"
　　　　　（如，斑駁陸離）。"陸（上古音*liok）"字同*raix-和*rei
　　　　　或許也是音義一致的。

No.581

roe ⟶日爾曼古詞根*hrugon—〔h 脫落〕〔g 脫落〕〔簡化〕———→{ ron }

卵 luan ⟶〔上古音〕*gluan—〔g 脫落〕〔簡化〕————→{ lan }

　　說明：日爾曼古詞根*hrugon 意義爲"卵（roe）"，和漢語"卵"
　　　　　字上古音一樣帶有"g/k/h"的頭音，在現代語中此音又一樣
　　　　　都脫落。另有一說，roe 的進一步詞源來自于印歐古詞根〔IE
　　　　　〕*krek（意義爲"青蛙卵—frog spawn"），語音上同樣有
　　　　　"g/k/h"頭音,同"卵"字音義極爲近似（〔IE〕*krek〔h 脫落
　　　　　〕〔k-ŋ 音轉〕—*reŋ）。

No.582

roll ⟶〔IE〕*ret—〔t-n 音轉〕————————————→{ ren }

rota ⟶（同上）————————————————→{ ren }

輪 lun ⟶〔上古音〕*luen—〔簡化〕——————————→{ len }

　　說明：〔IE〕*ret 意義爲"跑、轉（run, roll）"。漢語"輪"字除了
　　　　　名詞的"輪子"意義外，還有動詞"轉"的意義（如："輪
　　　　　回、輪次"等），同 rota 的語源意義比較相似。參考：另外英
　　　　　語 round 也含有"輪轉"的意義,同"輪—〔IE〕*ret"音義相
　　　　　近，但詞源不詳。

No.583

rope ⟶ 日爾曼古詞根 *raipam→〔IE〕*rei*p* ―〔p-m 音轉〕⟶ { raim }

纜 lan ⟶〔上古音〕*lam―――――――――――――――⟶ { lam }

說明:〔IE〕*reip 意義爲 "抓搔(scratch)"。漢語 "纜" 字與 "攬" 字音義同源,原意義爲 "抓合在一起"。在 "抓合在一起" 的意義上 "纜—rope" 音義相似。參考:另外漢語 "累(長繩,上古音*liuer)" 字同 "纜—rope" 音義也有些相近。

No.584

rough⟶〔IE〕*ruk―〔k-g 音轉〕―――――――――⟶ { rug }

rude⟶拉丁語 rudis―〔詞根化〕―――――――――⟶ { rud }

魯 lu ⟶〔上古音〕*lag―――――――――――――⟶ { lag }

說明:〔IE〕*ruk 意義爲 "粗(魯)、削刮(rough, scrape)",拉丁語 rudis 意義爲 "粗野(raw)"。漢語 "魯" 字意義爲 "說話(曰)等行爲像魚(魚)的游水一樣胡亂",漢英之間語音和意義基本相似。

No.585

royal ⟶〔IE〕*reg―〔g-ŋ 音轉〕―――――――――⟶ { reŋ }

令 ling ⟶〔上古音〕*lieŋ―〔簡化〕――――――――⟶ { leŋ }

說明:〔IE〕*reg 的意義爲 "領導、統治(lead, rule)"。英語 royal 來源於 regal(大王的)。漢語 "令" 字的原始意義爲 "神的告誡、君主的命令",但同時統治者也稱作 "令(令尹、縣令)",王族也稱 "令族",和 regal(大王的)音義相通。請參見漢英對應詞 "領—rule—lead" 詞條。

No.586

ruin ⟶〔IE〕*reu*n* ―――――――――――――⟶ { reun }

圇 lun ⟶〔上古音〕*liuen―〔簡化〕――――――――⟶ { luen }

說明：〔IE〕*reun 的意義爲 "粉碎、擊倒（smash, knock-down）"。
漢字 "崘" 爲 "山阜倒塌" 之意，同 knock-down 意義相近。
後世造詞一般用 "淪" 字，如 "淪毀、淪落、淪亡" 等等，
在英語一般都可以譯成 ruin。另外，漢語 "劉（上古音*liog）"
字是 "碎屍式殺戮、凋殘零落" 的意思，同字〔IE〕*reun 的
意義也頗爲相近。

No.587

rustic ⟶〔IE〕*reue—〔簡化〕—————————————————→ { reu }

俚 li ⟶〔上古音〕*lieg—〔簡化〕————————————————→ { leg }

說明：〔IE〕*reue 意義爲 "開曠的空間（open space）"，英語 rustic
意義爲 "俚俗的"。漢語 "俚" 字表示 "鄉村、粗俗" 之意，
涵蓋英語 rustic 的古今兩種意義。

No.588

sacrifice ⟶ sacred ⟶〔IE〕*sek—〔k-ŋ 音轉〕——————→ { seŋ }

牲 sheng ⟶〔上古音〕*sieŋ—〔簡化〕————————————→ { seŋ }

說明：〔IE〕*sek 意義爲 "神聖化（sanctify）"，sacred 意義爲 "神
聖的"。sacrifice 意義爲 "犧牲（獻祭給神的供品牛，即被神
聖化了的物件）"。漢字 "牲" 意義爲 "潔淨過的獻祭給神
的動物"，同 sacrifice 音義相同。參考：一說 "牲" 字是因
爲原始時期獻祭的牛是活著獻祭的，到後來才殺了煮熟後獻
祭，因此稱 "牲（＝生）"。不詳。

No.589

sail ⟶ 耳曼語古詞根*seglam—〔詞根化〕————————————→ { seg }

駛 shi ⟶〔上古音〕*sieg —〔簡化〕————————————————→ { seg }

說明：日爾曼古詞根*seglam 作爲名詞時意義是 "船帆"，同漢語
"駛" 並無關聯；但作爲動詞時意義爲 "航行"，等於漢語

“航駛”的“駛”。參考：一說，該日爾曼古詞根又來源於
印歐語古詞根〔IE〕*sek（“切割”cut），因爲帆布需切割而
成。但這種解釋有些牽強。

No.590

saw ——→〔IE〕*sek————————————————→{ sek }

鎪 sou ——→〔上古音〕*siog—〔簡化〕———————————→{ sog }

説明：〔IE〕*sek 意義爲“割（cut）”，saw 意義爲“鋸、用鋸子鋸”。
漢語“鎪”字意義爲“用鋸子挖刻木頭”，基本意義和動詞
“鋸”相同，同英語 saw 音義相近。

No.591

scab ——→〔IE〕*skap—〔s 脱落〕————————————→{ kap }

疥 jie ——→〔上古音〕*keg ——————————————→{ keg }

痂 jia ——→〔上古音〕*kar————————————————→{ kar }

説明：〔IE〕*skap 原意義爲“刮（scratch）”。“疥（癬）”很癢，
便會用指甲去刮，治癒時皮膚表面結塊便是“痂”。英語 scab
意義爲“疥，痂”。因此，“刮—scrach”和“疥—痂—scab”
是兩組語源相近的漢英對應詞。參考：漢語中“刮（上古音
*kuat）”字和“疥”、“痂”兩字在上古音中也有近似性。

No.592

scapula ——→拉丁語 scapula—〔詞根化〕—scap—〔s 脱落〕———→{ kap }

胛 jia ——→〔上古音〕*kap————————————————→{ kap }

説明：scapula 和“胛”字都表示“肩胛骨”，音義相似。scapula 的
進一步詞源不詳，一説爲印歐古詞根〔IE〕*skep（意義爲
“割—cut”），但同 scapula 意義上的關聯度太小，不可取。
“scapula—胛”之間的音義對應性是很明確的。

No.593

scare ⟶古諾斯語 **skjar**—〔s 脫落〕〔簡化〕────────⟶{ kar }

嚇 xia ⟶〔上古音〕*hak—〔h-k 音轉〕──────────⟶{ kak }

　　說明：古諾斯語 skjar 意義爲 "害怕（timid）"。漢語 "嚇" 意義爲
　　　　　"使害怕（如：恫嚇）、發大火"，同 skjar 的音義較爲近似。

No.594

scene ⟶希臘語 **skene**—〔詞根化〕────sken—〔s 脫落〕───⟶{ ken }

景 jing ⟶〔上古音〕*kiaŋ —〔簡化〕──────────⟶{ kaŋ }

　　說明：希臘語 skene 意義爲 "帳篷舞臺，風景（tent stage, scene）"。
　　　　　又一說 scene 來源於〔IE〕*skeei（意義爲 "閃光=gleam"）。
　　　　　漢語 "景" 原意義爲 "日光或日光照射下的明暗情況"，通
　　　　　"影" 字，同 scene 的語源意義 "風景" 或 "閃光" 都是十分
　　　　　近似的。

No.595

school ⟶希臘語 **skhol**—〔s 脫落〕〔1-n 音轉〕〔簡化〕──⟶{ kon }

閑 xian ⟶〔上古音〕*han— 〔h-k 音轉〕──────────⟶{ kan }

　　說明：希臘語 skhol 意義爲 "閒暇（leisure）"，上古時歐洲的所謂
　　　　　school（學校）就是利用空閒餘暇做學問及教學問的場所。
　　　　　"閑—school" 是語源上音義相似的漢英對應詞。

No.596

scorpion ⟶〔IE〕*sker—〔s 脫落〕──────────⟶{ ker }

蠍 xie ⟶〔上古音〕*hat—〔h-k 音轉〕──────────⟶{ kat }

　　說明：〔IE〕*sker 意義爲 "割，切（cut, shear）"，而漢語 "蠍" 字
　　　　　的上古音發音也同 "割（上古音*kat）字近似（請參見漢英對
　　　　　應詞 "割—cut" 詞條）。"蠍—scorpion" 兩詞都源於 "割"
　　　　　的概念，語音相似，意義相同。

No.597

scrape ——→〔IE〕*sker—〔s 脫落〕————————————————→{ ker }

shave ——→〔IE〕*skep—〔s 脫落〕————————————————→{ kep }

scratch ——→中世英語 scratter —〔詞根化〕— scrat —〔s 脫落〕

〔cr-k 音轉〕————————→{ kat }

grate →日爾曼古詞根*kratton—〔詞根化〕—krat—〔kr-k 音轉〕→{ kat }

刮 gua ——→〔上古音〕*kuat—〔簡化〕————————————————→{ kat }

　　　說明：〔IE〕*sker 的意義爲 "割（cut）"；〔IE〕*skep 的意義爲 "割、刮（cut，scrape）"；中世英語 scratter 和日爾曼古詞根*kratton 表示 "刮" 的意思，這些詞都和漢語 "刮" 字的音義基本相同。參考：另外 "刮" 字的近義詞 "劃（上古音*huek）、刻（上古音*kek）" 等字也同 "刮" 字音義相近。請參見漢英對應詞 "刻—carve" 及 "桂—cassia" 詞條。

No.598

se- ——→拉丁語 sed—〔d-t 音轉〕————————————————→{ set }

切 qie ——→〔上古音〕*tset—〔ts-s 音轉〕————————————→{ set }

　　　說明：拉丁語 sed 意義爲 "除去，分開（without, apart）",作爲詞頭以 "se-" 的形式用於現代英語 "separate（分離），segregate（分開）" 等詞中，和漢語 "切" 字的 "切割" 意義上基本相同，語音形式也酷似。請參看漢英對應詞 "析—section" 詞條

No.599

second ——→〔IE〕*sek————————————————————————→{ sek }

嗣 si ——→〔上古音〕*zieg —〔z-s 音轉〕〔簡化〕————————→{ seg }

　　　說明：〔IE〕*sek 原意義爲 "跟從（follw）"，漢語 "嗣" 字意義爲 "相繼"。漢英兩詞的語源意義基本相似。請參看漢英對應詞 "從—sign" 詞條

No.600

section ──→〔IE〕*sek──────────────────────────→{ sek }

析 xi ──→〔上古音〕*sek──────────────────────→{ sek }

　　說明：〔IE〕*sek 意義爲 "切割（cut）",和漢語 "析"字的上古音
　　　　　完全一致。漢語 "析"字有 "劈開，分離（如分析）" 的意
　　　　　義，基本上也含有 "切割" 的含義。請參看漢英對應詞
　　　　　 "切—se-" 詞條

No.601

seek ──→〔IE〕*sag────────────────────────→{ sag }

seize ──→（同上）────────────────────────→{ sag }

search ──→ 拉丁語 circus ─〔詞根化〕─ circ ──────→{ sirk }

搜 sou ──→〔上古音〕*siog─〔簡化〕──────────→{ sog }

　　說明：〔IE〕*sag 意義爲 "找出、追蹤（seek-out，trace）" ，seek
　　　　　意義爲 "搜尋，追求" 。seize（抓住）一詞的詞源是意義爲
　　　　　 "找（seek）" 的〔IE〕*sag（找=seek），理由可能是 "找到
　　　　　了便抓住",動作上的聯貫而引起的概念一體性。search 意義
　　　　　爲 "尋找" ，其拉丁語詞源 circus 意義爲 "圈（circle）" ，
　　　　　可能是因爲 search（找）時需要兜著圈子。漢語 "搜"字意義
　　　　　爲 "舉著火把照亮每個角落，尋找蹤迹" ，同〔IE〕*sag 和
　　　　　拉丁語 circus 的意義都較接近。 "搜—seek—search" 三詞是
　　　　　音義酷似的漢英對應詞。

No.602

seep ──→〔IE〕*seib─〔b-m 音轉〕──────────────→{ seim }

滲 shen ──→〔上古音〕*siem──────────────────→{ siem }

　　說明：〔IE〕*seib 意義爲 "潑出，篩（pour out, seive）" 。seep 同
　　　　　sieve（篩子）一詞同源。漢語 "滲"字表示從 "細縫中水流
　　　　　出來或流進去" ，同 "篩"字的意義比較相似（請參見漢英

對應詞 "篩—sieve" 詞條）。參考：另外 "浸（*tsiem）"、
"沁（*siem）" 等字同 "滲" 字也是近源關係的字。

No.603

seldom⟶日爾曼古詞根*selda—〔詞根化〕—**seld**—〔ld-n 音轉〕→{ **sen** }

鮮 xian ⟶〔上古音〕*sian —〔簡化〕─────────────⟶{ **san** }

　　說明：日爾曼古詞根*selda 意義爲 "稀有的（rare, seldom）"，同漢
　　　　語 "鮮（如：鮮見）" 字意義一致。參考：一說，*selda 的進
　　　　一步詞源爲〔IE〕*se-（第三人稱，返身代名詞根，如 self ），
　　　　原意義爲 "僅那個，單一的"。不詳。

No.604

select ⟶（se=out+）**lect**⟶〔IE〕***leg**—〔g-ŋ 音轉〕─────⟶{ **leŋ** }

遴 lin ⟶〔上古音〕*lien—〔簡化〕───────────⟶{ **len** }

　　說明：〔IE〕*leg 意義爲 "收集、放在一起、說（collect, put together,
　　　　speak）"。漢語 "遴" 字意義爲 "把好的東西取出排在一起"
　　　　（如：遴次）。 "遴—lect" 的語源音義基本相通。

No.605

send ⟶〔IE〕***sent**—〔簡化〕──────────────⟶{ **sen** }

送 song ⟶〔上古音〕*suŋ───────────────⟶{ **suŋ** }

　　說明：〔IE〕*sent 意義爲 "去（head for, go）"，英語 send 古意義
　　　　爲 "讓～～去，送去"。漢語 "送" 字的原意義爲 "將物件湊
　　　　齊後搬往目的地並獻上"，包含了 "head for，go" 的含義在
　　　　內，同現代英語的 send 的意義也相同。

No.606

serve ⟶〔IE〕***ser**─────────────────⟶{ **ser** }

伺 si ⟶〔上古音〕*sieg —〔簡化〕───────────⟶{ **seg** }

　　說明：〔IE〕*ser 意義爲 "服務（ to be in the service）"。漢語 "伺"

字意義爲"窺看"或"留在身份高的人的身邊服務（如伺侯）"，後者同〔IE〕*ser 音義相近。參考：另外漢字"仕（上古音*dzieg）"字在音義上同"伺"字也比較相近。

No.607

serve ⟶〔IE〕*ser─────────────────────────────→ { ser }

事 shi ⟶〔上古音〕*dzieg─〔dz-s 音轉〕〔簡化〕──────→ { seg }

仕 shi ⟶〔上古音〕*dzieg─〔dz-s 音轉〕〔簡化〕──────→ { seg }

説明：〔IE〕*ser 的意義爲"服務（serve）"。漢語"事"字的原意義爲"做掌管的任務"；"仕"字意義爲"做官、服務上司"，同〔IE〕*ser 音義接近。參考：和"仕"字意義接近的還有漢語"侍（上古音*dhieg）"字（如侍從）。

No.608

sew ⟶〔IE〕*syu───────────────────────────→ { syu }

緝 ji ⟶〔上古音〕*tsiep─〔ts-s 音轉〕─────────────→ { siep }

説明：〔IE〕*syu 意義爲"縫（sew）"。漢語"緝"原意義也爲"紡、縫"。

No.609

sex →拉丁語 sexus─〔詞根化〕─seks─〔k-ŋ 音轉〕〔簡化〕──→ { seŋ }

性 xing ⟶〔上古音〕*sieŋ─〔簡化〕───────────────→ { seŋ }

説明：拉丁語 sexus 意義爲"性別（sex）"。一説拉丁語 sexus 源於拉丁語 secare（"切、截 =cut, divide"）一詞，即 sex 的原意義指"女性"（女性是從男體切割肋骨而生之意）。漢語"性"字除了字形所表示的"生下來的帶來的清澄的心"這一意義外，也表示"性別"的意義。"性"和"sex"兩者儘管原始意義的解釋不同，但兩詞的所指以及語音形式都是相當一致的。參考："性─sex"是人類最初認識的事物，同後來人類歷史中産生的"切截"或"心澄"等文化性概念應該是無關的。

No.610

shackle→日爾曼古詞根*skakulaz—〔詞根化〕—skak —〔s 脫落〕→{ kak }

械 xie ——→〔上古音〕*heg—〔h-k 音轉〕————————————→{ keg }

說明：日爾曼古詞根*skakulaz 意義爲 "手銬腳鐐（shackle）"。漢
語 "械" 字的最原始意義也是 "縛住手腳的鐐銬"（後發展
爲 "一般的刑具" 及 "工具"），"械—shackle" 真可謂是
如出一轍。參考：一說*skakulaz 同 hook（鈎）同源。請參見
漢英對應詞 "鈎—hook" 詞條。

No.611

shake ——→〔IE〕*kek—〔k-ŋ 音轉〕————————————→{ keŋ }

撼 han ——→〔上古音〕*ham—〔h-k 音轉〕————————————→{ kam }

說明：〔IE〕*kek 意義爲 "快速移動（move quickly）"。漢語 "撼"
意義爲 "對物體或人心予以強烈的衝擊，使之動搖、使震
動"。"撼—shake" 語源意義基本一致。

No.612

shallow ——→〔IE〕*kele—〔詞根化〕——kel—〔l-n 音轉〕———→{ ken }

幹(乾)gan——→〔上古音〕*kan————————————————→{ kan }

說明：〔IE〕*kele 意義爲 "炮製、乾燥（parch,dry out）"，同漢語
"幹（乾）" 字意義基本一致。shallow 一詞由詞源意義 "炮
製、乾燥" 發展成 "乾癟的，瘦的" 以至 "淺的，淺灘" 等
意義。

No.613

shape ——→〔IE〕*kep —〔p-m 音轉〕————————————→{ kem }

形 xing ——→〔上古音〕*heŋ—〔h-k 音轉〕————————————→{ keŋ }

象 xiang ──→〔上古音〕*giaŋ──〔g-k 音轉〕〔簡化〕────────→{ kaŋ }

　　說明：〔IE〕*kep 意義爲 "割，刮（cut,scrape）"，因此 shape 的最
　　　　　古意義爲 "創造，形狀（creature, shape）"，通漢語 "形"
　　　　　字意義相同。漢語 "象" 字除表示動物的象以外，還表示 "形
　　　　　狀（因爲動物象體大，是最大的形狀）"，同英語 shape 的意
　　　　　義一致。

No.614

shark ──→(詞源不詳)shark────────────────→{shark}

鯊 sha ──→〔上古音〕*sar ──────────────→ { sar }

　　說明：shark 一詞的詞源不詳。據說是由遠征非洲和西印度群島的
　　　　　Captain Hawkins 的船員們于 1569 年帶回倫敦展示時使用了這
　　　　　個名稱。shark 同漢語 "鯊" 字的語音極爲酷似。另外 shark
　　　　　在日語中稱 same，語音上也有一些相似。

No.615

shin ──→〔IE〕*skein──〔s 脫落〕〔簡化〕───────→{ ken }

脛 jing ──→〔上古音〕*heŋ──〔h-k 音轉〕──────→{ keŋ }

　　說明：〔IE〕*skein 的意義爲 "割（cut）"，同現代英語 shin 所表示
　　　　　的 "脛骨" 之間意義上的相關性較少。相反，漢語和英語的
　　　　　"脛—shin" 之間則音義基本一致。

No.616

shine ──→〔IE〕*skeein──〔s 脫落〕〔簡化〕──────→{ ken }

炯 jiong ──→〔上古音〕*kueŋ──〔簡化〕─────────→{ keŋ }

　　說明：〔IE〕*skeein 意義爲 "閃光（gleam）"。"炯—shine" 都是
　　　　　"明亮又閃閃發光" 之意。請參見漢英對應詞 "景—scene"
　　　　　詞條。

No.617

shock ──→(詞源不詳)shock─〔sh-k 音轉〕──────────────→{ kok }

噩 e ──→〔上古音〕*ŋak─〔ŋ-k 音轉〕──────────────→{ kak }

說明：漢語"噩"字意義爲"（1）驚訝、（2）逆行給予衝擊、（3）犯逆直言"，英語"shock"意義爲"（1）在馬上的槍試衝擊（2）精神的衝擊（3）使驚訝"，兩者間語義基本一致。發音上〔sh-k 音轉〕在歐洲語言發展中頗爲常見（如：shine→*skein；shout→*keud；short→*kert 等，請參見"shine"、"shout"、"short"等詞條。）

No.618

short ──→拉丁語 curtus──→〔IE〕*kert──────────────→{ kert }

缺 que ──→〔上古音〕*kiuat─〔簡化〕──────────────→{kuat}

說明：〔IE〕*kert 意義爲"割（cut）"。現代英語 short 意義爲"短"，但其詞源的拉丁語 curtus 意義爲"割掉，縮短（cut off，shortened）"。漢語"缺"原意義爲"挖取，形成凹口"，因此同"割（上古音*kuat）"字音義相近，也同 short 的詞源音義一致。在英語中 short 兼有"短；缺"兩種意義，在漢語中"短缺"相連成詞，因此是比較接近的兩個概念。參考：漢字"匱（上古音*giued）"也表示"缺乏（匱乏）"，同本組漢英對應詞音義一致，只是詞源上是否具有"割"的意義不明。

No.619

shout ──→〔IE〕*keud──────────────────────→{ keud }

叫 jiao ──→〔上古音〕*kiog──────────────────→{ kiog }

說明：〔IE〕*keud 意義爲"叫（shout）"，同漢語"叫"字的音義接近。參考：另外漢語中還有"號（上古音*hog）、嚎（上古音*hog）、哮（上古音*hog）、嘵（xiao，上古音*hog）"等都是

　　"叫"字的近源字。

No.620

show ⟶〔IE〕***skeu**—〔s 脫落〕─────────────⟶{ keu }

示 shi ⟶〔上古音〕***gier**—〔g-k 音轉〕────────────⟶{ kier }

　　說明：〔IE〕*skeu 意義爲"看見（see）"。show 意義爲"看見、顯
　　　　示"（兩個解釋意義相反，這是因爲同一行爲從相反的角度
　　　　理解的結果。如 dyke 一詞兼有"堤、溝"兩種意義，trade
　　　　一詞兼有"賣、買"之意義等）。同樣漢語"示"字是"祭
　　　　壇"的象形字，在那裏可以"看到"或"顯現"神靈的心
　　　　意。參考："示"字同"看、見、顯、現"等字從上古音可
　　　　以看出是韻尾陰陽對轉的近源的字。

No.621

shriek ⟶古英語 **shrek**—〔shr -sh 音轉〕───────────⟶{ shek }

嗄 sha ⟶〔上古音〕***sag**────────────────⟶{ sag }

　　說明：英語 shriek 意義爲"發尖叫聲，尖叫地說話"，同 screak，screah
　　　　是三個同意義並同源的辭彙。漢語"嗄"意義爲"嗓音嘶
　　　　啞"或用於句末表示"號召、詰問"之意。

No.622

shut ⟶〔IE〕***keud**—{d-n 音轉}──────────────⟶{ keun }

關 guan ⟶〔上古音〕***kuan** ─────────────────⟶{ kuan }

扃 jiong ⟶〔上古音〕***kueŋ**────────────────⟶{ kueŋ }

　　說明：〔IE〕*keud 意義爲"射（shoot）"，即表示關門時將門栓對準
　　　　另一扇的孔插入時如同"射入"。〔IE〕*keud 在語音形式上
　　　　則同漢語"關、扃"十分近似。漢語"關"字的名詞意義則
　　　　爲"關口"。請參見"關—gate"詞條。

No.623

sick ──→〔IE〕*seug ──────────────────────→{ seug }

疾 ji ──→〔上古音〕*dziet─〔dz-s 音轉〕─────────→ { siet }

說明:〔IE〕*seug 意義爲 "慘、疾(sad, sick)"。漢語 "疾" 字意
義爲 "急性病"。"疾─sick" 在 "病" 的意義上一致。參
考:和 "疾" 字一樣以 "矢" 爲聲旁的如 "知(上古音
*tieg)" 字以 "-g" 韻尾結尾。"疾" 字更古時可能語音爲
"*dzieg"?

No.624

sieve ──→〔IE〕*seip─〔簡化〕───────────────→{ sep }

灑 sa ──→〔上古音〕*ser────────────────→ { ser }

篩 shai ──→〔上古音〕*seg────────────────→ { seg }

說明:〔IE〕*seip 意義爲 "潑出(pour out)",sieve 意義爲 "篩子"
(即細砂之類通過篩子被潑出)。漢語 "灑" 是指 "水通過竹
籬,點點滴滴地分散地潑出"(同篩砂子時分散地落下相
似)。"灑─篩─sieve" 是音義相似的漢英對應詞。

No.625

sign ──→拉丁語 signum──→〔IE〕* sek───────────→ { sek }

從 cong─→〔上古音〕*dziuŋ─〔dz-s 音轉〕〔ŋ-k 音轉〕〔簡化〕───→{ suk }

迹 ji ──→〔上古音〕*tsiak─〔ts-s 音轉〕〔簡化〕───────→{ sak }

說明:拉丁語 signum 意義爲 "記號(mark, token)",其印歐語古
詞根〔IE〕*sek 意義爲 "跟從(follow)",因此 sign 的原意
義可理解爲 "人們跟從的痕迹"。漢語 "迹" 同〔IE〕*sek
音義基本一致。"從─迹─sign" 三詞語源上音義一致。

No.626

silk ──→希臘語 serikon─〔詞根化〕──serik─〔r 脫落〕──→{ seik }

絲 si ──→〔上古音〕*sieg ──────────────────────→{ sieg }

> 說明：希臘語 serikon 意義爲 "絲（silk）"，據傳爲東亞語言由巴
> 爾幹—斯拉夫傳入歐洲。同 silk 同源的 seres 一般指中國人（也
> 指東亞人）。

No.627

silt ──→古諾斯語 silt─〔簡化〕──────────────→{ sil }

砂 sha ──→〔上古音〕*sar ──────────────────→{ sar }

> 說明：古諾斯語 silt 表示 "砂，塞泥" 等。英語 "salt（鹽）" 也和
> silt 同源（鹽的形狀爲砂狀之故）。"砂—silt—salt" 三詞是音
> 義十分近似的漢英對應詞。

No.628

sit ──→〔IE〕*sed ──────────────────────→{ sed }

坐 zuo ──→〔上古音〕*dzuer─〔dz-s 音轉〕〔簡化〕──────→{ sar }

> 說明：〔IE〕*sed 意義爲 "坐（sit）"，"坐—sit" 意義完全一致。
> 漢語由 "坐" 產生 "座（位）" 字,同樣英語由 "sit" 而產生
> "seat（座位）"。"座—seat" 也是一組漢英對應詞。

No.629

skill ──→〔IE〕*kel ──────────────────────→{ kel }

工 gong ──→〔上古音〕*kuŋ ─〔ŋ-g 音轉〕──────────→{ kug }

巧 qiao ──→〔上古音〕*kog ──────────────────→{ kog }

> 說明：〔IE〕*kel 意義爲 "割（cut）",skill（技巧）就是 "善於割"。
> 漢語 "工" 字原意義爲 "巧妙"，字形意義爲 "在物體上下
> 兩面（二）之間鑽孔（|）"（屬一種切割）。因此 "工—skill"
> 兩詞意義都來源於 "割"，表達上異曲同工。"巧" 和
> "skill" 在語源上音義兩方面也頗爲近似。參考：另外 "技、
> 伎（上古音*kieg）" 等字都同 "工—巧—skill" 音義接近，
> 呈近源關係。

No.630

sky ──→〔IE〕*keu ───────────────────→{ keu }

蓋 gai ──→〔上古音〕*kab ──────────────────→{ kab }

雲 yun ──→〔上古音〕*hiuen──〔h-k 音轉〕〔n-t 音轉〕〔簡化〕──→{ kut }

> 說明:〔IE〕*keu 原意義爲 "蓋(cover)"。而 sky 的原意義爲 "雲",
> 是覆蓋在我們頭頂和山頂上的東西,後轉指雲所處的處所
> "天空"。sky 的詞源意義和語音同漢語 "蓋" 字基本一致。

No.631

slop ──→(詞源不明)slop─〔s 脫落〕──────────────→{ lop }

潦 liao ──→〔上古音〕*log───────────────────→{ log }

> 說明:英語 slop(詞源不明),意義爲 "泥濘場所、水濕的食物、打
> 翻了的水" 等。漢語 "潦" 字意義爲 "長時間的雨、路上或
> 院中的積水、胡亂" 等,漢英之間音義有些相似。

No.632

small ──→〔IE〕*melo ─〔詞根化〕──────────────→{ mel }

麼 me ──→〔上古音〕*muar─〔簡化〕───────────→{ mar }

> 說明:〔IE〕*melo 意義爲 "小動物(small animal)","small" 繼
> 承了其中的 "小" 的含義。漢語 "麼" 字表示 "細小" 之
> 意。參考:漢語中還有 "秒(非常小的時間單位)、苗(很小
> 的剛成形的稻株)、妙(年少的女子及其細緻的柔態)、渺、
> 藐" 等字,上古音都是 "*miog",都含有 "小" 的意義,或
> 者說是從 "小" 的意義出發用不同的形旁聲旁而造出來的字,
> 同 small 的詞源在音義上是很近似的。

No.633

smile ──→〔IE〕*smei─〔s 脫落〕───────────────→{ mei }

眯 mi ──→〔上古音〕*mer──────────────────→{ mer }

說明：〔IE〕*smei 意義爲 "笑、微笑（laugh, smile）"。漢語 "眯" 並不是 "笑" 而是 "微合眼皮" 的意思，但 "眯眼睛" 是 "微笑" 的特徵動作，具有語源上的近似性。

No.634

smoke ⟶〔IE〕*smeug—〔s 脱落〕⟶{ meug }

煤 mei ⟶〔上古音〕*mueg ⟶{ mueg }

炾 wei ⟶〔上古音〕*miuer—〔簡化〕⟶{ muer }

墨 mo ⟶〔上古音〕*muek—〔k-g 音轉〕⟶{ mueg }

黑 hei ⟶〔上古音〕*miek—〔k-g 音轉〕⟶{ mieg }

說明：〔IE〕*smeug 的意義爲 "煙（smoke）"。漢語 "煤" 爲煙火的原料或煙火造成的 "煤煙子"；"炾" 意義爲 "火（《說文》：炾，火也）"；"墨" 是用煤煙子製成的；同時，"黑" 又是 "煤·墨" 的顏色。因此 "煤·炾·墨·黑" 四字在字源意義上關聯性特別強。它們都同〔IE〕*smeug 語音一致，意義上也具有關聯性。

No.635

sneak ⟶〔IE〕*sneg—〔s 脱落〕⟶{ neg }

匿 ni ⟶〔上古音〕*niek—〔k-g 音轉〕〔簡化〕⟶{ neg }

說明：〔IE〕*sneg 的原意義爲 "爬行（to creep）"，英語 sneak 意義爲 "偷偷走掉"。漢語 "匿" 字有兩個意義：1.逃亡（亡匿。"匿，亡也"《說文解字》）；2.躲藏（隱匿）。第一個意義同〔IE〕*sneg "爬行" 相近，第二個意義同英語 sneak（偷偷走掉）的意義相似。

No.636

son ⟶〔IE〕*sunu—〔詞根化〕⟶{ sun }

生 sheng ⟶〔上古音〕*sieŋ—〔簡化〕⟶{ seŋ }

說明：〔IE〕*sunu（或〔IE〕*suyu）意義爲 "誕生，子孫（birth, offspring）"。由 "誕生" 意義而發展成爲 "子孫"。現代英語 "son" 意義爲 "兒子，子"。"生—〔IE〕*sunu" 在音義兩方面都可謂酷似。參考：漢語中 "生（上古音*sien）" 和 "子（上古音*tsieg）" 字在語音形式上也有些相似。

No.637

soon ⟶ 日爾曼古詞根*seno —〔詞根化〕————————————→{ sen }

匆 cong ⟶〔上古音〕*tsoŋ —〔ts-s 音轉〕————————→{ suŋ }

說明：soon 原意義爲 "立即、趁早"。漢語 "匆" 原意義爲 "心裏擱不住，忙亂地趕著做"。在 "時間短促" 這個意義上有共同點。

No.638

sorrow ⟶〔IE〕*swergh—〔簡化〕——————————————→{ serg }

愀 jiu ⟶〔上古音〕*dziog—〔dz-s 音轉〕〔簡化〕————→{ sog }

悄 qiao ⟶〔上古音〕*tsiog—〔ts-s 音轉〕〔簡化〕———→{ sog }

戚 qi ⟶〔上古音〕*tsok—〔ts-s 音轉〕———————————→{ sok }

說明：〔IE〕*swergh 意義爲 "煩心、疾（worry, sick）"。sorrow 意義爲 "悲傷"，但在古義中多表示 "擔心、不安、煩惱"，和漢語 "戚—愀—悄" 意義基本一致。（另外〔IE〕*seug（=sick, 疾）同〔IE〕*swergh 音義相近，請參見漢英對應詞 "疾—sick" 詞條）

No.639

sour ⟶〔IE〕*suro—〔詞根化〕—— sur—〔r-n 音轉〕———→{ sun }

酸 suan ⟶〔上古音〕*suen—〔簡化〕———————————→{ sun }

說明：〔IE〕*suro 原意義爲 "濕、鹹、苦（damp, selty, bitter）"。因爲物體發酸一般爲餿敗的現象，總伴有濕潤出水的現象，因此酸味總是同濕（damp）在意義上相關。參考：餿（上古音*siog）的東西一般都酸，"餿—酸—sour"意義上相關，語音上也頗爲近似。

No.640

sow ⟶〔IE〕*sei————————————————→{ sei }

撒 sa ⟶〔上古音〕*sat ————————————————→{ sat }

　　說明：〔IE〕*sei 意義爲"撒，使落下（cast, let fall）"，同漢語"撒"字音義兩方面完全相同。參考：另外英語"seed（種子）"也是從動詞 sow 的詞源〔IE〕*sei 演化而來，和 sow 是同源詞。

No.641

speak ⟶〔IE〕*spreg—〔s 脫落〕〔pr-p 音轉〕〔g-ŋ 音轉〕————→{ peŋ }

ban ⟶〔IE〕*bhan—〔bh-p 音轉〕————————————→{ pan }

諷 feng ⟶〔上古音〕*pliuem—〔l 脫落〕〔簡化〕————→{ pem }

謗 bang ⟶〔上古音〕*paŋ————————————————→{ paŋ }

訪 fang ⟶〔上古音〕*piaŋ—〔簡化〕————————————→{ paŋ }

　　說明：〔IE〕*bhan 和〔IE〕*spreg 意義都是"說（speak）"。英語 ban 現代意義爲"通告、告示"。漢語"諷（意義爲"詩"，詩言志。采風，即採集衆人諷誦之句）、謗（大言毀人）、訪（汎謀曰訪《說文》。即議論之意）"字都具有"言說"之意義，同印歐古詞根〔IE〕*bhan 和〔IE〕*spreg 音義相通。參考：漢語"諷（*pliuem）"字同英語 poem（詩）的音義也很近似。

No.642

spectacle ⟶〔IE〕*spek—〔s 脫落〕————————————→{ pek }

spy ⟶（同上）————————————————————→{ pek }

瞥 pie ⟶〔上古音〕*piat—〔簡化〕————————————→{ pat }

說明：〔IE〕*spek 意義爲"觀察（observe）"，在"看"這一意義
上同"瞥"音義比較相近。參考：英語 expect 意義爲"（瞥
外面→往外看→）期待"。另外，漢語"盼（上古音*pan）"
字也同〔IE〕*spek 音義相近。

No.643

spin ──→〔IE〕* pen────────────────────→{ pen }

紡 fang ──→〔上古音〕*piaŋ─〔簡化〕──────────→{ paŋ }

說明：〔IE〕* pen 意義爲"拉、延、紡（draw, stretch, spin）"。漢
語"紡"字包含從 "拉"絲，然後多根絲再撚"紡"成線。

No.644

spleen ──→〔IE〕*spelgh─〔s 脫落〕〔簡化〕──────→{ peg }

脾 pi ──→〔上古音〕*bieg ─〔b-p 音轉〕〔簡化〕────→{ peg }

說明：〔IE〕*spelgh 意義爲"脾（spleen）"。印歐語中輔音前添加
"s"或在輔音和母音間插入"r"或"l"的現象頗多，相對
於漢語"脾"字的上古音*bieg，〔IE〕*spelgh 多了"s-"和
"-l-"，這是很典型的例子。"脾—spleen"是音義極爲相似
的漢英對應詞。

No.645

spoil ──→〔IE〕*spel─〔s 脫落〕〔l-r 音轉〕──────────→{ per }

破 po ──→〔上古音〕*puar─〔簡化〕──────────→{ par }

敗 bai ──→〔上古音〕*puad─〔簡化〕──────────→{ pad }

說明：〔IE〕*spel 原意義爲"破裂（break off,split）"，同漢語"敗"
字原意義"貝殼破裂"基本一致，同漢語"破"字更是音義
完全一致。英語 spoil 一詞原始意義有衣服"襤褸破敗"的意
思。參考：漢語"僨（上古音*piuen）"字是"敗壞"的意思，
和"敗"字一已接近，語音上呈現"陽入"對應的關係。

No.646

spoke ⟶〔**IE**〕***speik**—〔**s 脫落**〕────────────────⟶{ **peik** }

輻 fu ⟶〔上古音〕***piuek**—〔簡化〕──────────────⟶{ **piek** }

說明:〔IE〕*speik 原意義爲"尖點(sharp point)",有尖點的物體
如"spik(麥穗,大釘子)"等。立陶宛語"speigliao(=thorn,
刺)"等都源於〔IE〕*speik。車輻是許多根頂著車軸和車轂
的木條,"尖點"意義也很明確。另外漢語"輻"字用於"輻
射"意義時"尖點"的意義就更爲明確了。

No.647

sponge ⟶希臘語 **spoggos** —〔詞根化〕— **spog**—〔**sp-p 音轉**〕⟶{ **pog** }

puff ⟶〔**IE**〕***beu**—〔**b-p 音轉**〕〔簡化〕─────────⟶{ **po** }

泡 pao ⟶〔上古音〕***pog**────────────────────⟶{ **pog** }

說明:〔IE〕*beu 原意義爲"膨脹(swell)",即裏面包含著什麼
而鼓起來的樣子。漢語"泡"也是"膨脹"的意義。請參看
漢英對應詞"包—bag"詞條。

No.648

spoon ⟶〔**IE**〕***spe**—〔**s 脫落**〕───────────────⟶{ **pe** }

匕 bi ⟶〔上古音〕***pier** —〔簡化〕──────────────⟶{ **per** }

說明:〔IE〕*spe 原意義爲"長而平的木條,即湯匙"。漢語"匕"
字原意義爲"匙"。"匕—spoon"可謂音義酷似的漢英對應
詞。參考:英語 spoon 的同源字還有 spade"鏟子"。

No.649

spot→中世英語 **spotten**—〔詞根化〕—**spot**—〔**sp-p 音轉**〕〔**t-n 音轉**〕→{ **pon** }

speck⟶古英語 **specca**—〔詞根化〕—**spec**—〔**sp-p 音轉**〕〔**k-ŋ 音轉**〕→{ **peŋ** }

speckle ⟶**speck**(同上)─────────────────⟶{ **peŋ** }

斑 ban ⟶〔上古音〕***pan** ──────────────────⟶{ **pan** }

說明："斑—spot—speck"三詞意義皆爲"污點"。但"斑"字的
字形意義爲"玉碎裂而散亂",而 speck 同時又有"碎片"意
義,因此在語源意義上兩者頗爲一致。

No.650

spout ⟶日爾曼古詞根*sput—〔s 脫落〕〔t-n 音轉〕————⟶{ pun }

噴 pen ⟶〔上古音〕*puen—〔簡化〕————————⟶{ pun }

說明:日爾曼古詞根*sput 意義爲"噴吐(spout)","噴—spout"
音義相近。參考:另外英語"spurt(噴出), spew(吐出), burst
(爆出)"等詞都是 spout 的近源詞。

No.651

spread ⟶〔IE〕* sper—〔s 脫落〕————————⟶{ per }

普 pu ⟶〔上古音〕*pag————————————⟶{ pag }

鋪 pu ⟶〔上古音〕*pag————————————⟶{ pag }

布 bu ⟶〔上古音〕*pag————————————⟶{ pag }

敷 fu ⟶〔上古音〕*piuag —〔簡化〕—————⟶{ pag }

說明:〔IE〕*sper 原意義爲"散播、散佈(strew)",同漢語中的
普及的"普"、鋪開的"鋪"、散佈的"布"以及敷衍的
"敷"等字音義都相近。

No.652

stair ⟶〔IE〕*steigh—〔s 脫落〕〔g-ŋ 音轉〕〔簡化〕———⟶{ teŋ}

登 deng ⟶〔上古音〕*teŋ————————————⟶{ teŋ}

升 sheng ⟶〔上古音〕*thieŋ—〔簡化〕—————⟶{ teŋ}

梯 ti⟶〔上古音〕*ter—〔r-n 音轉〕——————⟶{ ten }

說明:〔IE〕*steigh 原意義爲"跨、踏、升(stride, step, rise)",
和漢語"登"字意義一致。〔IE〕*steigh 中 gh 脫落便成 stair
(梯),而漢語"登"的韻尾"ŋ"音脫落也成"梯",情況

頗爲相似。

No.653

stake ⟶〔IE〕***steg**—〔s 脫落〕———————————→ { teg }

椿 zhuang ⟶〔上古音〕***tuŋ**—〔ŋ-g 音轉〕———————→ { tug }

說明:〔IE〕*steg 意義爲"棍筈、棒(stick,pole)"。漢語"椿"是打入土中的木棍。"椿—stake"同漢英對應詞"寨—stockade"、"株—stock"及"筈—刺—stick"等詞條呈現近似關係。請參見相關各詞條。

No.654

stalk ⟶日爾曼古詞根***stalkojan**—〔詞根化〕—stalk—〔s 脫落〕→{ talk }

steal ⟶〔IE〕***ster**—〔s 脫落〕————————————→ { ter }

偷 tou ⟶〔上古音〕***tug** ——————————————→ { tug }

說明:〔IE〕*ster 的意義爲"盜、竊(rob,steal)"。漢語"偷"字有兩種意義:(1)"靜靜地"(如"偷偷地進房間")意,這種意義和英語"stalk"對應;(2)"盜竊,偷竊"意,同英語 steal 相對應。參考:"盜(上古音*dog)"字同"偷(上古音*tug)"字音義也很相近。

No.655

stalk ⟶〔IE〕***stel*k***—〔s 脫落〕————————————→{ tel*k* }

茬(楂)cha ⟶〔上古音〕***dzag**—〔dz-t 音轉〕〔簡化〕———→ { tag }

說明:"茬(楂)"就是收割後留下的直立的"莖"或"小硬枝"。〔IE〕*stelk 原意義爲"置、使站立(cause to stand)",而漢語"茬,楂"的上古音同"置"字上古音*tieg 也頗爲近似。同漢語"茬,楂"意義相同的英語辭彙還有 stubble,該詞也是由 stalk 一詞演變而來的。

No.656

stand ⟶〔IE〕*stan—〔s 脫落〕────────────────→ { tan }

stable ⟶（同上）──────────────────────→ { tan }

站 zhan ⟶〔上古音〕*tam────────────────→{ tam }

佇 zhu ⟶〔上古音〕*diag —〔d-t 音轉〕〔簡化〕───→{ taŋ }

定 ding ⟶〔上古音〕* deŋ ──────────────→ { deŋ }

奠 dian ⟶〔上古音〕*den────────────────→ { den }

　　說明：〔IE〕*stan 意義爲"站立（stand）"，同漢語"站"字音義
　　　　十分近似。漢語"佇"字意義也是"站立"；漢字"奠"表
　　　　示"大酒壇放立在臺子上，很安定（=stable）"；漢語"定"
　　　　字表示"把足立在房子裏不動"。"站—佇—奠—
　　　　定—stand—stable"六詞的基本意義都是"站立"，音義相
　　　　近。參考：與"佇"字有詞源關係的字還有："住（站住不
　　　　動，上古音*diug）"、"駐（上古音*tiug）"、"柱（站立
　　　　不動之木，上古音*diug）"、"拄（樹立棍棒，上古音*tiug）"
　　　　等。與"佇"同音的"貯"字，其英語對應詞 store 也源於〔
　　　　IE〕*stan。請參見漢英對應詞"貯—store"和"典—standars"
　　　　詞條。

No.657

standard ⟶stand（+hard）⟶〔IE〕*stan —〔s 脫落〕───→ { tan }

典 dian ⟶〔上古音〕* tuen—〔簡化〕─────────→ { ten }

　　說明：〔IE〕* stan 意義爲"站立（stand）"。漢字"典"的字形也
　　　　表示"編成的一長串竹簡樹立（站立）在茶几上，以展示法
　　　　律規範"（"規範是樹立起來的"之意）。英文"standard"
　　　　原意義爲"樹立（stand）得穩穩（hard=firm）的"。參考：
　　　　一說認爲"典"的發音跟"沈甸甸"的"甸"字有關（長編
　　　　竹簡很沈）。不過跟"站（樹立）"字聯繫起來更符合"典"
　　　　字的字形意義。另外，英語 stand 和漢語"站"字是對應詞，

　　　　請參見漢英對應詞 "站—stand" 詞條。

No.658

star ⟶〔IE〕*ster—〔s 脫落〕〔r-n 音轉〕─────────────→{ ten }

stella ⟶（同上）──────────────────────→{ ten }

辰 chen ⟶〔上古音〕*dhien –〔dh-t 音轉〕〔簡化〕────→{ ten }

　　　　說明：英語 "stella" 同 "star" 同源，但 stella 包括的天體，比 star
　　　　　　　（星）的所指範圍更大，更接近於漢語 "辰（日月星的總稱）"
　　　　　　　字的意義。另外 "辰" 字的字形取意于 "貝殼張開，肉體顯
　　　　　　　出閃閃光亮"，這同 "星體閃閃光亮" 在意義上有聯繫。

No.659

stare ⟶〔IE〕*steip—〔s 脫落〕〔p-m 音轉〕〔簡化〕────→{ tem }

瞋 chen ⟶〔上古音〕* tien—〔簡化〕──────────→{ ten }

　　　　說明：漢語 "瞋" 字意義爲 "睜大了眼眶，憤憤而視"。〔IE〕*steip
　　　　　　　原意義爲 "硬直、壓迫（stiff compress）"，同漢語 "瞋" 的
　　　　　　　實際動作效果基本一致。另外,漢語還有 "瞠、盯、瞪（上古
　　　　　　　音*deŋ）" 等字同 "瞋" 字近源,同 stare 音義也相當接近。

No.660

state ⟶拉丁語 status—〔詞根化〕—stat—〔s 脫落〕〔t-n 音轉〕→{ tan }

陳 chen ⟶〔上古音〕*dien—〔d-t 音轉〕〔簡化〕────→{ ten }

　　　　說明：漢語 "陳" 字的 "東" 原表示 "二個大口袋"，而 "陳" 表
　　　　　　　示 "排列" 了一列子大口袋。由此，"陳" 有將事物 "按順
　　　　　　　序述說" 之意。拉丁語 status 有 "物體放置的狀態" 的意義,
　　　　　　　同時又有 "陳述" 之意，同漢語 "陳" 字的詞源意義幾乎如
　　　　　　　出一轍。參考：漢語 "申（上古音*thien）" 字同 "陳—state"
　　　　　　　音義也較爲相近。請參見漢英對應詞 "談—tell—talk" 詞條。

No.661

steed ⟶ stud ⟶〔IE〕*sta*n* ────────────────────→{ stan }

駿 jun ⟶〔上古音〕*tsiuen—〔簡化〕──────────→{ tsen }

說明:〔IE〕*stan 意義爲"站(stand)",stud 意義爲"馬的站立處",因此英語 steed 原意義指"屹立著的馬",現指"種馬、駿馬"。漢語"駿"指"體高蹄快的馬"。漢語中同"駿"字近音的字如"峻(上古音*tsiuen,聳立的高山)、竣(上古音*tsiuen,聳立)"等都有"高高站立"的含義,因此"駿"字也含有"高而立"的意義,同 steed 的詞源音義情況相同。

No.662

steep ⟶〔IE〕*teu*p*—〔p-m 音轉〕──────────→{ tem }

巉 chan ⟶〔上古音〕*dzam—〔dz-t 音轉〕────────→{ tam }

陡 dou ⟶〔上古音〕*tug—〔g-ŋ 音轉〕──────────→{ tuŋ }

說明:漢語"巉"字意義爲"山勢險峻",聲旁"毚"意義爲"鑽入空隙"(高聳的山峰鑽入天穹之意)。〔IE〕*teup 意義爲"推,敲(push, knock)"(山的高聳,如同對天穹的推和敲)。漢英在語源意義上異曲同工。另外,梵語的 stupa(塔)一詞同 steep 來自於共同的詞源,因此佛教的"stupa(塔)"對應於漢語的"巉、陡"兩字(即"塔"實際上就是"陡"的名詞化)。

No.663

steer ⟶〔IE〕*steu—〔s 脫落〕──────────────→{ teu }

舵 duo ⟶〔上古音〕*dar—〔d-t 音轉〕──────────→{ tar }

說明:〔IE〕*steu 原意義爲"推、刺、敲、拍(push, stick, knok, beat)",steer 意義爲"舵"(舵在控制方向時對水總是有"推刺敲拍"的關係之意?)。一說,漢語"舵"字的語音來源於"拽(上古音*dar,意義爲"拉"。藤堂明保語)"字,即來源於"拉"意。推和拉是相對的概念,"steer"(來源於"推")

和"舵"（來源於"拉"）應該說是殊途同歸的好例子。請
參見對應詞"推—teu"詞條。

No.664

step ⟶〔IE〕*stebh—〔s 脫落〕〔簡化〕──────────────→{ teb }

stamp⟶日爾曼古詞根*stapjan—〔詞根化〕—stap—〔s脫落〕⟶{ tab }

踏 ta ⟶〔上古音〕*tep ────────────────────────→{ tep }

蹀 die ⟶〔上古音〕*dep—〔d-t 音轉〕─────────────→{ tep }

蹋 ta ⟶〔上古音〕*dap—〔d-t 音轉〕──────────────→{ tap }

　　說明：〔IE〕*stebh 的意義爲"支撐、緊踏在（support，place firm
　　　　on）"，同漢語"踏、蹀、蹋"字音義幾乎一致。同"踏—
　　　　蹀—蹋—step—stamp"在語源上較爲接近的漢英對應詞還有
　　　　"踐—tread—trample—trudge"（請參見該對應詞條）。

No.665

stew ⟶希臘語 tuphos—〔詞根化〕—tup—〔p-m 音轉〕───────→{ tum }

steam⟶日爾曼古詞根*staumaz〔詞根化〕—staum—〔s 脫落〕〔簡化〕→{ tam }

蒸 zheng ⟶〔上古音〕*tieŋ—〔簡化〕──────────────→{ teŋ }

騰 teng ⟶〔上古音〕*deŋ—〔簡化〕──────────────→{ teŋ }

　　說明：希臘語 tuphos 意義爲"蒸氣（vapour）"，其詞源〔IE〕*dheu
　　　　意義爲"升騰入雲（rise in a cloud）"，同漢語"騰"字意義
　　　　相同，而 stew 最原始的意義爲"洗蒸汽浴"。日爾曼古詞根
　　　　*staumaz 意義爲"蒸氣"（進一步詞源不詳）。steam 同"蒸"
　　　　字音義相近。"蒸—騰—stew—steam"是一組音義接近的漢
　　　　英對應詞。參考：漢字"上（上古音*dhiaŋ）"字同"騰（向
　　　　上）"字發音相似，呈現出近源關係。同時"上"的上古音
　　　　*dhiaŋ 同 "〔IE〕*dheu（升騰入雲）"的語音也極爲酷似。

No.666

stick ⟶〔IE〕*steig—〔s 脫落〕⟶⟶⟶⟶⟶⟶⟶⟶⟶{ teig }
笞 chi ⟶〔上古音〕*tieg⟶⟶⟶⟶⟶⟶⟶⟶⟶⟶→{ tieg }
刺 ci ⟶〔上古音〕*tsieg—〔ts-t 音轉〕⟶⟶⟶⟶⟶⟶→{ tieg }

　　　說明：〔IE〕*steig 原意義爲"刺（stick）"，即印歐語由動詞 stick
　　　　　　（刺）引申出名詞 stick（棍棒，笞）。漢語中"笞"字意義爲
　　　　　　"棍棒"，也可引申作爲動詞用，如"笞撻（用棍棒刺打）"。
　　　　　　另外，像[IE]*steig 相對於*tieg（笞）這種印歐語中以"s"開
　　　　　　始的複輔音"st/sp/sl"等在漢語對應詞中 s 往往脫落的現象
　　　　　　即使在印歐語中也常常發生,如：古梵語的 stick 爲 tigma,其中
　　　　　　的 s 就脫落了。參考：同漢英對應詞"笞—刺—stick"相關的
　　　　　　近源漢字有："章（紋刺，上古音*tiaŋ）"、"打（上古音
　　　　　　*teŋ）"、"拄（上古音*tiug）"、"疼（上古音*doŋ）"、
　　　　　　"痛（上古音*tuŋ）"等。另外，英語 stitch（刺繡、縫針）
　　　　　　和 stick 同詞源。

No.667

sting ⟶〔IE〕*stegh—〔s 脫落〕〔g-ŋ 音轉〕〔簡化〕⟶⟶⟶→{ teŋ }
叮 ding ⟶〔上古音〕*teŋ⟶⟶⟶⟶⟶⟶⟶⟶⟶⟶⟶→{ teŋ }

　　　說明：〔IE〕*stegh 意義爲"刺（prick）"。漢字"叮（古時寫作丁）"
　　　　　　意義爲"用咀刺（如蚊蟲叮）"，使用範圍和英語相同，都指
　　　　　　蟲類的刺叮。參考：另外漢字"蜇（zhe，蟲叮，上古音*tiat〔
　　　　　　t-n 音轉〕→tian）"字同"叮"字意義和語音都呈近源關係。）
　　　　　　漢語"叮"字屬口語詞,在文獻資料中出現頗晚，但其發音*teŋ
　　　　　　明顯地和 sting 來源於*stegh（刺）一樣也來源於漢語"刺（上
　　　　　　古音*tsieg）"字，並同樣地韻尾由"g"發展成了"ŋ"（另外
　　　　　　聲母由 ts 演變成了 t）。因此"叮—sting"兩詞是情況十分近似
　　　　　　的一對漢英對應詞。

No.668

stir ──→〔IE〕*twer─〔簡化〕──────────────────→{ ter }

炒 chao ──→〔上古音〕*tsog〔簡化〕──────────────→{ tog }

　　說明：英語 stir 意義爲"攪、炒"。漢語"炒"是烹調法的一種，但
　　　　　從動作來看是在鍋中"攪拌"。〔IE〕*twer 原意義爲"轉動
　　　　　（turn， whirl）"，與"炒"的動作意義基本一致。

No.669

stock ──→〔IE〕*teu*k*─〔簡化〕────────────────→{ teuk }

株（朱）zhu ──→〔上古音〕*tiug─〔g-k 音轉〕〔簡化〕──→{ tiuk }

　　說明；漢語"朱"字是"株"字的本字。"朱"字原意義爲"採伐
　　　　　下來的樹幹（=株）"，後引申爲"紅色（樹幹切口的顏色）"。
　　　　　〔IE〕*teuk 原意義爲"推，伐（push、strike）"，名詞指"樹
　　　　　幹（=株）"，和漢語的"朱─株"音義相同。

No.670

stockade →stake（+ade）→〔IE〕*steg─〔s 脫落〕**[t-d 音轉]**──→{ deg }

寨 zhai ──→〔上古音〕*dzeg─〔dz-d 音轉〕───────────→{ deg }

　　說明：〔IE〕*steg 意義爲"笞，棒（stick, pole）"。用棍棒作柵欄
　　　　　圍起來的堡壘叫"寨子"。漢語"寨"字的字形中就有許多
　　　　　橫的豎的棍棒。英語 stockade 中，stock 表示砍下的木頭（株），
　　　　　ade 表示"材料"的意思。漢英"寨─stockade"兩詞的音義
　　　　　在 語 源 上 同 漢 英 對 應 詞 "笞 ─stick" 或 與 其 近 源 的
　　　　　"株─stock" 相關聯。請參見漢英對應詞 "笞─stick" 和
　　　　　"株─stock" 詞條。

No.671

stone ──→〔IE〕*stei*n*─〔s 脫落〕〔簡化〕──────────→{ ten }

石 shi →〔上古音〕*dhiak ─〔d-t 音轉〕〔k-ŋ 音轉〕〔簡化〕 ──→{ taŋ }

說明：stone 的印歐語古詞根構擬成〔IE〕*stei，但幾乎所有印歐語的"石頭"都有韻尾 n（只有梵語的石頭"styayate"有"t"而沒有"n"韻尾）。另外，作爲古代的容量單位漢語中"石"念 dan，韻尾發生了〔k-n 音轉〕，同英語的"(s)tone"語音相去不遠。

No.672

stool ⟶〔**IE**〕* sta*n*—〔s 脫落〕————————————⟶ { tan }

凳 deng ⟶〔上古音〕*teŋ————————————————⟶ { teŋ }

　　說明：〔IE〕*stan 意義爲"站、立（stand）"。用凳子時人是坐著的，但"凳子（stool）"本身是立著的。

No.673

stop ⟶〔**IE**〕*steur*p*—〔s 脫落〕[簡化]—————⟶ { tup }

堵 du ⟶〔上古音〕*dug—〔d-t 音轉〕————————⟶ { tug }

停 ting ⟶〔上古音〕*deŋ—〔d-t〕〔ŋ-k 音轉〕————⟶ { teg }

止 zhi ⟶〔上古音〕*tieg—〔簡化〕——————————⟶ { teg }

　　說明：〔IE〕*steurp 意義爲"凝結、結塊（condense,cluster）"，和漢語"堵"字的含義較接近。而現代英語 stop 意義爲"停止"，同漢語"停"、"止"兩字的意義相同。

No.674

store ⟶〔IE〕*stauro—〔詞根化〕—staur—〔s 脫落〕〔簡化〕⟶ { tar }

蓄 zhu ⟶〔上古音〕*tiok—〔簡化〕————————————⟶ { tok }

貯 zhu ⟶〔上古音〕*tiag—〔簡化〕————————————⟶ { tag }

　　說明：〔IE〕*stauro 來源於〔IE〕*stan（stand,站立）。遠古貯存糧食需要建立草垛子，即所謂"建倉立貯"，因此 store 同 stand 詞源相同是很容易理解的。漢語中情況也比較相似，同"貯"同音的有"佇（站立）"，因此"貯=store、佇=stand"相互間

都呈現同源關係。參考：同 "貯" 字屬同系列的字還有： "儲
（上古音*diag）"、"瀦（貯水，上古音*tiag）"、"蓄（上
古音*tiok）" 等。請參見漢英對應詞 "佇—站—stand" 詞條。

No.675

Straight ⟶ **stretch** ⟶ 日爾曼古詞根*strakjan －〔詞根化〕—
　　　　　　　　　　　strak—〔s 脫落〕〔tr-t 音轉〕————→ { tak }

正 zheng ⟶ 〔上古音〕*tieŋ—〔簡化〕〔ŋ-k 音轉〕————————→ { tek }

直 zhi ⟶ 〔上古音〕*diek—〔d-t 音轉〕〔簡化〕——————————→ { tek }

　　說明：日爾曼古詞根*strakjan 意義爲 "繃直（stretch）"。漢語 "正"
　　　　字意義爲 "不曲的，直的"， "正、直" 兩字同 "straight"
　　　　意義相同。參考： "stretch" 同 straigh 同源。請參見漢英對
　　　　應詞 "張—挺—stretch" 詞條。

No.676

stratum ⟶ 〔IE〕*ster—〔s 脫落〕〔r-n 音轉〕————————————→ { ten }

層 ceng ⟶ 〔上古音〕*dzeŋ—〔d-t 音轉〕〔簡化〕——————————→ { teŋ }

　　說明：〔IE〕*ster 原意義爲 "普、平向擴散（spread）"，同漢語 "層"
　　　　字所表示的橫向的概念是一致的，語音也頗爲接近。

No.677

stretch ⟶ 日爾曼古詞根 *strakjan —〔詞根化〕— strak —
　　　　　　　　　　〔str-t 音轉〕〔k-ŋ 音轉〕——→ { taŋ }

張 zhang ⟶ 〔上古音〕*tiaŋ —〔簡化〕————————————————→ { taŋ }

挺 ting ⟶ 〔上古音〕*deŋ—〔d-t 音轉〕————————————————→ { teŋ }

　　說明：日爾曼古詞根*strakjan 意義爲 "直伸、繃直（stretch）"，演
　　　　化出的 stretch 意義爲 "直伸出去"，同漢語 "挺" 字意義一
　　　　致。繃直的結果就是 "張"。 "張—挺—stretch" 三詞音義近
　　　　似。請參見漢英對應詞 "直—straight" 詞條。

No.678

strick ──→〔IE〕*streig──〔r 脫落〕〔簡化〕──────────→{ steg }

stringent ──→同上──────────────────────────→{ steg }

strain ──→同上 ────────────────────────────→{ steg }

榨 zha ──→〔上古音〕*tsag──────────────────────→{ tsag }

　　　　說明：〔IE〕*streig 的原意義爲"打、迫（stroke, press）"，同漢
　　　　　　　語"榨"字的音義相似。由"打、迫"而引申爲"strick（緊
　　　　　　　窄的）"。現代英語 stringent 意義爲"迫切"；strain 意義爲
　　　　　　　"限制、緊拉"。漢字"榨"的右半部爲"窄"，其意義同
　　　　　　　"緊、窄"有相當的關聯性。

No.679

strike ──→〔IE〕*streig──〔s 脫落〕〔tr-t 音轉〕〔簡化〕──────→{ teg }

打 da ──→〔上古音〕*teŋ──〔ŋ-g〕──────────────→{ teg }

　　　　說明：〔IE〕*streig 意義爲"打、壓（strike, press）"。"打—strike"兩
　　　　　　　詞語源上音義十分近似。另外印歐語古詞根〔IE〕*streig 同
　　　　　　　漢英對應詞"刺—stick"在音義方面也十分近似。請參見漢
　　　　　　　英對應詞"刺—stick"詞條。

No.680

stroll→德語 strolch──{s 脫落〕〔tr-t 音轉〕〔ch-k 音轉〕〔簡化〕──→{ tok }

踱 duo ──→〔上古音〕*dak──{d-t 音轉}──────────────→{ tak }

　　　　說明：德語 strolch 意義爲"放浪、女占卜師（vagabond,
　　　　　　　fortune-teller）"，而 stroll 有"慢慢走"之意，同"踱"字
　　　　　　　的意義一致。

No.681

strong ──→〔IE〕*strenk──{str-ts 音轉〕〔nk-ŋ 音轉}─────→{ tseŋ }

壯 zhuang ──→〔上古音〕*tsiaŋ ──〔簡化〕────────────→{ tsaŋ }

　　　　說明：〔IE〕*strenk 的意義爲"緊實（tight）"，而漢語"壯"字有
　　　　　　　"體格緊實"的意義，兩者音義相通。

No.682

struggle ⟶（詞源不明）中世英語 strogele—〔詞根化〕- strog -

　　　　　　　　　　　　　　　〔s脫落〕〔tr-t 音轉〕——————→ { tog }

鬥（鬪）dou ⟶〔上古音〕* tug——————————————————→ { tug }

爭 zheng ⟶〔上古音〕*tseŋ —〔ts-t 音轉〕〔ŋ-g〕音轉———→ { teg }

　　　說明：中世英語 strogele 意義爲"鬥爭（struggle）"（進一步的詞
　　　　　　源不明）。漢語"爭"字的字頭輔音 ts-同 struggle 的詞頭輔音
　　　　　　st-具有近似性。而漢語"鬥"字的韻尾-g 與 struggle 的詞根尾
　　　　　　音-g 相同。"鬥—爭—struggle"三詞音義十分相似。

No.683

stupid ⟶〔IE〕*teu ——————————————————————→ { teu }

蚩 chi ⟶〔上古音〕*tieg ————————————————————→ { tieg }

　　　說明：〔IE〕*teu 意義解釋爲"推，刺、打（push stick, beat）"同 stupid
　　　　　　的意義"愚笨"的語意關連不明。漢語"蚩"意義爲"愚
　　　　　　笨"（如被黃帝所打敗的"蚩尤"），同 stupid 意義相同。

No.684

styx ⟶希臘語 stug-〔s 脫落〕————————————————→ { tug }

剔 ti ⟶〔上古音〕*tek————————————————————→ { tek }

　　　說明：希臘語 stug-意義爲"恐懼、可恨、寒心（the horrible, hate,
　　　　　　shudder）"，英語 styx 意義爲希臘神話中的"黃泉之河"（令
　　　　　　人恐懼之處）。漢語"惕"字表示"恐懼"，是動詞這一點上
　　　　　　和 stug 不同外，兩者音義相當一致。

No.685

suck ⟶〔IE〕*sug————————————————————————→ { sug }

欶 su ⟶〔上古音〕*suk ————————————————————→ { suk }

　　　說明：〔IE〕*sug 意義爲"吸吮（suck）"。漢語"欶"也表示"吸
　　　　　　吮"。"欶—suck"且都有韻尾"-k"音，音義極爲近似。請

參見漢英對應詞 "歃—sup" 詞條。

No.686

sunder ——→〔IE〕*sen ——————————————————→{ sen }

撕 si ——→〔上古音〕*sieg—〔g-ŋ 音轉〕〔簡化〕——————→{ seŋ }

說明：〔IE〕*sen 意義爲 "分開（apsrt）"，sunder 意義爲 "分離"，
意義和 "撕" 字近似。

No.687

sup ——→〔IE〕*sub ——————————————————→{ sub }

歃 sha ——→〔上古音〕*sap—〔p-b 音轉〕——————————→{ sab }

說明：〔IE〕*sub 和漢語的 "歃" 字都表示 "吸、啜飲（to take
liquid）"。sub（吸、啜）同 soup（湯汁）之間在詞源上也
比較接近。另外，同 "歃—sup" 音義很接近的漢英對應詞還
有 "欶—suck" 詞條，請參見。

No.688

sweep ——→〔詞源不詳〕中古英語 swepe—〔簡化〕————————→{ suep }

雪 xue ——→〔上古音〕*siuat—〔簡化〕————————————→{ suat }

說明：漢語 "雪" 字除了氣象上的 "雪（下雪）" 以外，還有 "報仇
雪恨、雪恥、昭雪" 的 "雪"，通俗解釋爲：雪是白的，使
之清白。其實 "雪" 字在這裏是 "掃除" 的意思（雪，除也
《廣雅》），同英語的]sweep（掃除）音義基本相同。"雪" 字
下半部 "ヨ" 字原寫爲 "彗" 字，是 "掃帚" 的意思。"彗"
字上古音一般擬爲*hiued，但近代音既念 hui，也念 sui。其中
sui 音與 "雪（xue）" 字字音相近，帶有 "掃" 的含義。另
外漢語 "掃（上古音*sog）" 字同 "雪—sweep" 也音義相近。

No.689

swin→古諾斯語 svima—〔詞根化〕—svim—〔s 脫落〕〔v-b 音轉〕→{ bim }

洑 fu ——〔上古音〕*biuek—〔k-ŋ 音轉〕〔簡化〕————→{ beŋ }

    說明：古諾斯語 svima 意義爲"遊，浮"。漢字"洑"作"伏在水面上游（浮游）"解釋，漢英之間音義有些關聯。

No.690

tack ——→日爾曼古詞根 *tag—〔g-ŋ 音轉〕————————→{ taŋ }

釘 ding ——→〔上古音〕*teŋ————————————→{ teŋ }

    說明：日爾曼古詞根*tag 意義爲"釘子"。漢字"釘"指形狀如"丁"，吃在一點上"停"止不動的東西。"釘—丁—停"的語音形式同日爾曼古詞根*tag 相似。參考："打（上古音*teŋ）"同"釘"也是近源系列字。

No.691

tactic ——→〔IE〕*tak—〔t-d 音轉〕————————→{ dak }

寂 ji ——→〔上古音〕*dzok—〔dz-d 音轉〕————→{ dok }

靜 jing ——→〔上古音〕*dzieŋ—〔dz-d 音轉〕〔ŋ-k 音轉〕〔簡化〕→{ dek }

靖 jing ——→〔上古音〕*dzieŋ—〔dz-d 音轉〕〔ŋ-k 音轉〕〔簡化〕→{ dek }

    說明：〔IE〕*tak 意義爲"寂靜（silent）"，同漢語"寂·靜·靖"等字的字義相同（"寂"和"靜·靖"可視作"入陽對轉"的一組同源字）。參考：英語 silent 也表示"寂靜"，來源於印歐古詞根〔IE〕*silo。由於"t-s-z-dz"各音之間經常發生音轉，因此在音值上*silo 實際上同"靜"的語音也較爲接近。

No.692

tactic ——→〔IE〕*tag————————————————→{ tag }

策 ce ——→〔上古音〕*tsek —〔ts-t 音轉〕————————→{ tek }

    說明：〔IE〕*tag 的意義爲"策劃（to set in order）"。漢語"策"字一般作爲名詞，指寫字的竹簡；作爲動詞使用時指"策劃”，和〔IE〕*tag 的意義相同，但在詞源上很難確定名詞意義和動詞意義哪一個是詞源意義。“策”下半部的“朿”字既有 1.“說”的意義（請參見漢英對應詞“辭—敕—edict”詞條）；又有 2.“刺”的意義（請參見漢英對應詞“刺—stick”詞條）。

No.693

tadpole ⟶**tad(=toad)+(pole=poll=head=)拉丁語 kap**⟶**{ tad-kap }**

蝌蚪⟶〔**上古音**〕*****kuar-*tug**—〔**簡化**〕⟶**{ ka-tug }**

　　說明：英語 tad pole 意義爲“蛉（tad）+頭（poll）”，即尚來成熟的“蟾蜍”。（參考：蝌蚪在形狀上頭很大，還未長成蟾蜍的身體，只是頭和一條尾巴，因此稱蝌蚪爲“蛉頭”是很形象的說法。）其中“頭（poll）”在拉丁語中作 kap（其印歐語古詞根〔IE〕*kapt 同漢語“蝌”字語音相近），即可以看成：tadpoll 等於 tad-kap，再將 tad-kap 顛倒成 kap-tad 就同漢語 “蝌蚪”的發音十分相似了。因此“蝌蚪”有可能能夠解釋爲“蝌（頭）蚪（蛉）”之意。參考：“蝌蚪”即,蝌=〔IE〕*kapt=頭、蚪=tad=蛉。請參見漢英對應詞 “蛉—toad” 詞條。

No.694

tailor ⟶**拉丁語 talea**〔**詞根化**〕——**tal**⟶**{ tal }**

裁 cai ⟶〔**上古音**〕*****dzeg** —〔**dz-t 音轉**〕⟶**{ teg }**

　　說明：拉丁語 talea 意義爲“裁、割（cut）”同漢語“裁”字意義基本一致。

No.695

take ⟶〔**IE**〕*****deg**⟶**{ deg }**

抓 zhua ⟶〔**上古音**〕*****tsog**—〔**ts-d 音轉**〕⟶**{ dog }**

叔 zhua ⟶〔**上古音**〕*****thiok**—〔**th-d 音轉**〕〔**k-g 音轉**〕〔**簡化**〕→**{ dog }**

承 cheng ⟶〔上古音〕*dhieŋ—〔ŋ-g 音轉〕————————————→{ deg }

手 shou ⟶〔上古音〕*thiog—〔th-d 音轉〕〔簡化〕————————→{ dog }

　　說明：〔IE〕*deg 原意義爲 "承受、拾起（lay hold of）"，漢語 "叔"
　　　　　字原意義爲 "拾起"（右邊的 "又" 表示 "手"），兩者音義一
　　　　　致。另外，漢字 "承"、"拿"、"抓" 等都同〔IE〕*deg 的音義
　　　　　近似，而且動作都用 "手"，所以它們的上古音都接近 "手
　　　　　（*thiog）" 字的語音。"抓—叔—承—手—take" 在語源上音
　　　　　義極爲相近。參考：漢語 "拿" 字在舊時的上海語音中念 "de"，
　　　　　同〔IE〕*deg 的發音也極其相似。

No.696

talon ⟶拉丁語 talus—〔詞根化〕————————————————→{ tal }

蹄 ti ⟶〔上古音〕*deg —〔d-t 音轉〕——————————————→{ teg }

爪 zhao ⟶〔上古音〕*tsog—〔ts-t 音轉〕—————————————→{ tog }

　　說明：拉丁語 talus 表示飛禽的 "爪" 及四足獸的 "蹄（腳跟）"，
　　　　　同漢語 "蹄、爪" 兩字意義相合，語音也相似。參考："手"
　　　　　和 "足" 在進化中有一個分化過程，而漢語 "手（上古音*thiog）"
　　　　　字和 "蹄（上古音*deg）" 字、"足（上古音*tsiuk）" 字語音
　　　　　形式相似，可以認爲這反映了分化前手足不分的痕迹。

No.697

tamarisk ⟶拉丁語 tamarisk—〔詞根化〕———————————→{ tam }

檉 cheng ⟶〔上古音〕*tieŋ—〔簡化〕———————————————→{ teŋ }

　　說明：拉丁語 tamarisk 和漢語的 "檉" 又叫 "三春柳" 或 "紅柳"、
　　　　　"檉柳"。tamarisk 的詞根部分 "tam" 同 "檉" 字的上古音
　　　　　很近似。

No.698

tame ⟶〔IE〕*deme—〔詞根化〕————————————————→{dem}

順 shun ⟶〔上古音〕*dhiuen—〔簡化〕─────────────→{ **den** }

　　說明：〔IE〕*deme 的意義爲"強制、力量、馴服（constrain force,
　　　　　tame）"。該詞根包含了馴馬時的"強制、力量"和結果"馴
　　　　　服"，從而"順從"人意。漢字"順" 同〔IE〕*deme 音義都
　　　　　很接近。參考：漢語"馴（上古音，藤堂明保氏爲*giuen,王
　　　　　力氏爲*ziuen）"字，語音上尙難同 tame 做對照研究。

No.699

tangle ⟶古諾斯語 tangle—〔詞根化〕─────────────→{ **tan** }

纏 chan ⟶〔上古音〕*dian—〔d-t 音轉〕〔簡化〕────→{ **tan** }

　　說明：tangle 一詞詞源不詳，但同該意義有關連的 twine（繞絲線）
　　　　　是從〔IE〕*dwi（意義爲"二=tow"）發展而來的，從這一
　　　　　點來看，tangle 也有"多重相繞"之意。"纏—tangle"兩詞音
　　　　　義酷似。

No.700

tape ⟶古英語 tappa —〔詞根化〕─────────────→{ **tap** }

帶 dai ⟶〔上古音〕*tad────────────────────→{ **tad** }

　　說明：古英語 tappa 意義爲"緶帶、飄帶"，和漢語"帶子"意義基
　　　　　本吻合。參考：漢語"帶"字由"用帶子綁好物件拿走"而
　　　　　引申出"拿走"的意義,相當於英語"take"一詞。

No.701

tardy ⟶拉丁語 tardus—〔詞根化〕─────────────→{ **tard** }

遲 chi ⟶〔上古音〕*dier—〔d-t 音轉〕〔簡化〕───→ { **ter** }

　　說明：拉丁語"tardus"意義爲"慢，晚了（slow, late）"，同漢語
　　　　　"遲"字音義相同。

No.702

target ——〔IE〕*dergh—〔d-t 音轉〕〔簡化〕————————→ {terg}

抓 zhua ——〔上古音〕*tsog—〔ts-t 音轉〕————————→ { tog }

的 di ——〔上古音〕*tog ————————————————→ { tog }

　　說明：〔IE〕*dergh 原意義爲"抓住（grasp）"，而英語"target"

　　　　　意義爲"小圓盾、目標"（這兩種事物都將射來的箭"抓

　　　　　住"）。漢字"的"的原義一般解釋爲"明確顯眼的"或"明

　　　　　確的目標"，不過從語音上來看可能還是和英語 target 一樣同

　　　　　"抓"字的音義聯繫起來理解更合理些。

No.703

taste ——拉丁語 tangere—〔詞根化〕— tang————————→ { taŋ }

嘗 chang ——〔上古音〕*dhiaŋ—〔dh-t 音轉〕〔簡化〕————→ { taŋ }

　　說明：拉丁語"tangere"有"觸、嘗（touch, taste）"之意，和漢語

　　　　　"嘗"字音義一致。參考：漢語"觸（上古音*tiuk）"同"嘗

　　　　　（*dhiaŋ）—taste"在語音及意義上極爲相近。請參見漢英對

　　　　　應詞"觸—touch"詞條。

No.704

teach ——〔IE〕*deik—〔簡化〕————————————→{ dek }

導 dao ——〔上古音〕*dog————————————————→{ dog }

　　說明：〔IE〕*deik 意義爲"教示（show）"。漢語"導"字原意義

　　　　　爲"引路"，"引路"就是一種教示（show）。因此"teacher"

　　　　　翻譯成"導師"是十分貼近英語語源意譯法。"導—teach"音

　　　　　義酷似。請參見漢英對應詞"導—team"詞條。

No.705

tear ——〔IE〕*dakru—〔詞根化〕——dak—〔d-t 音轉〕———→ { tak }

涕 ti ——〔上古音〕*ter ————————————————→ { ter }

　　說明：〔IE〕*dakru 意義爲"涕淚（tear）"，意義同"涕"完全一

致。有趣的是古拉丁語 "dacruma（淚）" 在發展爲拉丁語時發生了語音變化，變成 "lacrum"，即詞根由 "dak" 變成了 "lak"，同漢語 "涕" 字的同義詞 "淚（上古音*liued〔簡化〕→led）" 近似。在現代漢語和英語兩語言中體現出下列兩對對應詞："涕—tear" 和 "淚—lacrimal"。

No.706

tear ⟶〔IE〕*der—〔d-t 音轉〕————————————→ {ter}

扯 che ⟶〔上古音〕*tiar —〔簡化〕————————————→ {tar}

拆 chai ⟶〔上古音〕*tak ————————————————→ {tak}

　　說明：〔IE〕*der 原意義爲 "撕裂、剝裂（split, flay）"。漢語 "扯、拆" 也是 "拉、撕裂" 之意，同〔IE〕*der 音義極爲一致。

No.707

tegument ⟶拉丁語 tegere —〔詞根化〕————————————→ {teg}

罩 zhao ⟶〔上古音〕*tog ————————————————→ {tog}

　　說明：拉丁語 tegere 的意義爲 "蓋（cover）"，英語 tegument 意義爲 "外被、罩蓋物"（另外，protect 意義爲 "pro 預先+tect 罩蓋⟶防備"）。漢語 "罩" 字上半部的 "四" 是指捕魚捕鳥用的竹網，"罩" 字的意思是捕捉時用竹網來 "罩蓋"。

No.708

tele ⟶希臘語 tele—〔簡化〕————————————————→ {tel}

迢 tiao ⟶〔上古音〕*dog—〔d-t 音轉〕————————————→ {tog}

遙 yao ⟶〔上古音〕*diog—〔d-t 音轉〕〔簡化〕——————→ {tog}

　　說明：希臘語 tele 意義爲 "遠離、遠距（far off, at a disfance）"（進一步的詞源一說爲印歐語古詞根〔IE〕*kwel，但語音關聯不詳）。漢語 "遙"，"迢" 兩字同 tele 一樣表示 "遠" 的意思。

No.709

tell ──→日爾曼古詞根*talo──〔詞根化〕────tal──〔l-n 音轉〕───→{ tan }

talk ──→同上（"k" 表示反復）────────────────────→{ tan }

談 tan ──→〔上古音〕*dam ─〔d-t 音轉〕─────────────→{ tam }

譚 tan ──→〔上古音〕*dem ─〔d-t 音轉〕─────────────→{ tem }

　　　說明：日爾曼古詞根*talo 意義爲 "說得很多"。漢語 "談" 字的聲
　　　　　　旁原爲 "炎" 意義爲 "很多"，"談" 字的原意義爲 "說得
　　　　　　很多"（又如 "啖" 爲 "吃得很多"）。英語 tell 要比 say 要
　　　　　　說得完整而多，有 "講故事" 的意義，這一點同漢語 "談"
　　　　　　字是音義兩方面都相同的。參考：漢語表示 "說" 意義的還
　　　　　　有 "道（上古音*dog）" 字同 talk 音義相近。此外，從日爾曼
　　　　　　古詞根 "*talo=說得很多" 就不難理解漢語中的 "叨嘮" 一詞
　　　　　　的語義了，"*talo—叨嘮" 兩者音義是極其酷似的。

No.710

temple ──→〔IE〕*temp─〔t-n 音轉〕〔mp-p 音轉〕──────────→{ nep }

顳 nie ──→〔上古音〕*niap─〔簡化〕───────────────→{ nap }

　　　說明：〔IE〕*temp 的原意義爲 "延伸（stretch）"。英語 temple 表
　　　　　　示 "太陽穴"，和*temp（延伸）在意義上的關聯性不大，卻
　　　　　　同漢語 "顳" 字原意義相同，語音也頗爲近似。參考："顳"
　　　　　　又稱 "顳顬（上古音*niap・niug）"。（注：英語另有一個 temple
　　　　　　（寺廟），同此處 temple 是兩個不同的詞）

No.711

ten ──→〔IE〕*dekm ─〔簡化〕─────────────────→{ dem }

十 shi ──→〔上古音〕*dhiap─[p-m 音轉]〔簡化〕───────→{ dam }

　　　說明：〔IE〕*dekm 意義爲 "十（ten）"，漢英兩詞語音相似，意義
　　　　　　相同。參考：一說〔IE〕*dekm 中 "de=two" "km=hand" 即
　　　　　　"十爲兩手之數" 之意，而漢語 "手" 字的上古音*thiog 同〔IE〕

*dekm 在語音上也頗爲近似。另外，數位中漢英之間具有語源上的音義近似性的有 "萬—myrio"、"十—ten"、"五—quinque"、"對（二）—two—dia"，請參見各對應詞條。

No.712

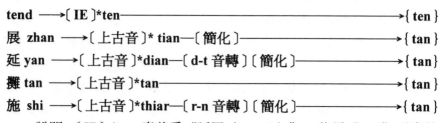

```
tend ──→〔IE〕*ten─────────────────────────────→{ ten }
展 zhan ──→〔上古音〕* tian—〔簡化〕──────────────→{ tan }
延 yan ──→〔上古音〕*dian—〔d-t 音轉〕〔簡化〕──────→{ tan }
攤 tan ──→〔上古音〕*tan─────────────────────→{ tan }
施 shi ──→〔上古音〕*thiar—〔r-n 音轉〕〔簡化〕─────→{ tan }
```

說明：〔IE〕*ten 意義爲 "延展（stretch）"。英語 "tend" 原意義爲 "朝某方向進展"。漢語除了 "展"、"延" 兩字表示 "朝某方向進展" 外，"攤" 字表示 "兩手向外伸展"、"施" 字表示 "蛇向前遊去"，也都表 "朝某方向進展" 之意,同英語 tend 表示的意義是一致的,語音也相同。參考："電、申、長" 等字同 "展、延" 等字呈現近源關係。請參見漢英對應詞 "電—申—長—thunder" 詞條及 "張—挺—stretch" 詞條。

No.713

```
term ──→〔IE〕*term—〔簡化〕──────────────────→{ tem }
終 zhong ──→〔上古音〕*tioŋ—〔簡化〕────────────→{ toŋ }
殄 tian ──→〔上古音〕*den—〔d-t 音轉〕────────────→{ ten }
```

說明：〔IE〕*term 意義爲 "界限標,終極（boundar marker, goal）"，同源的 terminus 表示 "終點" 或 "起點"。漢字 "殄" 字表示 "全部完了、死",同 term 的原始意義 "終極" 相通。"終—殄—term" 在 "完了" 意義上音義相似。

No.714

```
terra ──→〔IE〕*ters—〔簡化〕─────────────────→{ ter }
```

terrace ——→（同上）————————————————————————→{ ter }

土 tu ——→〔上古音〕*tag————————————————————————→{ tag }

地 di ——→〔上古音〕*dieg —〔d-t 音轉〕〔簡化〕————————→{ teg }

台 tai ——→〔上古音〕*dag—〔d-t 音轉〕————————————————→{ teg }

> 說明：〔IE〕*ters 意義爲 "幹、土（dry, earth）"。英語 terrace 意義
> 爲 "堆土成台（earthen）"。漢語 "台" 字的古意義爲 "高
> 高地堆土成台"，語音形式也同 "土" 字相似（土=*tag：台
> =*deg）。"土、地、台" 都相對於 "江河湖川" 來說是幹的。
> "土—地—台—terra--terrace" 在語源上音義相近。

No.715

terror ——→〔IE〕*ter ————————————————————————→{ ter }

terrible ——→（同上）————————————————————————→{ ter }

惴 zhui ——→〔上古音〕*tiuar —[簡化]————————————————→{ tar }

> 說明：〔IE〕*ter 意義爲 "震（tremble）"。英語 terror，terrible 都
> 是 "受恐怖而內心震動" 之意，漢語 "惴" 字意義爲 "嚇得
> 心跳不已"。在 "恐懼而震動" 這一含義上 "惴
> —terror—terrible" 三詞語源音義相當一致。參考：漢語 "怔
> （上古音*tieŋ）" 字也是 "受驚而內心收緊、震動（恐懼的心
> 理狀況）" 的意思，同 "惴" 字呈同源關係。

No.716

text ——→〔IE〕*teks—〔簡化〕————————————————————————→{ tek }

textile ——→（同上）————————————————————————→{ tek }

織 zhi ——→〔上古音〕*tiek—〔簡化〕————————————————→{ tek }

績 ji ——→〔上古音〕*tsek—〔ts-t 音轉〕————————————————→{ tek }

> 說明：〔IE〕*teks 意義爲 "編織（weave）"，同漢語 "織（編）"、
> "績（紡）" 兩字音義幾乎完全一致。現代英語 text（課文、
> 內容）來源於 "編織" 的內容之意。另外英語辭彙 technic（技

巧、手法）也和 texttile 一樣，來源於〔IE〕*teks。

No.717

that ⟶〔IE〕*tot ─────────────────────────────→ { tot }

then⟶（同上）───────────────────────────────→ { tot }

the ⟶（同上）───────────────────────────────→ { tot }

聿 yu ⟶〔上古音〕*diuet─〔d-t 音轉〕〔簡化〕──────→ { tet }

說明：〔IE〕*tot 是指示代詞詞根，表示抽象的指示，由此而演化出
then，that, the 等具有具體指示意義的詞。漢語 "聿" 在句中
無實體意義，但有抽象指示的意義，相當於 then, that, the 等，
如 "聿來胥宇=（於是）來視察住處"。"聿—〔IE〕*tot" 是
音義頗爲相似的對應詞。

No.718

thaw ⟶〔IE〕*ta ──────────────────────────→ { ta }

融 rong ⟶〔上古音〕*dioŋ─{ d-t 音轉〕〔簡化〕─────→ { toŋ }

說明：[IE]*ta 意義爲 "融化（melt）"，同漢語 "融" 字意義相同。
參考：thaw 在希臘語中爲 takein（其詞根 tak〔k-ŋ 音轉〕─
→toŋ），同漢語 "融" 字上古音*dioŋ 更爲近似。

No.719

theater ⟶希臘語 thea─〔th-t 音轉〕─────────────→ { tea }

視 shi ⟶〔上古音〕*dhier─〔dh-t 音轉〕〔簡化〕────→ { ter }

說明：希臘語 thea 意義爲 "視（sight, spectcal）"，同漢語 "視"
字音義一致。theater（劇場）是從 "thea（視）" 發展演化而
來的。參考：theory 是 theater 的近源詞，請參見漢英對應詞
"哲—theory" 詞條。

No.720

theory→希臘語 theasthai—〔詞根化〕—theasth—〔th-t 音轉〕

〔s 脫落〕────→{ teat }

哲 zhe ──→〔上古音〕*tiat ──────────────────→{ tiat }

> 說明：希臘語 theasthai 意義爲 "觀看，思考（view, contemplate）"。
> 漢語 "哲" 字的意義爲 "賢明的、想的說的都斬釘截鐵而有
> 見地"。英語 theory 意義爲 "理論"，實際上就是 "哲" 的結
> 果。參考：theory 同 theater 是近源詞。請參見漢英對應詞 "視
> —theater" 詞條。

No.721

therm →希臘語 thermos —〔詞根化〕—therm—〔th-d 音轉〕──→{ derm }

燂 qian ──→〔上古音〕*dziam—〔dz-d 音轉〕──────────→{ diam }

> 說明：希臘語 thermos 的意義爲 "熱、暖（hot, warm）"。漢字 "燂"
> 的意義爲 "用火加熱"。"燂—therm" 音義基本一致。

No.722

thick ──→〔IE〕*tegu—〔詞根化〕──—teg—〔t-d 音轉〕──────→{ deg }

稠 chou ──→〔上古音〕*diog—〔簡化〕────────→{ dog }

綈 di ──→〔上古音〕* deg ──────────────→{ deg }

> 說明：〔IE〕*tegu 意義爲 "厚、密集（thick）"。漢語 "稠" 主要
> 表示 "密集（禾苗集中）"、同時也表示 "液體濃度大"（如：
> 粥很稠）。漢字 "綈" 意義爲 "厚的絹"，意義重點主要在 "厚"
> 字意義上。"稠—綈—thick" 三詞是音義酷似的漢英對應詞。

No.723

think ──→〔IE〕*tong──────────────→{ toŋ }

惟 wei ──→〔上古音〕*diuer—〔d-t 音轉〕〔r-n 音轉〕〔簡化〕──→{ ten }

> 說明：〔IE〕*tong 原意義爲 "思考，感受（think, feel）"。漢語 "惟"
> 字意義爲 "思考"，和 think 意義相同，語音近似。參考：漢

字"懂（腦中明白。古音*tuŋ）"和〔IE〕*tong 音義有近似之處，但此字在文獻中的出現比較晚。

No.724

this ——→(〔IE〕*to+)〔IE〕*si————————————————→ { si }

斯 si ——→〔上古音〕*sieg—〔簡化〕————————————→{ sig }

說明：this 由通義的指示代名詞詞幹〔IE〕*to（通表"這、那、這些、那些、這時、於是"即 this, that, these, those, thence, then 等）+〔IE〕*si（定義詞尾,意義爲"這"）變形而成。漢字"斯"表示"這"意（"斯"原意義爲"撕"，用於"這"意是假借用法）和〔IE〕*si 音義基本一致。

No.725

thorn ——→〔IE〕*tern—〔詞尾陰聲化〕————————————→{ ter }

thatch ——→〔IE〕*teg————————————————————→{ teg }

茨 ci ——→〔上古音〕*dzier—〔dz-t 音轉〕〔簡化〕————→{ ter }

說明：〔IE〕*tern 意義爲"一種帶刺植物名"並轉意義爲"刺"。〔IE〕*teg 意義爲"蓋房頂"。漢語"茨"字有兩種解釋"（1）蒺藜（=thorn），（2）蓋房頂（=thatch）"，同英語該兩詞相對應。

No.726

thorp ——→〔IE〕*treb—〔tr-t 音轉〕〔b-m 音轉〕————————→{ tem }

troop ——→同上————————————————————————→{ tem }

屯 tun ——→〔上古音〕*duen—〔d-t 音轉〕〔簡化〕————→{ ten }

村（邨）cun——→〔上古音〕*tsuen—〔ts-t 音轉〕————————→{ ten }

說明：〔IE〕*treb 的意義爲"居住（dwelling）"，由此發展出來的英語辭彙 thorp 意義爲"小村、村落"，同漢語"村"字音義相似；troop 意義爲"一隊士兵"，同漢字"屯（屯集、軍隊—

如屯田）"音義相似。

No.727

thrash →thresh→〔IE〕*tersko—〔詞根化〕—tersk—〔s脫落〕→{ terk }

抽 chou ──→〔上古音〕*tiog—〔簡化〕────────────→{ tog }

> 說明：這裏的"抽"是抽打的"抽"，含義重點在"摩擦"。〔IE〕*tersko 原意義爲"擦（rub）"。"抽—thrash"在語源上音義相近。
>
> 參考：另外英語中 thresh 一詞原有"抽打"意義，但現在只保留"打谷"的意義，"抽打"意義讓給了 thrash 一詞承擔。

No.728

threaten ──→〔IE〕* treud—〔tr-t 音轉〕〔d-n 音轉〕〔簡化〕──→{ tun }

恫 dong ──→〔上古音〕*duŋ—〔d-t 音轉〕────────────→{ tuŋ }

> 說明：〔IE〕*treud 意義爲"擠壓（squeeze）"，由"擠壓"而生"威脅"的意義。漢語"恫"又讀"tong"，聲旁"同"解釋爲"刺穿"（同"通"），即"恫"字意義爲"刺透心底的感覺"（屬心理性的擠壓、刺激），進而表示"威脅"的意義。詞義發展上漢英之間呈現異曲同工之妙。

No.729

throne ──→〔IE〕*dhern—〔簡化〕────────────→{ den }

宸 chen ──→〔上古音〕*dhien—〔簡化〕──────────→{ den }

> 說明：〔IE〕*dhern 原意義爲"緊緊抓住，支撐（hold firmly support）",throne 表"王位"。漢語"宸"字意義爲"王宮"，但同"throne"在語源上語音幾乎一致（*dhien：*dhern），這可能是原始的王位（王座）並不在室內,搬入室內後"宸"字自然表"王宮"了。但在"宸極"一詞中"宸"字仍單純表示"王位"的意思。

No.730

through ──→日爾曼古詞根*thurh──〔th-t 音轉〕〔h-g 音轉〕──────→{ turg }

thorough ──→（同上）──────────────────────────→{ turg }

透 tou ──→〔上古音〕*tog──────────────────────→{ tog }

通 tong ──→〔上古音〕*tuŋ──〔ŋ-g 音轉〕────────────→{ tug }

　　　說明：英語 thorough 和 through 是孿生的一對詞語。日爾曼古詞根
　　　　　　*thurh 意義爲 "透過（a cross）" ，同漢語的 "透"、"通"
　　　　　　的意義相同。"通、透" 是 "陽入對轉" 的對應字。參考：另
　　　　　　外英語和荷蘭語的 door（門）也同這一古詞根具有淵源關係
　　　　　　（即"通過處"爲"門"）。請參見漢英對應詞 "闥—door" 詞條。

No.731

thunder ──→〔IE〕*tene──〔詞根化〕──────────────→{ ten }

霆 ting ──→〔上古音〕*deŋ ──〔d-t 音轉〕────────────→{ teŋ }

申 1shen ──→〔上古音〕*thien──〔簡化〕──────────────→{ ten }

電 dian ──→〔上古音〕*den ──〔d-t 音轉〕────────────→{ ten }

　　　說明：〔IE〕*tene 意義爲 "雷（thunder）" ，是雷聲的擬聲詞，和
　　　　　　漢語 "霆" 字的語音極爲一致。由 "霆（雷）" 而生 "電"，
　　　　　　漢語 "電" 字的發音和 "霆" 字一樣可能也來源於類比雷聲
　　　　　　的結果。"電" 原寫作 "申"，後來 "申" 字轉爲表示 "長，
　　　　　　申長" 的意義（因爲雷光很 "長" 之故），才另創了 "電" 字。
　　　　　　參考：漢語 "申（上古音*thien）、伸（上古音*thien）、長（上
　　　　　　古音*diaŋ）" 等字的發音都同 "電—〔IE〕*tene" 有同源關係。
　　　　　　請參見漢英對應詞 "長—long" 詞條。

No.732

tide ──→〔IE〕*da──────────────────────────→{ da }

time ──→〔IE〕*da+mon（抽象詞尾）──────────────→{ da }

潮 chao ──→〔上古音〕*diog──〔簡化〕──────────────→{ dog }

時 shi ⟶〔上古音〕*dhieg—〔簡化〕────────────────⟶{ deg }

> 說明：〔IE〕*da 原意義爲 "區分，刻分（divide, cut up）"，與漢語
> 的 "時刻" 及 "時潮" 的概念是一致的。英語 "tide" 同
> "time" 是同源關係，而漢語 "潮" 字同 "時" 字在上古音中
> 語音也基本相同（可視爲近源詞）。另外，"朝（早晨，上古
> 音*tiog）" 字在最古的金文中 "月" 旁原寫作 "水"，意義
> 爲 "朝晨潮來"，因此表示時間的 "朝" 同 "潮—
> 時—tide—time" 等詞也呈現近源關係。

No.733

tiger ⟶〔IE〕*teig —〔g-ŋ 音轉〕─────────────⟶{ teiŋ }

倀 chang ⟶〔上古音〕*tiaŋ────────────────⟶{ tiaŋ }

> 說明："tiger" 在古波斯語中意義爲 "敏捷的動物（tigris）"。漢
> 語中 "爲虎作倀" 的 "倀" 指被虎吞噬的人變成了鬼又代替
> 虎在人面前囂張。"倀" 也就是 "人虎" 之意。"倀—tiger" 音
> 義相近。參考：一說 tiger 的詞源同 Tigris 河河流流速迅猛有
> 關。

No.734

till ⟶日爾曼古詞根*tilojan—〔詞根化〕—til〔l-n 音轉〕────⟶{ tin }

種 zhong ⟶〔上古音〕*tiuŋ—〔簡化〕──────────⟶{ tiŋ }

> 說明：日爾曼古詞根*tilogan 意義爲 "耕種"，意義偏重於 "耕"，
> 語音接近於 "種（zhong）"。請參見漢英對應詞 "耕—culture"
> 詞條。

No.735

till ⟶日爾曼古詞根*tilam—〔詞根化〕────────────⟶{ til }

止 zhi ⟶〔上古音〕*tieg—〔簡化〕────────────⟶{ tig }

說明：日爾曼古詞根*tilam 意義爲 "目的，目的地（aim, goal）"，演化成的古英語 "till" 意義爲 "固定點，站（fixed point, station）"，因此 till 的語義含有 "站、止" 之意。漢語 "止" 意義爲 "停止"，同 "till" 的詞源意義有些相似。參考： "止" 字在發音上同 "佇（上古音*diag, 站立）、住（上古音*diug, 站立不動），停（上古音*deŋ）等字也十分近似。

No.736

tinct ⟶ 〔IE〕*teng—〔ng-ŋ 音轉〕 ⟶ { teŋ }

沉（沈）chen ⟶〔上古音〕*diem—〔d-t 音轉〕〔簡化〕 ⟶{ tem }

浸 jin ⟶〔上古音〕*tsiem—〔ts-t 音轉〕〔簡化〕 ⟶{ tem }

說明：〔IE〕*teng 的意義爲 "沉浸（soak）"，現代英語 tinct 意義爲 "染色、煉金藥" 等。漢語 "沉、浸" 兩字同 tinct 的詞源音義相似。漢語 "沉" 字作爲姓氏使用時寫作 "沈"，念 "沈 shen（上古音*thiem）"。

No.737

tine ⟶中世英語 tin ⟶ { tin }

丁 ding ⟶〔上古音〕*teŋ ⟶ { teŋ }

說明：中世英語 tin 意義爲 "丁點兒"，同漢語 "丁點兒" 的 "丁" 字的音義完全相同。現代英語較多使用 "tiny" 形式。

No.738

tinkle ⟶tink+le—〔nk-ŋ 音轉〕 ⟶ { tiŋ · l }

tingle ⟶tink+le—〔ng-ŋ 音轉〕 ⟶ { tiŋ · l }

玎玲 dingling ⟶〔上古音〕*teŋ · leŋ—〔eŋ 脫落〕 ⟶ { teŋ · l }

說明：漢字 "玎" 和英語的 "tink-, ting-" 都表示擬音。英語 tinkle,tingle 中的-le 表示 "反復出現"（另外有 "dazzle（目眩），condle（愛撫）" 等）。漢語有 "璣玲，玎玲（釘玲）" 等，其中的 "玲"

字出現在詞頭的可能性極少，"玲"字的聲母"l"也可能表示
"反復"之意（？）。

No.739

tire ⟶〔IE〕*deu ─────────────────────⟶ { deu }

瘁 cui ⟶〔上古音〕* dziued ─〔dz-d 音轉〕〔簡化〕────⟶{ dued }

說明：〔IE〕*deu 原意義爲 "缺乏、渴望（lack, want）"。漢語 "瘁"
意義爲 "累（=tire）、衰竭（=lack）" 。

No.740

toad ⟶古英語語 tadie ─〔詞根化〕──── tad─〔t-d 音轉〕────⟶{ dad }

蜍 chu ⟶〔上古音〕*diag─〔簡化〕────────────⟶{ dag }

蟾 chan ⟶〔上古音〕*dhiam ─〔簡化〕〔m-p 音轉〕──────⟶{ dap}

說明：英語中 "蝌蚪" 叫 "tadpole"，其中 tad 和漢語 "蜍" 字音義
基本對應。參考："蟾，蜍" 二字似乎是互爲陽入對轉的字。
即 "蟾" 和 "蜍"，一個有韻尾 m,另一個爲入聲 g，意義基本
一致。請參看漢英對應詞 "蝌蚪—tadpole" 詞條。

No.741

toady ⟶toad→古英語 tadie─〔詞根化〕─tad─〔d-n 音轉〕──⟶{ tan }

諂 chan ⟶〔上古音〕*tiam─〔簡化〕───────────⟶{ tam }

說明：英語 toady 有兩個意義："（1）蟾蜍幼體、（2）諂諛"。而
漢語中 "蟾" 與 "諂" 兩字的上古音也基本相同（蟾=*dhiam，
諂=*tiam）。請參見漢英對應詞 "蟾—蜍—toad" 詞條。

No.742

toe →日爾曼古詞根*taiho─〔詞根化〕─taih─〔h-k 音轉〕〔簡化〕→{ tak }

dactylo- ⟶希臘語 daktulos─〔詞根化〕─dak─〔d-t 音轉〕──⟶{ tak }

趾 zhi ⟶〔上古音〕*tieg ─〔簡化〕───────────⟶{ teg }

說明：希臘語 daktulos 意義爲 "指，趾（finger, toe）"，dactylo-作
爲構詞成分，意義爲 "手指，足趾"。日爾曼古詞根*taiho 意
義爲 "刺（pointer）"，而 toe 意義爲 "足趾"。參考："指"或
"趾"從某種意義上來可以認爲是肉體上突出的 "刺"。"趾
—dactylo—toe"同漢英對應詞 "棗—date"及 "刺—stick"等
情況相近，呈現近源關係。請參見相應各對應詞條。

No.743

tomb ⟶〔IE〕*teum—〔簡化〕 ⟶{ tum }

塚 zhong ⟶〔上古音〕*tiuŋ—〔簡化〕 ⟶{ tuŋ }

腫 zhong ⟶〔上古音〕*tiuŋ—〔簡化〕 ⟶{ tuŋ }

說明：〔IE〕*teum 意義爲 "腫（swell）"。tomb（墓）和漢語的 "塚
（墓的意思）"字都表示堆起來的形狀上腫大起來的墓堆
子。由 "腫"而産生 "塚—tomb"。"塚—腫—tomb"明顯地
具有語源上的音義一致性。

No.744

tongue ⟶〔IE〕*dnghu—〔詞根化〕—dn—〔n-on 音轉〕 ⟶{ don }

舌 she ⟶〔上古音〕*diat—〔t-n 音轉〕〔簡化〕 ⟶{ dan }

說明：〔IE〕*dnghu 意義爲 "舌（tongue）"，其中 n 下有小圓圈，表
示 d 和 n 之間形成流音音節，音値上同 "don"接近。參考：
漢語中有 "舐（shi,舔，上古音*dieg）"字，語音上同〔IE〕
*dnghu 也有些近似。

No.745

tonsure ⟶〔IE〕*tem ⟶{ tem }

temple ⟶（同上） ⟶{ tem }

斬 zhan ⟶〔上古音〕*tsam—〔ts-t 音轉〕 ⟶{ tem }

殿 dian ⟶〔上古音〕*duen—〔d-t 音轉〕〔簡化〕 ⟶{ ten }

占 zhan ──→〔上古音〕*tiam──〔簡化〕─────────────→{ tam }

> 說明：〔IE〕*tem 原意義爲"切割（cut）"。英語 tonsure 意義爲"剃
> 發"；temple 意義爲"寺殿"。漢語"占"字原意義爲"劃
> 分出來的菡定場所"，同〔IE〕*tem 的原意義"cut"較爲相
> 近。漢字"殿"原意義爲"用鞭抽打屁股"（"殿"是"臀"
> 的本字），用作"殿堂"是假借用法，但其字音同〔IE〕*tem
> 相似，字義和 temple 如出一轍。漢語"斬"字同〔IE〕*tem
> 音義更是近似。

No.746

tooth ──→〔IE〕*dent──〔nt-t 音轉〕─────────────→{ det }

齠 tiao ──→〔上古音〕*dog───────────────────→{ dog }

齒 chi ──→〔上古音〕*tieg──〔t-d 音轉〕〔簡化〕────────→{ deg }

> 說明：齒是人類最重要的生存武器，最初被人類意識和認識。嬰兒
> 變兒童稱"齔（chen）"、歲數稱"齡"、乳齒（未調換牙
> 之前的牙齒）稱"齠"等，"齒"旁有許多字，所表達的語
> 義差異十分精細,無疑爲人類最古老的辭彙之一。"齒—
> 齠—tooth"三詞音義十分相似。參考：漢語還有"牙"字同
> 英語也有近源關係，請參見漢英對應詞"牙—cog"詞條。

No.747

top ──→日爾曼古詞根*toppaz──〔詞根化〕── top ──〔p-m 音轉〕─→{tom}

頂 ding ──→〔上古音〕* teŋ──────────────────→{ teŋ }

天 tian ──→〔上古音〕* ten──────────────────→{ ten }

巔 dian ──→〔上古音〕* ten──────────────────→{ ten }

> 說明：漢語"天"原指"腦天（頭部最上面的平頂面）"引申爲"頭
> 頂上的寬廣的天穹"。"天—巔—頂"三字都表示立著的物體
> 的"最上面"，和英語 top 意義一致。參考：與"站立"有關
> 的概念在漢英兩語中很多詞都以"t/d+母音"的語音形式。如：

漢語的"頭（*dug，立著物最上部），豆（*dug，高腳立著的器皿）、鼎（*teŋ，鼎立）、站（*tam）"字等，英語有"stand（站），step（登）、tip（踮）"等字。

No.748

torrent ——→拉丁語* toneros—〔詞根化〕————————————→ { ton }

湍 tuan ——→〔上古音〕*tuan—〔簡化〕————————————→ { tan }

說明：拉丁語*toneros 意義爲"雷（thunder）"，演化成 torrent 意義爲"湍流（滔）"。漢語"湍"字意義爲"激流、急流"，同 torrent 意義相同。"湍—torrent"音義極爲一致。參考：漢語"滔（上古音*tog），濤（上古音*dog）"字，同"湍—torrent"語音相近，意義相同，呈現近源關係。

No.749

total ——→〔IE〕*teuta—〔詞根化〕—— teut —〔簡化〕————————→ { tut }

都 dou, du——→〔上古音〕*tag ————————————————→ { tag }

說明：〔IE〕*teuta 的意義爲"部族（tribe）"，但其衍生詞有義大利古語 tota（城市）及英語 total（全部）等。漢字"都"亦有兩個意義：1.城市（現代念 du）；2.全部（現代念 dou）。其中，從造字角度看，"都"字有"邑"旁，應以"城市"爲原始義。但左半部"者"字是"煮"字的原始字，表示"人們集中在一起生活"之意（藤堂明保說），在這一點意義上"都—*teuta"都指"人群集中、部落"，意義相通。同時，從"人群、部落"這一"整體"概念出發"都—total"又都表示"全部"，兩者之間語源的相似性極強。參考：日語 miyako（城市）和 mina（全部）兩詞的詞根也極爲相似，都是"mi-"。

No.750

touch ——→古拉丁語*tok——→〔IE〕*tag————————————→ { tag }

觸 chu ——→〔上古音〕*tiuk—〔簡化〕————————————→{ tuk }

  說明：古拉丁語*tok 意義爲 "輕打（slight blow）"，同漢語 "觸鬚"
       的 "觸" 意義基本一致。〔IE〕*tag 意義爲 "觸（touch）"，現
       代英語 "touch" 同現代漢語 "觸摸" 意義一致。參考：漢語
       有 " （du,輕輕地觸及）" 字，其發音 du 基本上保留了 "觸"
       字的古音，同 "touch" 發音也較相近。另外，"著（上古音
       *diak）" 字同 "觸—touch" 的音義也十分相近似。

No.751

tow ——→〔IE〕*deuk—〔d-t 音轉〕〔簡化〕————————→{ tuk }

拖 tuo ——→〔上古音〕*tar————————————————→{ tar }

  說明：〔IE〕*deuk 意義爲 "拉（lead）"，和漢語 "拖" 意義相同，
       特別是現代漢語的 "拖" 和現代英語的 tow 在語音上就更爲
       接近了。請參見漢英對應詞 "推—teu" 及 "舵—steer" 詞條。

No.752

town ——→〔IE〕*dhuno—〔詞根化〕——dhun—〔dh-t 音轉〕——→{ tun }

町 ting ——→〔上古音〕*teŋ————————————————→{ teŋ }

屯 tun ——→〔上古音〕*duen—〔d-t 音轉〕〔簡化〕————→{ ten }

  說明：〔IE〕*dhuno 原意義爲 "有寨子的圍封起來的土地"。漢語
       "町" 原意義爲 "圍封土地的田梗（小道）"，同時也指土
       地的面積和土地中的村落。兩詞在語源上意義基本相通。另
       外，漢語 "屯（屯子，上古音*duen）" 字同〔IE〕*dhuno 的
       音義也很近似。

No.753

track ——→日爾曼古詞根*trac—〔tr-t 音轉〕————————→{ tak }

轍 zhe ——→〔上古音〕*diat—〔d-t 音轉〕〔簡化〕————→{ tat }

  說明：日爾曼古詞根*trac 意義爲 "拖、拉（draw,pull）"，演化成

的 track 意義爲 "車輪過後的痕迹"，同漢語 "轍" 字的字義
完全相同。漢語 "轍" 字除去車旁的右半邊是 "撤退" 之
意，含 "拖、抽" 的意思，和日爾曼古詞根*trac 意義完全相
同。參考：漢語 "抽（上古音*tiog）字同日爾曼古詞根*trac
語音結構也很接近。請參見漢英對應詞 "抽—draw" 詞條。

No.754

trans ──→〔IE〕*tere──〔詞根化〕──ter──〔r-n 音轉〕─────→{ ten }

轉 zhuan ──→〔上古音〕* tiuan──〔簡化〕─────────→{ tan }

傳 chuan ──→〔上古音〕*diuan──〔d-t 音轉〕〔簡化〕──→{ tan }

> 說明：〔IE〕tere 原始意義爲 "跨過（cross over）"。漢語 "轉交
> （transfer）"，"傳播（transmit）"，"轉埠（轉碼頭─運
> 輸 transport）" 中的 "轉、傳" 兩字同由〔IE〕*tere 發展而
> 來的拉丁語 trans 音義相當一致。

No.755

trap ──→〔IE〕*der──〔d-t 音轉〕──────────────→{ ter }

塌 ta ──→〔上古音〕*tap ───────────────→{ tap }

> 說明：〔IE〕*der 的意義爲 "跑、蹋（run, step）。英語 trap 意義爲 "陷
> 阱"，當然陷阱需要踩踏（蹋），踩踏後 "塌" 下去才有效果。
> 漢語 "塌" 字和 "蹋（上古音*dap）" 字右半部都使用相同的
> 聲旁，語音相近，詞義也有關聯性（"蹋（踩）" 了才會 "塌"
> 下去）。請參見漢英對應詞 "踏─蹀─蹋─step─stamp" 詞條。

No.756

trauma ──→〔IE〕*tere──〔詞根化〕──────────────→{ ter }

痍 yi ──→〔上古音〕*dier──〔d-t 音轉〕〔簡化〕──→{ ter }

> 說明："痍—trauma" 都是 "外傷" 的意思。〔IE〕*tere 意義爲 "搓
> （rub）"。漢字 "痍" 的字形意義爲 "平向切磋（夷）而成

外傷（疒）",基本上同 trauma 的原始意義"搓（rub）"十分酷似。

No.757

tread ⟶〔IE〕*der*d*—〔d-n 音轉〕————————————→{den}

trample →（詞源不詳）trample—〔詞根化〕—tram—〔tr-t 音轉〕→{tam}

trudge →（詞源不詳）trudge—〔詞根化〕—trud—〔tr-t 音轉〕〔d-n音轉〕→{tun}

踐 jian ⟶〔上古音〕*dzian—〔簡化〕————————————→{dan}

說明:〔IE〕*derd 原意義爲"跑、走、踩（run,walk, step）",同漢語"踐"字音義相近。另外，漢語中"踹（duan,上古音*dhiuan），蹍（zhan, 上古音*tian）、踶（di, 上古音*diar）、蹈（dao, 上古音*dog）、跐（chi, 上古音*dieg），蹠（zhi, 上古音*tiak）"等等都是以不同方式用腳行走的古漢語辭彙，音節都是"d/t+母音"的語音形式，同〔IE〕*derd 形式相似，都是音義近源的對應詞。

No.758

tree ⟶〔IE〕*drew—〔dr-d 音轉〕————————————→{dew}

樹 shu ⟶〔上古音〕*dhiug—〔簡化〕————————————→{diug}

說明:〔IE〕*drew 意義爲"樹，堅實（tree, firm and solid）"。漢語"樹"字與"豎（上古音*dhiug）"字語音形式相同，音義同源。

No.759

tremble ⟶〔IE〕*trem—〔tr-t 音轉〕————————————→{tem}

顫 chan ⟶〔上古音〕*tian—〔簡化〕————————————→{tan}

震 zhen ⟶〔上古音〕*tien—〔簡化〕————————————→{ten}

說明:〔IE〕*trem 意義爲"顫抖（tremble）"。"震—顫—tremble"三詞的音義基本是一致的。參考:同漢語"顫"字同源系列的字還有"戰(戰慄,上古音*tian)、煽(煽動,上古音*thian)、振(上古音*tien)"等。

No.760

trick ──→拉丁語 tricae〔詞根化〕─tric─〔tr-t 音轉〕──────→｛tik｝

刁 diao ──→〔上古音〕*tog─────────────────→｛tog｝

　　說明：拉丁語 tricae 意義爲"欺瞞,策略(deceive, trick)"。漢語"刁"
　　　　　字的字形意義爲"如打鈴的鈴舌搖擺不定",演化爲"狡猾"
　　　　　意。"刁—trick"兩詞語義解釋有些差異,但語源的語音形式
　　　　　頗爲近似。

No.761

trot ──→古法語 troter─〔詞根化〕──────trot─〔tr-d 音轉〕────→｛dot｝

驟 zhou ──→〔上古音〕*dziog─〔dz-d 音轉〕〔簡化〕──────→｛dog｝

　　說明：trot 和"驟"字都表示"馬快跑",語音上兩詞間有近似性。
　　　　　參考："促(上古音*tsiuk)"字同"驟"字在音義上也頗爲相
　　　　　似。

No.762

trough ──→〔IE〕*druko─〔詞根化〕──────druk─〔dr-d 音轉〕──→｛duk｝

槽 cao ──→〔上古音〕*dzog ─〔簡化〕──────────────→｛dog｝

　　說明：〔IE〕*druko 意義爲"槽(trough)",這一古詞根是從〔IE
　　　　　〕*deru(樹,tree)演變而來的(請參見漢英對應詞"樹—tree"
　　　　　詞條),因此 tree—trough 兩詞的語音形式具有相似點。值得
　　　　　指出的是,在漢語中"槽"的上古音*dzog 同"樹"字的上古
　　　　　音*dhiug 在語音形式上也頗爲近似。(遠古制船時是用剜木成
　　　　　槽的方式的,因此"樹"和"槽"自然成爲相互關聯的概念,
　　　　　語音也頗爲一致。"樹—槽—tree—trough"是語源情況相同的
　　　　　字群。)

No.763

trunk──→拉丁語 truncum ─〔詞根化〕─ trunk ─〔tr-t 音轉〕

〔nk-ŋ 音轉〕──→{ tuŋ }

胴 dong ──→〔上古音〕*duŋ─〔d-t 音轉〕──────────→{ tuŋ }

> 說明：拉丁語 truncum 意義爲 "分了枝的莖體、切了肢的、肢體不全的（stem deprived of branches, lopped off, maimed）"。漢語 "胴" 指人體的筒體部分即 "胴體"（同 "筒" 有語源上的淵源關係）。"胴—trunk" 在語源上音義基本一致。參考："胴—trunk" 同漢英對應詞 "株—stock" 在意義上也較爲近源。請參見漢英對應詞 "株—stock" 詞條。

No.764

try ──→古法語 trier─〔tr-t 音轉〕──────────────→{ tier }

試 shi ──→〔上古音〕*thieg ─〔簡化〕───────────→{ tieg }

> 說明：古法語 trier 意義爲 "pick out, sift（摘出，篩出）"（進一步的詞源不詳）。漢語 "試" 字意義爲 "是好是壞實際調查明確"，同古法語 trier 的 "篩選" 意義有一定的相關性。

No.765

tuck ──→tug──→〔IE〕*deuk ──────────────────→{ deuk }

掖 ye ──→〔上古音〕*diak──────────────────→{ diak }

> 說明：〔IE〕*deuk 意義爲 "領，拉（lead）"。漢語 "掖" 同 tuck 意義相同，都表示 "把東西塞入"。參考：上海方言中 "（deŋ，用力拉扯）" 字同〔IE〕*deuk 語音形式相似（韻尾發生〔k-ŋ 音轉〕），意義完全一致。

No.766

tun ──→凱爾特語 tunna─〔詞根化〕──────────────→{ tun }

tub ──→中古荷蘭語 tobbe ─〔詞根化〕─ tob ─〔b-m 音轉〕──→{ tom }

drum ⟶中古荷蘭語 tromme—〔詞根化〕—trom—〔tr-t 音轉〕→{ tom }

桶 tong ⟶〔上古音〕*tuŋ————————————————→{ tuŋ }

樽 zun ⟶〔上古音〕*tsuen—〔ts-t 音轉〕〔簡化〕————————→{ tun }

> 說明："tun, tub"意義爲"桶",有蓋。"drum"意義爲"鼓"全
> 封閉,但形狀上和"tun, tub"基本屬一類。"桶—樽
> —tun—tub—drum"可謂音義完全一致的漢英對應詞。參考:
> "桶"和漢英對應詞"筒—tube"、"通—through"等音義上有
> 關聯,請參見各詞條。

No.767

twitter ⟶中世英語 twitere—〔詞根化〕————————————→{ tuit }

唶 zha ⟶〔上古音〕*tat————————————————→{ tat }

囀 zhuan ⟶〔上古音〕*tiuan—〔n-t 音轉〕〔簡化〕————————→{ tiut }

> 說明:中世英語 twitere 同漢語"唶、囀"字都表示鳥叫。"唶"一
> 般寫作"喳"。參考:另外漢語"啁(上古音*tiog)"字也表
> 示鳥叫聲。

No.768

two ⟶〔IE〕* dwo—〔d-t 音轉〕————————————————→{ two }

dia- ⟶〔IE〕* dwis—〔d-t 音轉〕—————————————→{ twis }

對 dui ⟶〔上古音〕* tued————————————————→{ tued }

> 說明:〔IE〕*dwo 意義爲"二(two)",純表數量。〔IE〕* dwis
> 來源於〔IE〕*dwo,兩者意義相近。漢語"對"字的表意形
> 旁"寸"表示"手",意義爲"將同樣的物件兩隻放在一起使
> 之成雙",同 dia 音義一致。另外,從"成雙"意義上看,"對"
> 字同"two"以及同 two 同源的"double(雙倍的),duet(雙
> 重唱)"也很接近。參考:另外,數位中漢英之間具有語源上
> 的音義近似性的有"萬—myrio"、"十—ten"、

"五—quinque"、"季—矩—quadr（四）"、"對
（二）—two—dia"等,請參見相應的各組對應詞條。

No.769

ulcer ⟶〔IE〕*elkes—〔詞根化〕—elk—〔1k-ŋ 音轉〕⟶ { eŋ }

癰 yong ⟶〔上古音〕*iuŋ—〔簡化〕⟶ { uŋ }

　　說明:〔IE〕*elkes 意義爲"疼（sore）",以此爲詞源的梵語"arsas"
　　　　一詞意義爲"痔核（hemorrhoids）"。漢語"癰"字表示"出
　　　　口"堵住不通並中間充滿膿水的惡性腫塊（如：癰疽）,同梵
　　　　語"痔核"意義相近。

No.770

uncle→拉丁語 avunculum—〔詞根化〕—avunc—〔nc-ŋ 音轉〕

　　　　　　　　　　　　　　　　　〔簡化〕⟶{ uŋ }

翁 weng ⟶〔上古音〕*uŋ ⟶{ uŋ }

　　說明：漢字"翁"表示"父親（尊翁）、男性老人的尊稱（漁翁）"。
　　　　英語 uncle（叔叔）一詞的詞源有一個發展過程,一說起源于
　　　　印歐古詞根〔IE〕*awo（父親以外的親屬）⟶拉丁語 avus
　　　　（祖父）⟶拉丁語 avunculum（舅舅）⟶法語 uncle（叔
　　　　叔）⟶英語 uncle（叔叔）。一般漢語"翁"用於"丈夫的
　　　　父親、妻子的父親、自己以外的男子老人",很少用於自己的
　　　　父親或自己,這一點和〔IE〕*awo（父親以外的親屬）具有
　　　　共同性。

No.771

urn ⟶拉丁語 urna—〔詞根化〕⟶{ urn }

甕 weng ⟶〔上古音〕*uŋ ⟶ { uŋ }

　　說明：拉丁語 urna 意義爲一種"骨壺"或"壺",同"甕（放水或
　　　　酒的壺）"字音義基本相同。（一說 urna 來源於拉丁語"urere

（燒）"一詞。不詳。）

No.772

utter ——〔IE〕*ud —〔d-t 音轉〕————————————→{ut}

曰 yue ——〔上古音〕*hiuat—〔h 脫落〕〔簡化〕————————→{at}

　　説明：〔IE〕*ud 的意義爲 "向上、出界（up, out）"。英語 utter（發言）來源於話語 "越出口界" 之意。漢語發言稱 "曰"，古字形是 "口字上面加一豎"，表示話語 "越" 出口中（參考："曰"字和 "越" 字同音）。漢語和英語都將 "表述" 一義用 "越出"來表示。"越—曰—out—utter" 是一組音義十分一致的對應詞。請參見漢英對應詞 "越—out" 詞條。

No.773

vagary ——〔IE〕*wag—〔g-ŋ 音轉〕————————————→{uaŋ}

彎 wan ——〔上古音〕*uan————————————————→{uan}

　　説明：vagary 意義爲 "奇想"，來源於印歐古詞根〔IE〕*wag，該古詞根意義爲 "彎、彎的（curve, to be curved）"，和漢字"彎" 音義基本一致。

No.774

vain ——〔IE〕*wano〔詞根化〕————————————→{uan}

枉 wang ——〔上古音〕*iuaŋ—〔簡化〕————————————→{uaŋ}

　　説明：〔IE〕*wano 意義爲 "缺乏、空（lacking, empty）"。漢語 "枉"字的副詞意義表示 "缺乏意義地、白白地"（如：枉費精神），同〔IE〕*wano 及 vain 的音義相似。

No.775

vein ——拉丁語 venam—〔詞根化〕—ven—〔v-b 音轉〕————→{ben}

紋 wen ——〔上古音〕*mbiuen —〔mb-b 音轉〕〔簡化〕——→{ben}

　　説明：拉丁語 venam（或 vena）意義爲 "葉脈、水路、礦脈"，同

漢語 "紋" 字的意義很相近。參考：另外，漢語中 "雯（雲彩的美麗紋路，上古音*mbiuen）"、"脈（上古音*mbek）" 等字都同 "紋—vein" 語源相近。

No.776

vend ⟶拉丁語 vendere—〔詞根化〕——ven—〔v-b 音轉〕——⟶{ ben }

販 fan ⟶〔上古音〕*piuan—〔p-b 音轉〕〔簡化〕——————⟶{ ban }

說明：拉丁語 vendere 意義爲 "販賣（sell）"。vend 是純粹的 "賣"，漢語 "販" 字具有 "進貨後出售" 的意義，詞義稍有差異。

No.777

vigorous→拉丁語 vigor—〔詞根化〕—vig—〔v-b 音轉〕〔g-ŋ 音轉〕→{ biŋ }

勃 bo ⟶〔上古音〕*buet—〔t-n 音轉〕〔簡化〕——————⟶{ ben }

奮 fen ⟶〔上古音〕*piuen—〔簡化〕〔p-b 音轉〕——————⟶{ ben }

說明：拉丁語 vigor 意義爲 "活力，力（lively, force）"。漢語 "勃" 字原意義爲 "用力而起"。漢語 "奮" 原意義爲 "準備從地上起飛，鳥在翅上集中氣力振翅"，都同 "力" 和 "活力" 有意義關聯。

No.778

violate ⟶拉丁語 vis—〔v-b 音轉〕————————————⟶{ bis }

暴 bao ⟶〔上古音〕*bog ——————————————⟶{ bog }

說明：這裏 "暴" 字是 "暴力" 的 "暴"，表示 "以力量施行兇殘"。拉丁語 vis 原意義爲 "力量"（也是 "force" 一詞的詞源），詞義同漢語 "暴力" 的 "暴" 字基本相同。請參見漢英對應詞 "奮—勃—vigorous" 詞條。

No.779

vitriol⟶拉丁語 vitrum —〔詞根化〕— vit —〔v-b 音轉〕

〔t-n 音轉〕————⟶{ bin }

礬 fan ──→〔上古音〕* biuan ─〔簡化〕────────────────→{ ban }

> 說明：拉丁語 vitrum 原意義爲 "玻璃的"。因明礬呈現玻璃狀，因而
> 得名。參考：漢語的 "礬" 可能來源於西域文化。不詳。

No.780

vomit ──→〔IE〕*weme─〔詞根化〕────────────────→{ uem }

噦 yue ──→〔上古音〕*iuet─〔簡化〕〔t-n 音轉〕────────→{ uen }

> 說明：〔IE〕*weme 意義爲 "哇吐（vomit）"。漢語 "噦" 意義爲 "打
> 嗝，吐意"。"噦─vomit" 都屬擬態詞，音義有相似點。

No.781

wake ──→〔IE〕*weg─〔簡化〕────────────────→{ ug }

渥 wo ──→〔上古音〕*uk────────────────────→{ uk }

> 說明：〔IE〕*weg 意義爲 "濕（wet）"。漢語 "渥" 字的意義爲 "濕
> 潤"。由〔IE〕*weg 衍生出來的辭彙很多已看不出原來 "潮
> 濕（wet）" 的意義：wake（航迹），humour（幽默，原意義
> 爲 "體液"），ox（閹割的雄牛）等。另外，漢語 "沃（上古
> 音*og,澆灌）" 字可能同 "渥─wake" 的音義有一定的關聯。

No.782

wall ──→古英語 wag─〔w-v-b 音轉〕────────────→{ bag }

郛 fu ──→〔上古音〕*piuag─〔p-b 音轉〕〔簡化〕────→{ bag }

> 說明：漢語 "郛" 字意義爲 "外城牆"，古英語 wag 意義爲 "城壁、
> 土屏"（可能來自拉丁語 vallum，"土壘，防禦柵（rampart,
> stockade）" 意）。城牆應該先是單個的土壘的防禦物，後進
> 化爲連成環形的城牆的，因此漢語中 "郛" 字的發音同 "阜
> （土壘，上古音*biueg）" 字的發音也極爲相似，也起源於 "土
> 壘"。

No.783

warm →日爾曼古詞根*warmaz—〔詞根化〕— warm —〔簡化〕→ {uam}

溫 wen ——→〔上古音〕*uen————————————————→ { uen }

熅 yun ——→〔上古音〕*iuen—〔簡化〕————————————→ { uen }

說明：日爾曼古詞根* warmaz 意義爲"溫、加熱（warm, heat）"，
同"溫、熅"字意義基本一致，語音幾乎一致。

No.784

warrant ——→〔IE〕*wer—〔簡化〕————————————————→{ uɐr }

尉 wei ——→〔上古音〕*iued—〔簡化〕————————————→{ ued }

說明：〔IE〕*wer 意義爲"蓋（cover）"，warrant 原意義爲"保護
者"，來源於"蓋，保護"之意。漢字"尉"是一種官名，
但原意義爲"屁股下放東西壓平"，即"熨"的本字，是"由
上而下地壓"的意思，轉義成爲"鎭壓不善的武官"。漢英
兩詞語源意義上有些相似，現代意義基本相同。

No.785

weave ——→〔IE〕*weip————————————————————→{ ueip }

逶 wei ——→〔上古音〕*iuar—〔簡化〕——————————→{ uar }

說明：〔IE〕*weip 意義爲"轉、搖晃（turn，vacillate）"，演化而
成的 weave 表示"振動，搖晃著前進"。漢語"逶"字 意義
爲"彎彎曲曲地延伸（或前進）"，同 weave 意義完全相同。
參考：一般"逶"同"迤（yi,延伸前去）"連成"逶迤"一
詞。另外英語weave 還有一個同形詞 weave（織），可能蜘蛛
織網或人的手指編織東西時都是搖晃進行之故？

No.786

whale——→〔IE〕*kwalo—〔詞根化〕—kwal—〔l-n 音轉〕〔簡化〕→{ kan }

鯨 jing ——→〔上古音〕*giaŋ—〔g-k 音轉〕〔簡化〕————————→{ kaŋ }

說明：〔IE〕*kwalo 意義爲"大魚（big fish）"，意義同漢語"鯨"
字相似。

No.787

what ——→日爾曼古詞根*hwat——→〔IE〕*kwo-—〔簡化〕————————→{ ko }
why ——→日爾曼古詞根*hwi——→〔IE〕*kwo-—〔簡化〕————————→{ ko }
when ——→日爾曼古詞根*hwana——→〔IE〕*kwo- —〔簡化〕————→{ ko }
where ——→日爾曼古詞根*hwar——→〔IE〕*kwo- —〔簡化〕————→{ ko }
who ——→日爾曼古詞根*hwaz——→〔IE〕*kwo- —〔簡化〕———→{ ko }
how ——→日爾曼古詞根*hwo ——→〔IE〕*kwo- —〔簡化〕———→{ ko }
何 he ——→〔上古音〕*har —〔h-k 音轉〕————————————————→{ kar}
奚 xi ——→〔上古音〕*her —〔h-k 音轉〕————————————————→{ ker}
曷 he ——→〔上古音〕* hat—〔h-k 音轉〕————————————————→{ kat}
胡 hu ——→〔上古音〕* hag—〔h-g 音轉〕————————————————→{kag}

說明：〔IE〕*kwo 是印歐語古詞根中表示關係和疑問代名詞的詞根，
也就是說"誰、什麼、怎麼"等疑問詞只是"kwo+詞形變
化"而成的。漢語的"何"等同於〔IE〕*kwo，相應地"何
人=who, 何物=what，何爲=why，何時=when, 何處= where ，
何其=how"，其中漢語"何" =wh（即：〔IE〕*kwo），音義兩
方面都相當地一致。另外，漢字"奚·曷·胡"都表示"何，
什麼"，情況也和"何"字一樣，同〔IE〕*kwo 音義對應。

No.788

whet ——→〔IE〕*kwed————————————————————————→{ kued }
快 kuai ——→〔上古音〕*kuad ——————————————————————→{ kuad}

說明：〔IE〕*kwed 意義爲"使銳利（sharper）"，同漢語表示銳利的
"快（上古音*kuad）"字音義完全一致，如同孿生。漢語"快"
字既表示 1.高興（如快活），也表示 2.銳利（如快刀），可能
原來就是兩個詞，並不同源。但〔IE〕*kwed 發展成現代英

語 whet 一詞其意義也是 "研磨"。

No.789

whirl ⟶〔IE〕* kwerp—〔簡化〕⟶ { kerp }

渦 wo ⟶〔上古音〕* kuar—〔簡化〕⟶ { kar }

洄 hui ⟶〔上古音〕* huer—[h-k 音轉]〔簡化〕⟶ { ker }

> 說明:〔IE〕*kwerp 意義爲 "自轉(turn oneself)",漢語 "渦" 和 "洄" 字所表示的也是水的 "自轉",漢英之間音義極爲酷似。參考:漢語 "彙(上古音*huer)" 字原意義爲 "水迴旋於低處而集中",其中主要意義爲 "集中",和漢語 "會" 字相同,請參見漢英對應詞 "會—gather" 詞條。但在 "迴旋" 意義上同 "洄" 字音義完全相同。

No.790

white ⟶〔IE〕*kweit—〔簡化〕⟶ { ket }

yellow ⟶〔IE〕*gel—〔g-k 音轉〕⟶ { kel }

glad ⟶〔IE〕*ghel—〔gh-k 音轉〕⟶ { kel }

輝 hui ⟶〔上古音〕*kiuer—〔簡化〕⟶ { ker }

> 說明:〔IE〕*kweit 和〔IE〕*ghel 以及〔IE〕*gel 都表示 "閃亮(shine)" 意。英語 white 一詞由 "閃亮" 意義而產生 "白色" 意義;yellow 也同樣由 "閃亮" 而產生 "黃色"。英語 glad 原意義爲 "輝煌的",詞義 "高興" 是後起的(如同漢語也說 "高興的日子" 叫 "豔陽天",將高興和豔麗輝煌等同起來看待)。在語源上 "輝—white—glad—yellow" 四詞語源上情況一致。

No.791

whole ⟶〔IE〕*kailo〔詞根化〕—kail〔l-n 音轉〕〔簡化〕⟶ { kan }

完 wan ⟶〔上古音〕*huan—〔h-k 音轉〕〔簡化〕⟶ { kan }

圓 yuan ⟶〔上古音〕*hiuan—〔h-k 音轉〕〔簡化〕⟶ { kan }

說明：〔IE〕*kailo 的意義爲 "完整、無暇（whole, uninjured）"。
漢語的 "完・圓" 字都有 "完整（如完全、圓滿）、無暇（如
完善、圓滑）" 的意思。"完—圓—whole" 意義相通，如同
孿生。

No.792

wife ——→古諾斯語 vif—〔v-b 音轉〕————————————————→{ bif }

woman — wife（+man）—（同上）————————————————————→{ bif }

婦 fu ——→〔上古音〕*biueg—〔簡化〕————————————————→{ beg }

說明：古諾斯語 vif 意義爲 "妻、女（wife, women）"，漢語 "婦"
字自古亦有兩意："（1）女；（2）妻"，因此 "婦—waife"
音義基本一致。

No.793

wind ——→〔IE〕*wendh—〔ndh-n 音轉〕————————————————→{ uen }

彎 wan ——→〔上古音〕*uan————————————————————————→{ uan }

宛 wan ——→〔上古音〕*iuan—〔簡化〕————————————————→{ uan }

蜿 wan ——→〔上古音〕*iuan—〔簡化〕————————————————→{ uan }

說明：〔IE〕*wendh 意義爲 "轉、旋（turn, wind）"，同漢語 "宛
（將身體或姿勢做成圜曲形起來。如：宛轉）、彎、蜿" 等字
在音義兩方面都相近。

No.794

wit ——→〔IE〕*weid—〔簡化〕————————————————————→{ ued }

慧 hui ——→〔上古音〕*hued—〔h 脫落〕————————————————→{ ued }

說明：〔IE〕*weid 意義爲 "見（see）"。"見" 了便能 "知"，"知"
了就有 "慧"，因此產生了英語 "wit, wisdom" 等詞。漢語 "慧"
強調 "心裏的開悟"，字形上半部分的 "　" 表示掃帚那種 "用
草穗或細竹枝集紮而成的冠狀物"，一說可理解爲 "有許多的

縫隙可窺" 之意。請參見漢英對應詞 "慧—history" 詞條。參考：漢語 "窺（上古音*kueg）" 字同 "慧" 字在語音上也有很大的相似性。

No.795

wither ⟶中世英語 wederyn—〔詞根化〕—— wed ⟶{ ued }

wilt ⟶welk⟶〔IE〕*welg—〔l-t 音轉〕〔簡化〕⟶{ uet }

萎 wei ⟶〔上古音〕*iuar—〔簡化〕⟶{ uar }

　　說明：wither, wilt, welk 都表示 "萎掉"，和漢語 "萎" 字的意義一致，語音也相近。但 "wither" 的詞源中世英語 wederyn 的原意義為 "暴露，吹風（espose, blow）"，而 "wilt, welk" 的詞源〔IE〕*welg 意義為 "濕（wet）"，都同漢語 "萎" 字的原意義有些距離。

No.796

word ⟶〔IE〕*wirdho —〔詞根化〕⟶{wird}

話 hua ⟶〔上古音〕*huad—〔h 脫落〕⟶{ uad }

　　說明：〔IE〕wirdho 意義為 "說（speak）"，同 "話" 字意義一致。

No.797

write ⟶〔IE〕*（w）rei—〔簡化〕⟶{ rei }

鏤 lou ⟶〔上古音〕*lug⟶{ lug}

　　說明：〔IE〕*（w）rei 意義為 "刻劃（scratch）"。文字的書寫需要刻劃，英語叫 write，漢語稱 "鏤"。"鏤" 是在金屬等物體上 "細刻"，有時供刻字用的金屬也稱 "鏤"。"鏤—write" 語音相似，原始意義都是 "刻劃"。參考：一說日語的書寫叫 kaku,同用手 "搔" 的 kaku（也有類似 "刻劃" 的意思）同源，同漢字 "刻（上古音*kek）" 語音很相似。

No.798

yard →〔IE〕*ghordho─〔詞根化〕─ghord─〔g-k 音轉〕〔簡化〕→{ kord }

衛 wei ──→〔上古音〕*kiuad──〔簡化〕────────────→{ kuad }

院 yuan ──→〔上古音〕*kiuan──〔n-d 音轉〕〔簡化〕────→{ kuad }

　　說明：〔IE〕*ghordho 原意義爲"欄杆（pen）"。英語 yard 的古英語
　　　　　形式爲"geard"，同"guard（衛）"及漢語"衛（上古音*kiuad）"
　　　　　字相近（yard 本身就有防衛之意）。同時，漢語"院"字和英
　　　　　語"yard"都因詞頭的"k/g"音脫落而成爲現在以半母音"j"
　　　　　開頭的語音形式。另外漢語"護（上古音*huag）"字從音義
　　　　　兩方面來看都似乎同"衛─院─yard"三詞語源近似。另外，
　　　　　"園（上古音*hiuan）/苑（上古音：iuan）"字也同這一對應
　　　　　詞有很大的關聯性。參考：據查英語 guard 的詞源是法蘭克語
　　　　　古詞根*wardon，詞頭缺少 k-/g-音，未能同漢語"衛（上古音
　　　　　*kiuad）"字 配成對應詞。

No.799

yoke ──→〔IE〕*yegom──→〔IE〕*yeug─〔簡化〕────────→{ yeg }

軶 e ──→〔上古音〕*ek ──────────────────→{ ek }

　　說明：〔IE〕*yegom 意義爲"軶（yoke）"，〔IE〕* yeug 意義爲"交
　　　　　叉（join）"。"軶─yoke"指駕車時擱在牛頸上的橫向曲木，
　　　　　漢英之間音義酷似。

No.800

young ──→ 〔IE〕*yuwnkos ─〔詞根化〕─ yuwnk ─〔nk-ŋ

　　　　　　　　　　　　　　　　　　　音轉〕〔簡化〕────→{ iuŋ }

秧 yang ──→〔上古音〕*iaŋ────────────────→{ iaŋ }

幼 you ──→〔上古音〕*iog─〔g-ŋ 音轉〕───────────→{ ioŋ }

　　說明：〔IE〕*yuwnkos 意義爲"年幼的（young）"。漢語"秧"指"尚
　　　　　年幼的"，如："魚秧，稻秧"等。特別"魚秧"的"秧"純

粹指"年稚"之意,同〔IE〕*yumnkos 意義相同。參考:"幺
（ao,幼稚的,上古音*og）","夭（yao,年輕的,上古音*iog）"
等字都同"秧—young"是音義相近的字。

No.801

zither ——→拉丁語 cithara—〔詞根化〕————————————————→{ sit }

瑟 se ——→〔上古音〕*siet —〔簡化〕————————————————→{ set }

　　說明:zither 和"瑟"字音義十分相似,英漢之間可以對譯。但拉丁
　　　　語的 cithara 來源於希臘語 kithara（即 guitar）,就是說 cithara
　　　　的字頭 c 字母可念"s"音也可念"k"音,念"s"時和漢語
　　　　"瑟"音義相近,念"k"時和漢語"琴"字音義相近。請參
　　　　見漢英對應詞"琴—guitar"詞條。

英文索引

ceole (thorat)		cold	147	crystal	181	dirty	218
	116	colt	148	cube	182	dis-	219
chance	117	com-	149	cuckoo	183	dish	220
change	118	coma	150	cuff	184	dispatch	501
channel	97	combat	151	culture	185	divine	221
chant	119	compare	502	cumulus	186	do	222
chariot	103	compel	152	cup	187	doctrine	223
charity	120	congratulate	337	curd	188	document	224
charm	121	consult	153	curl	189	dodge	225
chaste	122	convert	154	currency	190	dolour	226
cheek	123	cook	155	curt	191	dome	227
cherish	120	cool	147	cut	192	door	228
chess	124	coral	156	dactylo-	742	dormacy	229
chew	125	core	362	dad	193	dot	230
chick	143	corn	157	dagger	194	dower	231
child	126	corpus	158	damage	195	draft	232
chill	147	cough	159	damn	196	drag	236
chime	127	country	160	damp	197	dragon	233
chin	128	couple	161	dance	198	dragon	234
chivalry	129	courage	362	danger	199	drake	233
choke	123	court	162	dark	200	draw	235
chord	130	cow	163	dart	201	draw	236
chronic	131	crab	164	date	202	dread	237
claim	132	crab	165	daughter	203	dream	238
clam	133	crac	166	dawn	204	dreg	239
clamp	138	craft	167	day	205	drill	240
clang	134	crane	168	de-	206	drink	241
cleave	135	cricket	169	dear	207	drip	242
clever	136	crimson	170	decade	208	drive	243
cliff	137	crock	171	decay	209	droop	244
clip	138	crocodile	172	decent	210	drum	766
clod	139	crook	173	decide	211	drunk	245
clog	140	cross	174	deep	212	duct	246
coach	103	crotch	175	deer	213	dull	247
coast	141	crouch	176	deity	221	duo	248
coat	142	crow	177	dense	214	dusk	249
cochineal	170	crown	178	Deus	221	dust	250
cock	143	crush	179	dia-	768	dwarf	251
codex	144	crutch	173	die	215	dyke	252
cog	145	cry	180	dile	216	eat	253
coitus	146	cryo	181	dim	217	echo	254

skirt	191	steal	654	talk	709	thorough	730
sky	630	steam	665	talon	696	thorp	726
slack	418	steed	661	tamarisk	697	thrash	727
slop	631	steep	662	tame	698	threaten	728
small	632	steer	663	tangle	699	throne	729
smile	633	stella	658	tape	700	through	730
smoke	634	step	664	tardy	701	thunder	731
sneak	635	stew	665	target	702	tide	732
son	636	stick	666	taste	703	tiger	733
soon	637	sting	667	teach	704	till	734
sorrow	638	stir	668	team	246	till	735
sour	639	stock	194	tear	705	time	732
sow	640	stock	669	tear	706	tinct	736
spatter	541	stockade	670	tegument	707	tine	737
speak	641	stone	671	tele	708	tingle	738
speck	649	stool	672	tell	709	tinkle	738
speckle	649	stop	673	temple	745	tire	739
spectacle	642	store	674	temple	710	toad	740
spin	643	straight	675	ten	711	toady	741
spleen	644	strain	678	tend	712	toe	742
spoil	645	stratum	676	term	713	tomb	743
spoke	646	stretch	677	terra	714	tongue	744
sponge	647	strick	678	terrace	714	tonsure	745
spoon	648	strike	679	terrible	715	tooth	746
spot	649	stringent	678	terror	715	top	747
spout	650	stroll	680	teu (=push)		torrent	748
spread	651	strong	681		243	total	749
spring	57	struggle	682	text	716	touch	750
spy	642	stupid	683	textile	716	tow	751
square	553	styx	684	that	717	town	752
stable	656	suck	685	thatch	725	track	753
stair	652	sunder	686	thaw	718	trample	757
stake	653	sup	687	the	717	trans	754
stalk	654	sweep	688	theater	719	trap	755
stalk	655	swin	689	then	717	trauma	756
stamp	664	tack	690	theory	720	tread	757
stand	656	tactic	691	therm	721	tree	758
standard	657	tactic	692	thick	722	tremble	759
star	658	tadpole	693	think	723	trick	760
stare	659	tailor	694	this	724	troop	726
state	660	take	695	thorn	725	trot	761

中文索引